1. 研究阐释党的十九大精神国家社科基金专项课题"全球金融治理体系改革及中国参与方案——基于人类命运共同体理论研究"(18VSJ045)
2. 东北师范大学哲学社会科学校内青年基金团队项目(中央高校基本科研业务费专项资金)"人民币汇率预期管理工具效果评估"(18QT002)
3. 吉林省科技厅科技发展计划软科学研究项目(20190601011FG)
4. 吉林省教育厅"十三五"社会科学项目(JJKH20190242SK)
5. 中央高校基本科研业务费专项资金(2019ZZ020)

外汇市场预期管理的中国经验

聂 丽 石 凯 著

吉林大学出版社

·长 春·

图书在版编目（CIP）数据

外汇市场预期管理的中国经验 / 聂丽, 石凯著 . --
长春 : 吉林大学出版社 , 2020.8
ISBN 978-7-5692-7022-8

Ⅰ . ①外… Ⅱ . ①聂… ②石… Ⅲ . ①外汇市场—研
究—中国 Ⅳ . ① F832.52

中国版本图书馆 CIP 数据核字 (2020) 第 173651 号

书　　名　外汇市场预期管理的中国经验
　　　　　WAIHUI SHICHANG YUQI GUANLI DE ZHONGGUO JINGYAN

作　　者　聂丽　石凯　著
策划编辑　张宏亮
责任编辑　张宏亮
责任校对　周　鑫
装帧设计　昌信图文
出版发行　吉林大学出版社
社　　址　长春市人民大街 4059 号
邮政编码　130021
发行电话　0431-89580028/29/21
网　　址　http://www.jlup.com.cn
电子邮箱　jdcbs@jlu.edu.cn
印　　刷　长春市昌信电脑图文制作有限公司
开　　本　787mm×1092mm　　　　1/16
印　　张　14.5
字　　数　220 千字
版　　次　2021 年 1 月 第 1 版
印　　次　2021 年 1 月 第 1 次
书　　号　ISBN 978-7-5692-7022-8
定　　价　58.00 元

前　言

　　近年来，中国经济逐步进入稳中有升的新时代，为了强化货币政策、宏观审慎政策和金融监管协调，稳步扩大资本市场开放程度，推进人民币国际化进程，巩固人民币汇率强势之本，在汇率市场化改革对外汇市场的直接干预和中间价管理产生了监督和约束的情况下，我国货币当局积极提高自身的汇率预期引导和管理能力。汇率预期管理已成为新时代货币当局深化汇率改革、完善宏观审慎管理和稳定人民币汇率的重要手段。

　　本研究从剖析我国外汇市场发展历程和人民币汇率制度变迁出发，总结主要的汇率预期研究和汇率预期管理的国际实践，基于人民币远期汇率、远期汇率定价偏差和调查数据对汇率预期特征进行实证检验，并在此基础上对汇率预期形成机制以及境内外人民币汇率预期的联动关系进行实证分析。随后，在理论分析汇率预期管理工具和作用机制的基础上，实证探究人民币口头汇率沟通的有效性，最后结合历史经验和实证结果为提高人民币汇率预期管理提出相应的政策建议。

　　根据主要发达经济国家汇率管理的政策变迁可知，在金融市场日趋自由化、信息化和市场化的时代，直接汇率干预已很难有效实现汇率政策调控的目标，甚至还会加大汇率波动，引发外汇市场动荡，以口头沟通为主要手段的汇率预期管理效果更佳。结合中国汇率沟通数据研究显示，人民币汇率预期波动和形成机制呈现阶段性差异，汇率预期管理重在非理性预期管理；人民币汇率沟通以促进人民币稳定升值为主要干预方向在短期内能显著降低汇率预期波动性；已初步建立"宏观审慎和微观监管"框架下的汇率预期管理机制；以维持离岸、在岸人民币汇差稳定为目标，境内外汇率预期管理互动加强。

　　为了进一步提高汇率预期管理的有效性，货币当局应从汇率预期管理的客观性、及时性、准确性、前瞻性、灵活性、针对性、主动性和多样性等方面继续完善汇率管理政策的制定与实施。应继续促进经济稳步发展和人民币汇率市场化改革，为汇率预期管理的有效实施提供市场基础；应加强汇率预期管理的客观性，提高央行透明度和公信力；重视汇率沟通的具体操作，循序渐进地实行人民币汇率前瞻性指引；针对汇率预期异质性特征，须采取针对性的汇率预期管理政策；关注市场舆情，加强汇率沟通的主动性和及时性；借助多种媒介和渠道引导预期，提高汇率沟通有效性；强化预期管理与多样性汇率管理政策的配合，继续完善"宏观审慎和微观监管"框架下的汇率预期管理机制；进一步加强在岸、离岸人民币汇率预期管理和跨市场管理，维持金融市场稳定。

　　本书紧密结合当前国内外预期管理研究的最新成果和我国外汇市场发展的实际情况，全面分析了外汇市场预期管理的主要工具、作用机制和实施效果，显著区别于探讨预期特征、形成方式及其经济影响的已有文献，进一步丰富了外汇市场预期管理的相关理论，并为我国央行提高外汇市场预期管理效率提供了经验证据。同时，本书所涉及的研究结果还可应用于教学和相关科研活动，为相关研究人员提供参考。

聂　丽　石　凯

2020 年 7 月 20 日

目　录

绪　论

在 2015 年底召开的中国中央经济工作会议上明确提出了"实施宏观调控，要更加注重引导市场行为和社会心理预期"的指示。通过主动加强信息沟通引导公众预期，进而提高宏观经济政策效率的预期管理开始引起货币当局的高度重视。2018 年 8 月，国务院金融委办公室召开预期管理专家座谈会，将预期管理推到了更重要的位置。汇率预期管理，不以直接干预汇率为目的，通过引导市场形成合意的汇率预期达到稳定外汇市场的目的，是更为市场化的汇率调控方式，是提高政策透明度、完善货币政策和宏观审慎政策双支柱体系的新推力，是未来央行宏观调控政策实践的重要方向。

我国外汇市场的规范高效发展直接影响着人民币汇率市场化改革的有效性，而人民币汇率机制的完善同样制约着外汇市场的高效运行和功能发挥，两者紧密相连、相辅相成。伴随着我国外汇市场从最初的外汇调剂市场到建立统一的银行间外汇市场，最终发展到新时代下规范的外汇市场，人民币汇率形成机制历经官方单一汇率制、汇率双轨制、汇率并轨后的市场化探索、市场化改革推进和深化时期，始终坚持市场化取向，通过渐进式改革和积极的汇率管理政策，最终完成了人民币汇率从固定到有管理的浮动、从官方到市场决定的演变。同时，人民币形成机制改革和汇率预期管理互补协同，汇率形成机制透明度、规则化和市场化的不断提升，为汇率预期管理的有效实施提供了市场基础，同时，货币当局通过汇率预期管理引导汇率预期形成，提高人民币汇率的市场化改革效率。基于此，本书将在实证检验人民币汇率预期波动特征、形式机制和汇率沟通有效性之前，对我国外汇市场发展历程和人民币汇率制度变迁进行分析。

根据主要发达经济国家汇率管理的政策变迁可知，直接汇率干预在金融市场日趋自由化、信息化和市场化的时代，已很难有效实现汇率政策调控的目标，甚至还会加大汇率波动，引发外汇市场动荡。相对地，以信息沟通为主的预期管理政策却可以在不引起国际舆论压力的同时，对市场预期产生引导作用，促使汇率向货币当局合意的方向变化。可见，在外汇市场直接干预和中间价干预受限、"汇率操纵国"等国际舆论压力和全球经济不确定性不断增大的情况下，通过预期管理进行外汇市场间接干预是中国适应汇率政策变迁的表现，也是新时代汇率管理的必然选择。双支柱框架下，人民币汇率预期管理不仅可以缓解对我国操纵汇率的指责，也有助于降低全球经济不确定性带来的外部冲击，为稳定人民币汇率提供了新的手段和方式，可以更加科学、有效地实现宏观调控目标。

汇率沟通是目前人民币汇率预期管理的主要手段，主要指央行通过口头或书面公开表态向市场传递汇率调控意图和政策取向，引导市场主体形成央行合意的汇率预期，从而实现干预汇率、稳定外汇市场目标的过程。近年来，为了稳定人民币汇率，防止因汇率剧烈波动增加金融市场的不确定性，从而引发系统性金融危机。以中国人民银行、中国外汇储备管理局高级官员为代表的相关负责人曾多次公开表态，进行口头汇率沟通。同时，借助货币政策执行报告、区域金融运行报告等书面沟通向市场传递货币当局的政策立场和观点。通过对汇率沟通事件进行整理显示，在 2018 年 1 月 6 日到 2020 年 2 月 5 日期间发生了约 47 次口头沟通事件，其中，2018 年和 2019 年分别发生了 28 次和 17 次，相较于央行在 2015 年人民币刚刚呈现震荡贬值趋势时的干预态度，2018 年人民币汇率双边波动日趋常态化后的汇率沟通次数虽未减少，但强度明显减弱。主要体现在中央政府已基本不再就汇率问题进行过多干预，基本由货币当局实施汇率沟通。此外，我国自 2018 年以来的汇率沟通主要以促进人民币升值的强势沟通和稳定人民币币值的中性沟通为主，两者占比合计达 80.9%。

目前，关于人民币汇率预期的相关研究主要集中在四个方面：一是探讨人民币汇率预期是否具有自我实现和自我强化性；二是集中于对静态预期、外推型预期、适应性预期、理性预期及回归型预期在人民币汇率预期形成机制中的实证检验；三是研究人民币汇率预期的波动特征；四是着重关注汇率预期的经济影响。只有少数学者对人民币汇率预期管理有效性等相关问题进行了深入研究。余永定（2017）回顾了中国人民币汇率改革进程，并强调尽管汇率预期对汇率变化趋势具有重要影响，但汇率水平归根结底是由基本面决定的，过分强调汇率预期对汇率形成的作用是错误的。魏忠全和孙树强

（2017）认为，在有些情况下沟通是比政策执行更为有效的信息传递手段。任燕燕和邢晓晴（2018）认为将传统的汇率干预工具和汇率沟通相结合，可以更好地实现政策调控目标。谷宇和郭苏莹（2018）指出过多的汇率沟通会加大市场预期异质性。从相关文献看，关于汇率预期特征和形成机制的研究多采用远期汇率作为预期变量的替代变量，此外，针对汇率预期管理的绝大多数分析集中于定性探讨，对汇率沟通状况和有效性的认识尚不明确，仍有待具有理论深度的量化研究。

　　本研究首先分析我国外汇市场发展历程和人民币汇率制度的变迁，其次总结主要的汇率预期研究基础和典型发达经济体的汇率预期管理实践，然后基于人民币远期汇率、远期汇率定价偏差和调查数据对汇率预期特征进行实证检验，并在此基础上对汇率预期形成机制以及境内外人民币汇率预期的联动关系进行实证分析。随后，理论分析汇率预期管理的主要工具和作用机制，并实证研究人民币口头汇率沟通的有效性，最后结合历史经验和实证结果为提高人民币汇率预期管理提出相应的政策建议。

第一章　中国外汇市场的发展概况

第一节　中国外汇市场发展的历史沿革

在改革开放 40 多年的历程中，作为金融市场体系的重要构成部分，外汇市场大致历经萌芽初创时期、形成与快速发展时期和创新发展时期（见表 1-1、表 1-2），逐渐健全资源配置、价格发现和风险管理等功能，为深化人民币汇率形成机制市场化改革、落实宏观经济调控政策和服务实体经济快速发展等提供了有效保障。

表 1-1　中国外汇市场发展历程

发展阶段	时间跨度	局部特征
萌芽初创时期	1978—1993 年	外汇市场的萌芽阶段：开办外汇调剂和额度借贷业务（1978—1988 年）
		外汇市场初创阶段：外汇调剂市场建立与快速发展（1989—1993 年）
外汇市场形成与快速发展时期	1994—2012 年	外汇市场形成阶段：由银行间外汇市场与银行零售外汇市场的双层市场体系建立（1994—2004 年）
		外汇市场快速发展阶段：银行间外汇市场成为外汇市场主要层次（2005—2012 年）
创新发展时期	2013 年至今	新常态下的稳步发展阶段：结售汇差额下降，人民币加入 SDR（2013—2016 年）
		新时代下的深化改革阶段：完善外汇市场体制与防控系统性金融风险（2017 年至今）

表 1-2　中国外汇市场发展历程中的重大政策一览（2005 年至今）

文件名	文件号	主要内容
国家外汇管理局关于在银行间外汇市场推出即期询价交易有关问题的通知	汇发〔2005〕87 号	从 2006 年起，银行间外汇市场参与主体可在原有集中授信、集中竞价交易方式的基础上，自主选择双边授信、双边清算的询价交易方式
中国人民银行关于进一步完善银行间即期外汇市场的公告	银发〔2006〕1 号	自 2006 年 1 月 4 日起，在银行间即期外汇市场上引入询价交易（over - the - courter，OTC）的方式，并保留撮合方式
国家外汇管理局关于调整银行即期结售汇业务市场准入和退出管理方式的通知	汇发〔2007〕20 号	规范了银行业金融机构开办即期结售汇业务的市场准入和退出程序
国家外汇管理局关于加强外汇业务管理有关问题的通知	汇发〔2010〕59 号	加强了银行结售汇综合头寸、对外商投资企业境外投资者出资、对境内机构和个人设立境外特殊目的公司的管理，严格出口收结汇联网核查、金融机构短期外债指标和对外担保余额管理等
中国人民银行关于银行间外汇市场交易汇价和银行挂牌汇价管理有关事项的通知	银发〔2014〕188 号	取消了银行对客户各币种挂牌买卖价差管理
中国人民银行关于加强远期售汇宏观审慎管理的通知	银发〔2015〕273 号	远期售汇纳入宏观审慎管理框架，对开展代客远期售汇业务的金融机构收取外汇风险准备金
中国人民银行关于在全国范围内实施全口径跨境融资宏观审慎管理的通知	银发〔2016〕132 号	自 5 月 3 日起在全国范围内实施本外币一体化的全口径跨境融资宏观审慎管理框架
关于发布《外汇市场自律机制工作指引》的公告	汇律〔2016〕10 号	对人民币汇率中间价报价行为，以及银行间外汇市场和银行柜台市场交易行为进行自律管理
关于全口径跨境融资宏观审慎管理有关事宜的通知	银发〔2017〕9 号	进一步完善本外币一体化的全口径跨境融资宏观审慎管理框架
中国人民银行关于调整外汇风险准备金政策的通知	银发〔2017〕207 号	自 2017 年 9 月 11 日起，将外汇风险准备金率下调至零

文件名	文件号	主要内容
关于境外银行参与银行间外汇市场区域交易有关事项的公告	中汇交〔2018〕1号	批准同意符合条件的境外银行参与银行间外汇市场区域交易
关于发布《银行间人民币外汇市场交易规则》的通知	中汇交〔2019〕401号	会员从事人民币外汇交易，应参照《中国外汇市场准则》和《全球外汇市场准则（Global Code）》等市场最佳实践要求健全内部管理制度，加强前中后台管理
关于落实完善银行间债券市场境外机构投资者外汇风险管理有关安排的公告	中汇交〔2020〕7号	境外银行类投资者可选择直接入市或通过主经纪业务入市参与银行间外汇市场，境外非银行类投资者可通过主经纪业务入市参与银行间外汇市场

一、中国外汇市场的萌芽初创时期

1978年改革开放后，我国外汇管理体制由计划经济下的统收统支的指令性计划管理转变为外汇留成制度。1980年10月中国银行开办外汇调剂和额度借贷业务，允许留成单位将闲置的外汇按国家规定的价格卖给或借给需要外汇的单位，实现余缺调剂。这标志着我国外汇调剂市场的雏形已经产生，也意味着中国外汇市场由此开始进入萌芽期。1985年底，以深圳为代表的经济特区陆续设立外汇调剂中心。1987年全国调剂外汇成交额达42亿美元。1986年10月到1987年10月，外商投资企业外汇调剂成交额为1.6亿美元。经过两年的发展，我国外汇调剂市场初步形成，并自1988年开始进入迅速发展阶段，1989年全国外汇调剂成交额较1988年增长36.8%，达85.66亿美元，其中，外商投资企业的外汇调剂成交额为15.72亿美元（见图1-1）。

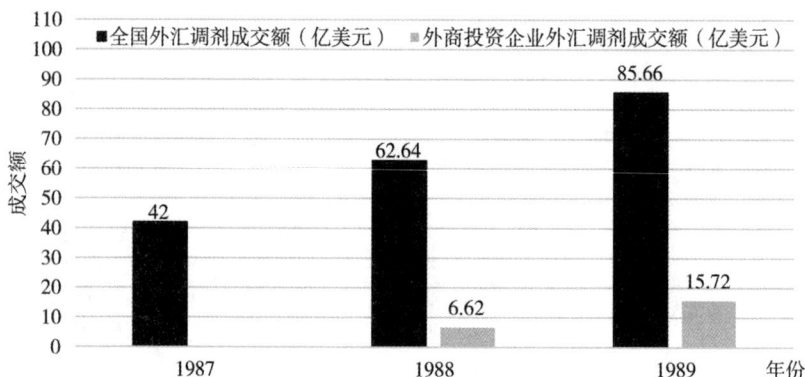

图 1-1　中国 1987—1989 年外汇调剂成交额

随着调剂外汇成交额的不断增加，具有中国经济特色的外汇调剂市场体系也逐步建立，在 1988 年 3 月，北京设立全国外汇调剂中心，并逐步放开外汇调剂价格，完善市场运行机制，扩大调剂外汇范围，改进交易方式和交易制度。在 1988 年 11 月，根据外汇市场建立的国际经验，同时兼顾我国市场经济发展情况，上海创办了我国第一家公开的外汇调剂市场，实行公开竞价成交，提高了外汇交易的透明度。随后，厦门、福建和海南等省市陆续开办了各类外汇调剂公开市场，截至 1993 年底，全国共创建 108 家外汇调剂中心，在 18 个城市开办了外汇调剂公开市场，当年外汇调剂市场成交额占我国国际贸易项下外汇成交额的 80%，积极拉动了国民经济的快速发展。

然而，作为我国外汇市场的初级形态，外汇调剂市场与我国官方外汇市场并存，形成了官方和市场并行的汇率双轨制，同时各个外汇调剂市场相互独立，无法形成统一的外汇市场。因此，1993 年 11 月，党的十四届三中全会通过了《关于建立社会主义市场经济体制若干问题的决定》，并明确提出"改革外汇管理体制，建立以市场供求为基础的、有管理的浮动汇率制度和统一规范的外汇市场，逐步使人民币成为可兑换的货币。"为随后的汇率并轨和银行间外汇市场建立指明了方向。

二、外汇市场形成与快速发展时期

在此时期，中国外汇市场于 1994 年和 2005 年进行了两次重大改革，促使统一的银行间外汇市场形成，并迎来了外汇市场的快速发展阶段。

1994 年中国外汇市场迎来了第一次重大变革，我国外汇管理体制由外汇留成制度转变为银行结售汇制度，由银行为客户及其自身办理结汇和售汇业务。同时，人民币汇率实现并轨，结束了官方和市场并行的汇率双轨制。1994 年 4 月，全国统一的银行间外汇市场（中国外汇交易中心）正式在上海挂牌运营，意味着外汇调剂时期市场分割局面的结束，标志着统一规范的外汇市场正式建立。该时期的外汇市场由两个层次构成：一是银行之间买卖外汇的同业市场，即银行间外汇市场；二是客户与外汇指定银行之间的零售市场，即银行零售外汇市场。经过 10 年的发展，2004 年底银行间外汇市场交易量达 2 090 亿美元，约占全国外汇市场交易量总额的 21.8%，而银行零售外汇市场交易量达到 7 493 亿美元，约占全国外汇市场交易量总额的 78.2%[①]。可见，在 1994—2004 年我国统一外汇市场形成初期，主要以银行零售外汇市场为主。

随着银行间外汇市场的建立，这一时期的交易方式、价格形成和市场主体等都产生了重大变化。在交易方式和价格形成上，银行间外汇交易双方基于中国外汇交易中心的计算机交易网络进行公开竞价，并按照"价格优先、时间优先"的原则由电脑撮合成交。在市场主体上，由于该时期我国始终实行强制性的银行结售汇制度，即要求所有外汇收入必须卖给外汇指定银行，不允许保留外汇。由此，银行作为外汇交易的服务者、管理者和监管者，成了外汇市场的主体。

2005 年中国外汇市场迎来了第二次重大变革。首先，人民币汇率由事实上单一钉住美元改为参考一篮子货币。其次，引入询价交易规则和做市商制度，积极推进人民币汇率形成机制的市场化改革。此外，逐步放松强制结汇管理，改革境外投资管理制度，稳健实施人民币资本项目可兑换战略，理顺外汇供求关系，积极促进外汇市场不断发展与完善。在此期间，外汇市场交易品种日渐丰富，多元化的市场主体形成，交易模式趋于多元化，清算机制等基础设施日益健全，外汇市场进入了崭新的快速发展时期。截至 2013 年，

---

①王国刚，林楠. 中国外汇市场 70 年：发展历程与主要经验 [J]. 经济学动态，2019 (10)：3-10.

全国外汇市场交易额达 11.2 万亿美元，较 2004 年增长了近 11 倍，其中，银行间外汇市场交易额占比达 67.2%，已成为我国外汇市场交易的主体市场。

具体地，在交易品种上，由最初的即期扩大至远期交易（2005 年），随后于 2006 年、2007 年和 2011 年逐步引入外汇掉期、货币掉期和期权等衍生产品，不断满足外汇市场交易各方对风险规避、保值增值的多样化需求。在市场主体上，单一的银行类参与者结构被打破，境内非银行金融机构、非金融性企业和境外人民币业务清算行等符合相关条件的机构和企业均可入市交易，多元化的市场主体层次逐步建立。在交易模式上，由单一的集合竞价交易模式转变为涵盖集合竞价、做市商制度、双边询价（2006 年）、货币经纪公司声讯服务（2008 年）的多元化交易模式，外汇交易灵活性增强。在基础设施上，2009 年 6 月，部分银行间即期询价交易尝试进行集中净额清算，银行间外汇市场和柜台外汇市场的交易信息库已初步建立，上海清算所和中国外汇交易中心的各项服务功能日渐完善，市场运作效率不断提高。在交易币种上，人民币对 4 种交易货币扩大到 10 多种跨境收支主要结算货币。

三、中国外汇市场的创新发展时期[①]

根据国家经济和外汇市场发展现状，以及相关改革政策，2013 年以来的外汇市场发展可分为以下两个阶段。

第一阶段为新常态下的稳步发展阶段（2013—2016 年），这一阶段我国外汇市场在稳步发展中遇到了挑战。自 2014 年后半年开始，受美国量化宽松和人民币汇率贬值的影响，跨境资金逐渐由净流入转变为净流出，金融机构和企业结汇交易额下降明显，而售汇交易额则呈现增长趋势（见图 1-2），以汇率波动和资本外流为代表的外汇市场非理性波动风险加大。然而，人民币汇率贬值压力并不能阻碍人民币国际化的前行之路，为了加快推进人民币国际化进程，2015 年我国央行先后向境外国际金融机构开放银行间债券市场和外汇市场，加大金融市场对外开放力度。2016 年 10 月 1 日，人民币正式加入特别提款权（special drawing right，SDR），占比 10.92%，成为 SDR 帐面资产

---

①王国刚，林楠. 中国外汇市场 70 年：发展历程与主要经验［J］. 经济学动态，2019（10）：3-10.

中仅次于美元和欧元的第三大储备货币。此外，银行间外汇市场环境和运行机制日渐规范有序，外汇交易中心积极整合各类工作机制，并于2016年6月形成了外汇市场自律体系，对推进外汇市场规范发展意义重大。

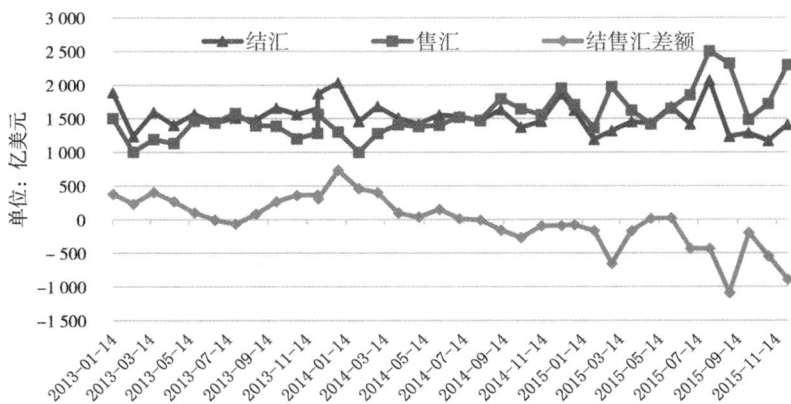

图 1-2　2013—2015 年银行结售汇

数据来源：国家外汇储备管理局。

第二阶段为新时代下的深化改革阶段（2017年至今），这一阶段主要以完善外汇市场体制机制和防范系统性金融风险为外汇市场改革工作的重心。2017年5月8日，全国外汇市场自律机制发布《中国外汇市场准则》，向外汇市场相关人员提供指导原则和行业实践操作规范，保障外汇市场规范高效运行。自党的十九大后，防控系统性金融风险成为金融体系风险管理的首要任务。2019年2月习近平总书记在中央政治局集体学习时，再次强调指出："防范化解金融风险特别是防止发生系统性金融风险，是金融工作的根本性任务。"作为金融市场的重要组成部分，外汇管理当局的主要任务是服务于对外开放新格局、坚持防范跨境资本流动风险、切实维护外汇市场稳定和国家经济金融安全。

第二节　中国外汇市场的发展现状

一、中国外汇市场发展的整体特征

通过不断推进外汇管理体制和人民币汇率形成机制市场化改革，统一的银行间外汇市场快速发展，逐渐形成了由银行间外汇市场和银行对客户市场构成的双层外汇市场结构。交易品种日渐丰富，基础设施逐步健全，交易规则灵活多样，市场开放水平提高，宏观审慎管理框架逐步建立，对我国宏观政策调控、实体经济发展、金融风险防控和汇率形成机制市场化改革深化等方面发挥了重要作用。2019 年末，外汇市场交易总额达 29.12 万亿美元，其中外汇衍生品交易量达 17.76 万亿美元，占比从 2004 年的 1.8% 升至 61%。

（一）银行间外汇市场为主，银行对客户市场为辅，两者各司其职

当前，我国外汇市场由银行间外汇市场和银行对客户市场构成，具有双层市场结构。其中，统一的银行间外汇市场形成于 1994 年，主要为外汇指定银行提供平补结售汇头寸服务，调节外汇流动性，并在此基础上促进人民币汇率的市场化形成，是外汇交易批发市场。银行对客户市场服务于企业和个人，满足其实际用汇或套期保值需求，是客户与外汇指定银行之间的零售市场。企业、个人无法进入银行间外汇市场，只能由金融机构代客在银行间外汇市场进行结售汇头寸平盘。银行对客户市场和银行间外汇市场紧密联系且各司其职，两者通过银行等金融机构主体产生资金、价格等方面的联系，但前者强调外汇供求，后者强调外汇价格形成。

由图 1-3 可见，银行间外汇市场交易以银行间外汇市场为主，并逐年增加。从 2015 年到 2019 年，外汇市场和银行间外汇市场分别增加了 80.9% 和 103.3%。而银行对客户市场交易额增长缓慢，仅增加了 0.08%，甚至在 2016 年出现了明显的减少。这可能是源于银行对客户市场主要服务于企业和个人，多以即期交易为主，而近年交易增长迅速的远期和掉期交易额相对较少，如图 1-4 所示，2019 年即期交易占银行对客户交易总额的比重达 83%，而远期和掉期交易占比仅为 7% 和 3%。

图 1-3 2015—2019 年中国外汇市场交易量

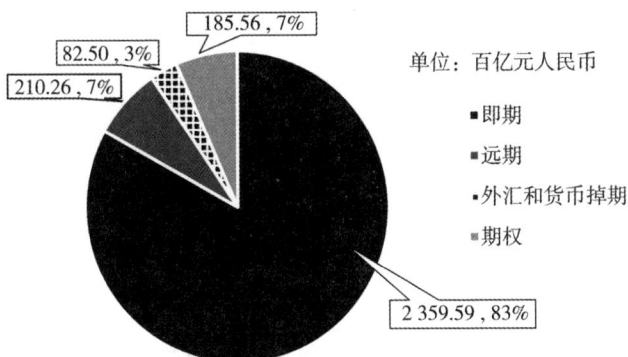

图 1-4 2019 年银行对客户市场外汇交易状况

数据来源：国家外汇管理局。

注：国家外汇管理局外汇市场统计口径仅限于人民币对外汇交易，不含外汇之间交易。

（二）外汇市场交易产品和交易货币日渐丰富，掉期和即期交易为主

近年来，在外汇市场交易数量快速增长的同时，产品创新不断加速，已基本具有国际外汇市场基础产品体系。目前，外汇市场主要包括即期、远期、掉期、期权、外币对和外币拆借等产品。同时，可交易货币由原来的 4 种货币逐渐增加到 27 种发达国家和新兴市场货币。其中，在银行间外汇市场上，截至 2020 年 4 月，人民币外汇远期和人民币外汇掉期交易涉及 24 种货币品

种，人民币外汇货币掉期和人民币外汇期权分别涉及 6 种和 5 种货币；外币对交易市场包括 11 个货币对的即期和远期交易、11 个货币对的外汇掉期交易、5 个货币对的货币掉期交易、5 个货币对的普通欧式期权和期权组合交易，以及 6 个币种的利率互换交易；外币拆借涉及 9 种货币①。

从交易量看，由图 1-5 可见，中国外汇市场人民币外汇交易主要以外汇和货币掉期、即期交易产品为主，2019 年外汇掉期、即期交易分别占人民币外汇市场交易总额的 56.7% 和 39.1%，而期权和远期交易仅占比 2.9% 和 1.3%。此外，相较于 2015 年，2019 年掉期交易增长速度达 111.5%，远高于即期交易增长率 51.9%，但值得注意的是，交易量不大的期权虽然在 2016 年呈现出高达 153.9% 的增长率，但随后却出现大幅下降，随后也未呈现大幅增长趋势；而交易量占比最少的远期交易甚至在 2019 呈现负增长。

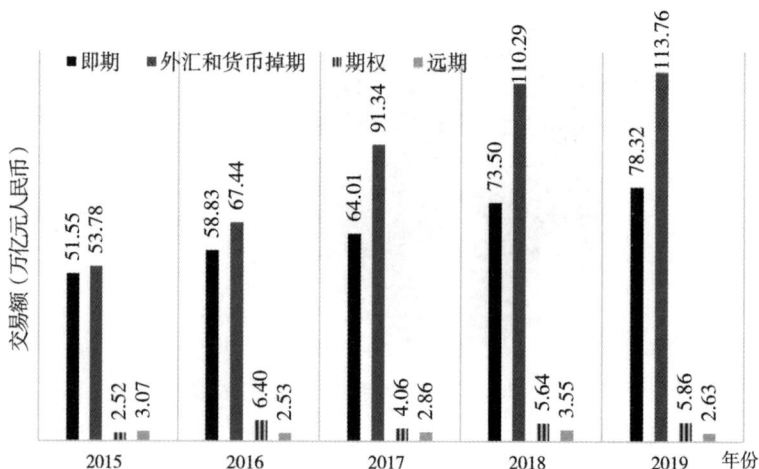

图 1-5   2015—2019 年人民币外汇交易市场主要交易产品统计

数据来源：国家外汇管理局。

（三）交易规则因市而定，基础设施逐步健全，保障双层市场有序运作

在交易规则上，目前外汇市场主要按实需原则、市场准入和量价规定进行交易。其中，实需原则适用于银行结售汇交易，即银行须按照"了解业务、

---

①数据来源：中国外汇交易中心。

了解客户、尽职审查"的原则对客户办理银行外汇买卖业务。而银行间外汇市场交易需要遵循市场准入和量价规定。在市场准入方面，基于会员制管理制度，经中国人民银行批准的境内银行、境内非银行金融机构、境内非金融企业等境内机构，以及符合条件的境外机构才可进入银行间外汇市场参与交易。2015 年 1 月 1 日起，国家外汇管理局取消对境内金融机构进入银行间外汇市场的事前准入许可，符合条件的证券、信托和保险公司等机构均可进入银行间外汇市场进行交易。截至 2020 年 5 月 6 日，银行间人民币外汇市场有会员 696 家，外币对外汇市场会员 25 家，外币拆借市场会员 576。另有，人民币外汇即期交易做市商 30 家，尝试做市商 5 家；人民币外汇远期交易做市商 27 家，尝试做市商 8 家；远期外汇市场会员 69 家，远期结售汇业务资格 6 家[①]。在量价规定方面，银行间即期外汇市场人民币兑美元交易价浮动幅度为 2%，即交易报价和成交价需要在中间价上下 2% 的范围内波动；同时，国家外汇管理局根据国际收支状况、银行的结售汇业务量和本外币资本金（或者营运资金），以及资产状况等因素，核定银行的结售汇综合头寸，并实行限额管理。

在银行间外汇市场基础设施建设上，首先，交易模式和清算模式多样化发展，前者主要包括竞价交易、询价交易和撮合交易，后者主要包括集中清算、双边清算或净额清算。其次，为了适应银行间外汇市场的不断发展以及业务创新需要，顺应人民币国际化的发展趋势，2017 年外汇交易中心推出新一代交易平台，即 CFETS FX2017，支持多种交易模式和多种外汇产品，分为外汇即远掉交易模块、外汇衍生品及拆借交易模块及 C-Trade 交易模块，为市场主体提供了更快捷安全、灵活丰富的外汇交易服务。并于 2018 年 12 月 24 日在 CFETS FX2017 外汇衍生品询价交易模式下推出了协商交易功能，完善交易机制，提高交易效率。此外，外汇交易中心的数据直通式处理接口服务（CSTP 服务），为客户提供了交易数据实时接收和历史查询服务，同时提高了银行交易后的处理效率，降低银行自身操作风险。

（四）随着人民币国际化的推进，外汇市场对外开放水平不断提高

2015 年人民币顺利加入 SDR，人民币国际化进程加快，境外金融机构不

---

①数据来源：wind 数据库和中国外汇交易中心。

断进入中国银行间外汇市场，市场对外开放水平不断提高。目前，境外央行类机构可以通过央行代理、直接成为银行间外汇市场境外会员，或者银行间外汇市场会员代理进入银行间外汇市场。各人民币业务清算行、人民币购售业务的境外参加行可根据业务需要向交易中心申请成为银行间外汇市场会员，通过交易中心交易系统参与即期、远期、掉期、货币掉期及期权交易。同时，为了进一步促进外汇市场对外开放，2017 年允许符合《中国人民银行公告〔2016〕第 3 号》规定的银行间债券市场境外机构投资者进行境内外汇衍生产品交易。2020 年初，进一步规定符合规定的境外机构投资者可通过境内金融机构柜台交易或以主经纪业务模式间接进入银行间外汇市场，而境外银行类投资者亦可直接进入银行间外汇市场。截至 2018 年末，银行间外汇市场成员中共有 94 家境外机构，较上年同期增加了 13 家，其中，境外清算行 21 家，境外参加行 34 家，境外央行类机构 39 家。

在境外机构参与程度不断提高的同时，全球人民币外汇交易量及全球占比也逐年增长。图 1-6 显示，2019 年 4 月，全球人民币日均外汇交易量达 2 850.3 亿美元，较 2016 年增加 41.1%，较 2007 年翻了近 18 倍，占全球所有货币外汇交易量的 4.3%，人民币已成为全球外汇交易市场的第八大币种。同时，由图 1-7 可见，2019 年 4 月中国内地外汇市场日平均交易量为 1 360.1 亿美元，占全球外汇交易量的 1.6%，在全球外汇市场中排名第八位，比 2016 年上升了 5 个名次。

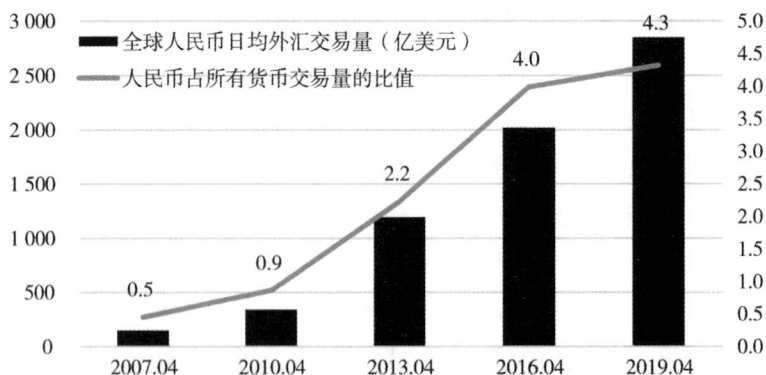

图 1-6　全球人民币外汇交易状况

数据来源：国际清算银行

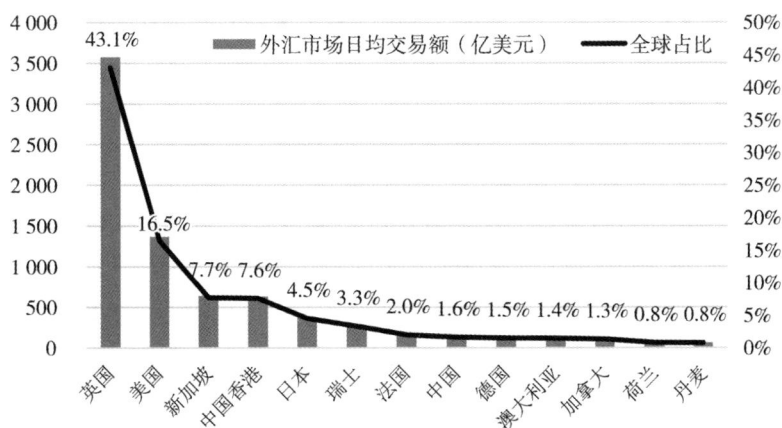

图 1-7 2019 年主要国家的外汇市场交易额与全球占比

数据来源：国际清算银行

（五）外汇市场和跨境资本流动的宏观审慎政策框架逐步建立

伴随着外汇市场开放水平的提高，宏观审慎管理框架逐步建立，在一定程度上有效抑制了企业和境外主体的投机行为和顺周期行为。根据《中国人民银行关于加强远期售汇宏观审慎管理的通知》（银发〔2015〕273 号）和《中国人民银行办公厅关于远期售汇宏观审慎管理有关事项的通知》（银办发〔2015〕203 号），金融机构为客户办理远期、期权和近端不交换本金/远端交换本金的掉期等形成客户远期购汇行为的人民币对外汇衍生品业务，应按签约额的 20% 向人民银行缴纳外汇风险准备金。并根据外汇市场风险管理需要进行逆经济周期调整，2018 年 8 月将远期售汇业务风险准备金率从 2017 年 9 月的 0 再次调整为 20%。

随着境外机构参与程度的不断提高，2020 年初国家外汇管理局发布《国家外汇管理局关于完善银行间债券市场境外机构投资者外汇风险管理有关问题的通知》，规定境外投资者可以使用境内人民币对外汇衍生产品，按照套期保值原则管理投资银行间债券市场产生的外汇风险敞口。境外机构投资者基于实需原则，根据外汇风险敞口状况灵活选择展期、反向平仓、全额或差额结算等交易机制，并以人民币或外币结算损益。此外，为了保证跨境融资空间，降低系统性金融风险，2016 年 5 月在全国范围内实施全口径跨境融资宏观审慎管理。

（六）离岸人民币外汇市场稳步发展，助推人民币国际化

自 2004 年中国香港正式开展离岸人民币业务以来，央行实施多项政策积极推动中国香港离岸人民币市场的快速发展。随着中国金融市场对外开放程度的日益提高，以及人民币国家化进程的不断加快，市场主体对人民币交易产品的避险需求与日俱增。为此，2012 年香港证券交易所成功推出美元兑人民币期货，2016 年 5 月 30 日推出欧元、日元和澳元兑人民币，以及人民币兑美元期货，并于 2017 年 3 月 20 日推出美元兑人民币期权，以满足市场风险管理和跨币种对冲需求，进一步完善离岸外汇衍生品产品发展战略。

表 1-3 香港证券交易所人民币期货和期权交易情况

交易品种	2017 年		2018 年		2019 年	
	成交量（张）	期末未平仓张数	成交量（张）	期末未平仓张数	成交量（张）	期末未平仓张数
美元兑人民币期货	732,569	24,483	1,755,130	30,797	1,938,891	23,196
欧元兑人民币期货	1,750	67	8,956	606	14,656	110
日元兑人民币期货	485	51	2,291	160	4,689	190
澳元兑人民币期货	409	26	1,304	9	8,277	116
人民币兑美元期货	11,939	591	12,214	712	11,759	1,024
美元兑人民币期权	10,473	3,113	30,067	5,625	15,429	1,643

数据来源：香港证券交易所《市场统计数据》。

近年来，香港离岸人民币外汇市场已发展为全球最大的离岸人民币市场，其中，离岸人民币外汇期货表现尤为活跃。由表 1-3 可见，在香港离岸人民币期货市场上，美元兑人民币期货占据主体地位，截至 2019 年末，美元兑人民

币期货成交量达193.8891万份，约占人民币期货交易总额的98%，在港交所主要期货交易中排在第五位，约占期货交易总额的1.67%。在增长率方面，2018年美元兑人民币期货成交张数同比增长高达139.6%，2019年受中美贸易战等因素影响，同比增长仅为10.5%。但欧元、日元和澳元兑人民币期货却分别同比增加了63.6%，104.6%和534.7%。此外，美元兑人民币期权交易受中美贸易战和全球经济不确定性影响较大，2019年成交合约和未平仓合约张数均显著下降，分别同比减少了48.7%和70.8%。除中国香港离岸人民币市场，芝加哥商业交易所和新加坡交易所分别于2013年和2014年开始推出离岸人民币期货合约，并得到迅速发展。截至2018年6月，芝加哥商业交易所人民币期货日均成交合约张数同比增长126.8%，在主要外汇期货产品同比增长率排名中占第九位。同期，新加坡交易所的人民币期货成交张数同比增长159.4%。

以人民币国际化为契机，离岸人民币衍生市场快速发展，人民币在金融活动和实体投资等方面得到广泛应用。全球经济贸易不确定性不断加剧，全球外汇市场波动频繁，加上2020年新冠疫情的突然爆发，近期人民币整体呈现震荡下行趋势，市场主体纷纷利用离岸人民币期货和期权交易对冲潜在风险，以香港为代表的离岸人民币市场将进一步被激发，有力助推人民币国际化。

二、中国银行间外汇市场的发展现状

银行间外汇市场是境内开展外汇交易的主要场所，因交易主体主要是金融机构、投资公司及进出口企业，因而也被称为"外汇批发市场"。从改革进程来看，银行间外汇市场是中国外汇管理体制改革的产物：改革开放以前，外汇交易由中国银行统一垄断经营；1979年起，在外汇留成制度基础上各地相继设立了外汇调剂中心，由此形成了外汇调剂市场；1994年，中国人民银行进一步改革外汇管理体制，在汇率并轨的基础上实行有管理的浮动汇率制，取消外汇留成、上缴和额度管理，实行结售汇制度，由此建立全国统一的银行间外汇市场。目前，银行间外汇市场由人民币外汇市场、外币对市场和外币拆借市场及相关衍生品市场构成，实行会员管理和做市商制度。

从构成上来看，银行间外汇市场由人民币外汇市场、外币对市场和外币拆借市场组成。人民币外汇市场交易模式既有竞价，也有询价及撮合交易和竞价交易采用集中清算，询价交易和撮合交易采用双边清算或净额清算。外币对交易是通过交易中心进行的不涉及人民币的外汇对外汇的交易，品种主要包括即期、远期、掉期、货币掉期及外币利率互换等五个品种；交易模式以询价为主，在即期交易中兼有竞价交易；清算模式以双边全额清算为主，在即期交易中兼有集中净额清算。外币拆借市场以询价方式进行，采取双边清算模式。

（一）银行间人民币外汇市场以即期、远期、掉期和期权四个产品为主

总体上，人民币外汇市场主要包括即期、远期、掉期和期权四个交易产品，由图 1-8 可见，相较于 2015 年，2019 年人民币外汇和货币掉期交易额增加 96.3%，达 16.4 万亿美元，占人民币外汇市场交易总额的 65.6%，是银行间人民币外汇市场的第一大交易产品。其次是即期交易，而期权和远期交易所占份额较小，分别为 2.3% 和 0.3%。但值得注意的是，受中美贸易战及人民币升值影响，2019 年人民币远期、掉期和期权外汇交易均呈现下降趋势，仅人民币即期交易增加了 3 042 亿美元，同比增长速度也由 2018 年的 19.3% 下降为 2019 年的 4.0%。

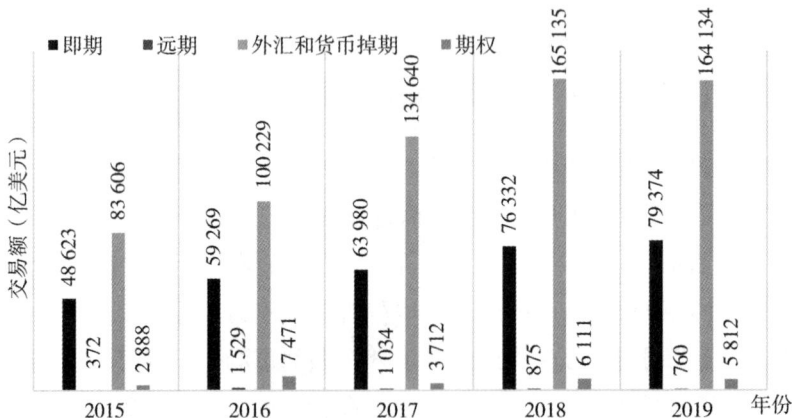

图 1-8 2015—2019 年银行间人民币外汇市场主要交易产品

数据来源：国家外汇管理局。

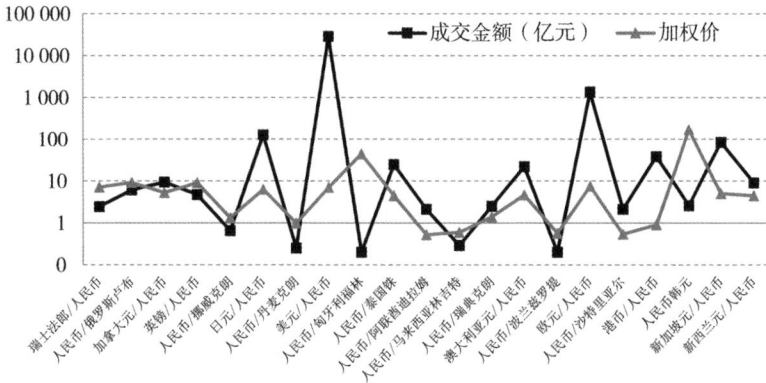

图1-9　2020年2月银行间人民币外汇即期成交统计

数据来源：中国外汇交易中心。

从图1-9容易发现，银行间外汇市场即期交易以美元兑人民币为主，成交金额近3万亿元，非美货币中，欧元兑人民币即期交易量最大，成交金额超过1 000亿元，其次是日元兑人民币及新加坡元对人民币交易较为活跃。

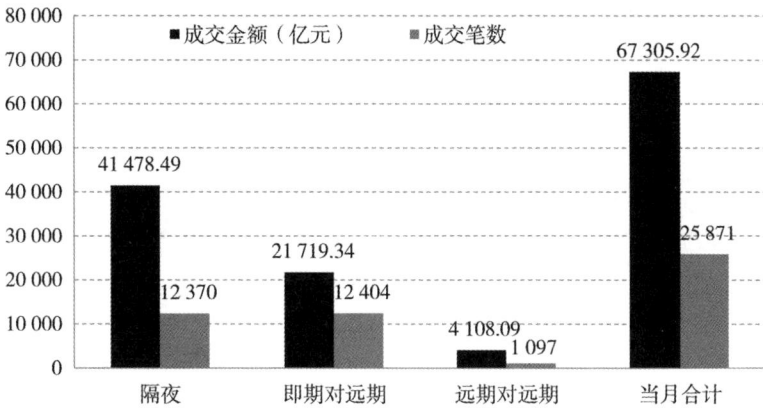

图1-10　2020年2月人民币兑美元外汇掉期成交统计

2020年2月，人民币外汇掉期交易共发生25 965笔，交易额约为6.75万亿元。其中，人民币兑美元掉期交易就达25 871笔，交易额占比高达99.6%。图1-10显示，银行间外汇市场人民币兑美元掉期交易中，隔夜交易是主体；尽管即期对远期交易成交笔数和隔夜交易成交笔数相差不大，但隔夜交易成交金额却是即期对远期交易成交金额的近两倍；远期对远期交易成交金额和成交笔数都远小于其他品种。

2020年2月，人民币外汇远期交易共发生498笔，交易额为530.5亿元。其中，人民币兑美元外汇远期交易就有476笔，交易额占比高达96.7%。从图1-11可见，期限长于1年的外汇远期交易是市场交易的主体，超过67.6%的成交笔数和超过52.0%的成交金额集中于较长期限的外汇远期交易。而期限短于1年的外汇远期交易中，以1天和1个月的外汇远期交易为主。

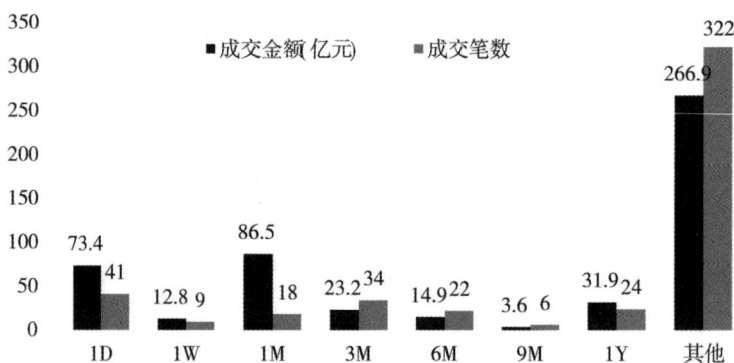

图1-11　2020年2月美元兑人民币外汇远期成交统计

注：D为天；W为周；M为月；Y为年。

由图1-12可见，2020年2月人民币外汇期权交易中，约66.3%的成交笔数和67.5%的成交金额集中于1年或1年期以下的交易产品。其中，两周的人民币外汇期权交易成交额和成交笔数占比最低，仅为2.2%和3.2%。

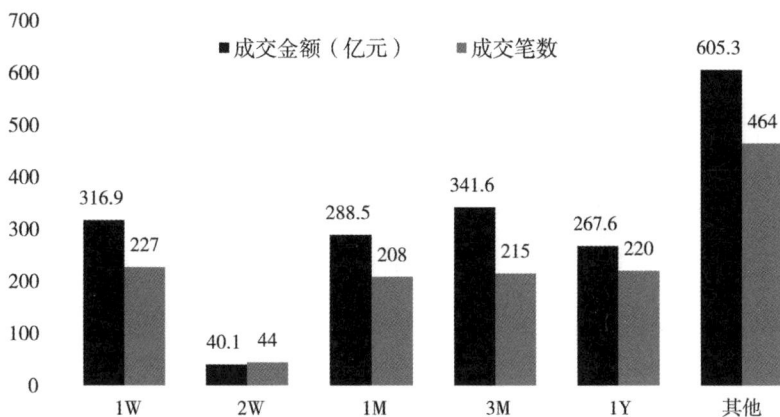

图 1-12　2020 年 2 月人民币外汇期权成交统计

注：D 为天；W 为周；M 为月；Y 为年。

（二）外币对市场以美元对为主体，欧元兑美元占比最大

从图 1-13 不难发现，除欧元兑日元，均为美元对外汇交易，即美元对是中国外汇外币对市场的主体。其中，欧元兑美元、美元兑日元和美元兑港币三对主要货币对交易量成交均超过了 100 亿元，三者合计成交量占比达 79%。其中，欧元兑美元交易占比最高，达到 32%；美元兑日元交易次之，占比达 27%；美元兑港币交易位列第三，占比达 20%。

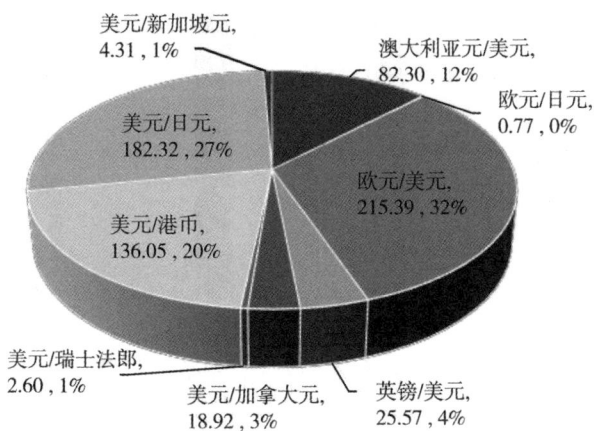

图 1-13　2020 年 2 月外币对交易金额与占比

（三）外汇衍生品市场和外币拆借市场发展迅速，已超外汇即期市场

由图 1-14 不难发现，外汇衍生品市场已然成为外汇市场的主要构成部分，2019 年占比达 48.7%，同比增长 18.7%，交易量达 119.8 万亿元，远超外币拆借市场，甚至是外汇即期市场的两倍。值得注意的是，2019 年外币拆借市场增长比其他市场更快，增长率为 30.2%。

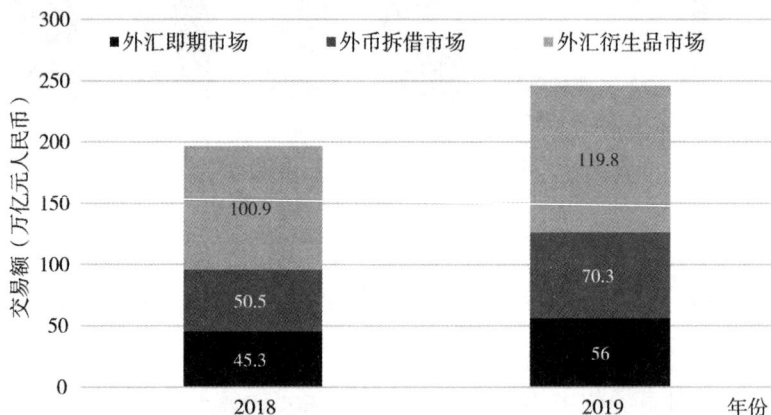

图 1-14　2018 年和 2019 年银行间外汇市场的构成

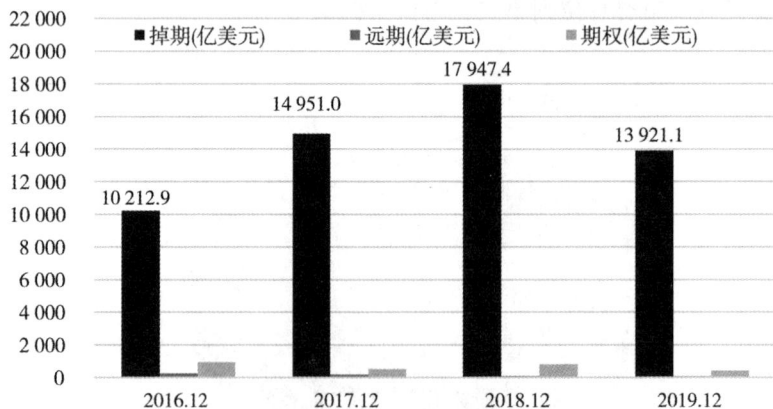

图 1-15　2016—2019 年 12 月份外汇衍生品市场主要交易产品

此外，由图 1-15 可见，在银行间外汇衍生品市场中，掉期占比最大。2019 年 12 月，掉期交易额达 1.29 万亿美元，占衍生品市场交易总额的

96.5%。但受中美贸易战和人民币升值影响，2019 年 12 月衍生品市场较去年同期下降了 23.5%，交易量比 2017 年还要低 1 029.9 亿美元。同时，由图 1-16 可见，外汇衍生品交易以隔天交易为代表的短期交易为主。2019 年 12 月，1 年及期以下短期交易总额达 11 405.7 亿美元，其中，隔天交易额 8 671.9 亿美元，占衍生品交易总额的 60.1%，占 1 年期以下短期交易总额的 76.03%。而且，2019 年 12 月衍生品交易额的减少主要体现在 1 个月和 1 年期以上的交易产品上，隔夜交易减少幅度最小。

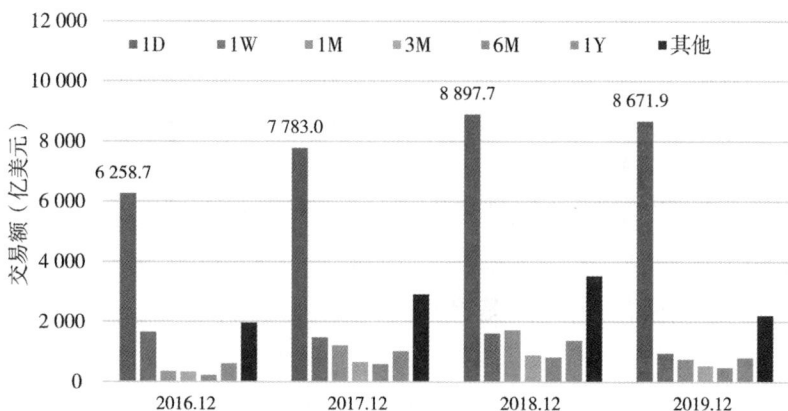

图 1-16　2016—2019 年 12 月份外汇衍生品交易产品周期统计

三、中国外汇市场发展的重要意义

从中国外汇管理体制改革进程来看，中国外汇市场，尤其是银行间外汇市场的发展具有重要意义。

第一，银行间外汇市场发展为推行以市场供求为基础的汇率制度改革创造了重要条件。1994 年汇率改革后，银行间外汇市场的形成正是为配合中国外汇管理体制改革而出现的。在结售汇制度安排下，外汇市场供求关系最终反映在银行间外汇市场上。按照结售汇管理的要求，拥有外汇的企业和个人必须将自身外汇头寸卖给外汇专业银行，银行再根据自身风险敞口情况及风险管理需要在银行间市场上进行外汇资金调剂，由此将零售市场和批发市场联系在一起。一个具有足够广度和深度、功能完善、运行平稳的外汇市场，对于将市场供求有效传递到汇率起到了至关重要的作用。

第二，银行间外汇市场发展为人民币汇率中间价形成的市场化提供了市场基础。中国外汇市场的发展可提高资金流动性，传递汇率信号，促进人民币汇率中间价的市场化形成。同时，人民币汇率中间价可牵引银行间市场交易价，引导市场预期，促进市场交易稳定进行。2015 年"8·11 汇改"后，"上一日银行间外汇市场收盘价＋参考一篮子汇率"的中间价定价机制初步建立，开始逐步与国际基准价格形成机制接轨，有效提高了汇率形成的透明度、规则化和市场化，缓解了银行市场交易价格与中间价的背离。

第三，银行间外汇市场发展为推行结售汇制度提供了保证。自 1994 年汇率并轨以来，结售汇制度便成了我国外汇管理体系的核心组件。不同的是，为适应国家外汇头寸调剂的需要，2012 年以前实行的是强制结售汇制度即所有企业和个人不允许持有多余的外汇头寸。而 2012 年以后强制结售汇制度已经退出历史舞台。为开展必要的结售汇活动，需要一个强有力的银行间外汇市场作为支撑，以保证外汇专业银行能够无顾虑地吸收零售市场上的外汇头寸、保证零售市场出清。因此，一个功能健全、发展良好的银行间外汇市场是保证结售汇制度有效的重要基础。

第四，银行间外汇市场发展为提高中国金融机构的国际竞争力提供了训练场。中国金融体制的改革开放是有序进行的，作为金融对外开放的重要窗口，银行间外汇市场成为中国金融业接触国际金融机构先进管理经验的桥头堡。随着全球化的加深以及金融业对外开放水平的不断扩大，在金融业全面开放以后，国内金融机构必须具备抵御外部竞争压力的能力，有限开放下的银行间外汇市场就是最好的训练场。随着人民币作为国际储备货币的崛起，现阶段包括外国央行类机构、境外金融机构和境外非法人产品等都可以进入银行间外汇市场开展交易，这无疑为国内金融机构汲取国际先进经验，同时适应国际竞争压力提供了难得的机会。因此，银行间外汇市场发展为中国金融机构改革与发展提供了重要窗口。

第三节　中国外汇市场发展存在的主要问题

一、市场主体格局与国际市场存在差距，国内金融机构始终占据市场主要份额

自形成统一的银行间外汇市场以来，银行类金融机构始终是外汇市场参与的主体，并占有较大份额，随着外汇市场市场化改革的推进，非金融机构和境外金融机构依次被允许进入中国外汇市场。由图 1-17 可见，我国当前外汇市场交易中，国内交易商和国内其他金融机构的交易所占份额较大，分别占比 21.1% 和 46.0%，这与全球外汇市场以境外金融机构为主的市场主体结构不同。中国外汇市场上的境外机构主要以报告交易商为主，境外其他金融机构占比较小，两者合计占比 23.5%，而全球外汇市场上境外机构占比高达63.2%。尤其是同美国、新加坡等国际金融中心相比，外汇市场主体格局差距更大。当然，中国目前的市场参与主体格局同我国资本项目可兑换程度和外汇市场开放度等密切相关。随着中国外汇市场开放度的不断提高，在不发生系统性风险的前提下，采取有效政策吸引境外机构进入中国外汇市场，将是未来外汇市场发展和改革的重要方向之一。

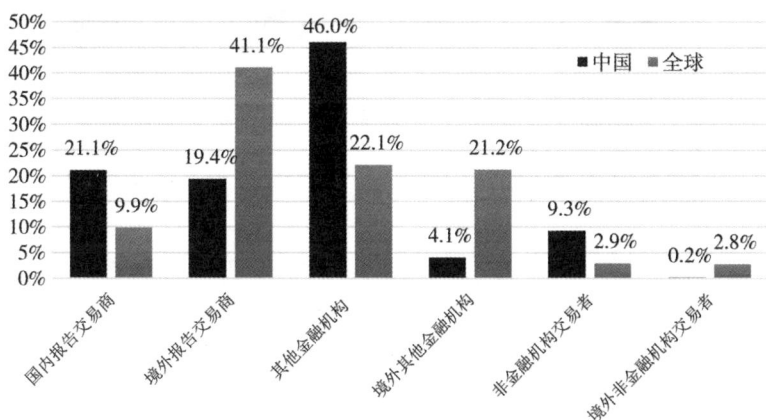

图 1-17　2019 年 4 月中国与全球外汇市场主要交易主体

二、外汇衍生品市场制度不健全，制约衍生产品发展与创新

随着外汇市场的不断发展和完善，中国外汇市场交易产品逐渐多元化。然而，由图 1-18 不难发现，中国外汇远期交易和货币掉期及期权交易所占份额明显低于全球平均水平。如中国外汇远期所占份额仅为 4%，而英美及全球外汇远期交易占比均超过 14%。究其原因，主要源于中国外汇衍生品市场交易制度和监管制度的交易限制。出于防范投机交易的目的，中国外汇市场主体，以及银行间境外机构投资者必须按照实需原则进行交易，限制了客户参与远期、外汇期权等交易，无法满足他们通过外汇衍生品交易进行汇率投资和风险管理的需求。此外，不完善的反向平仓制度等因素导致外汇期货迟迟未能推出。

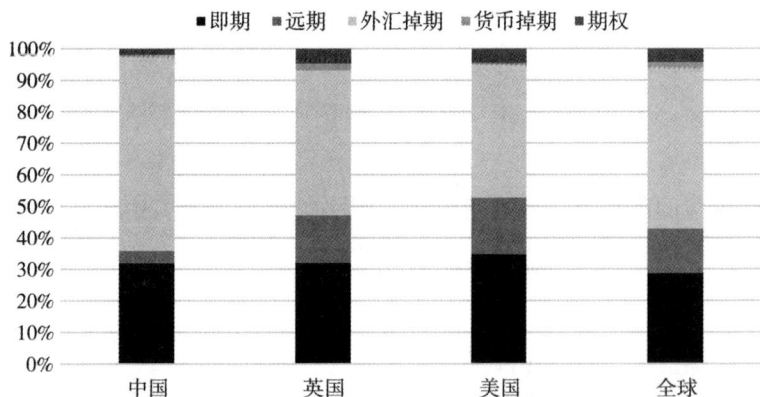

图 1-18 2019 年 4 月中英美及全球外汇市场主要交易产品

三、外汇市场调控易受他国指责，汇率管理面临新挑战

根据当前中国完善外汇市场体制、汇率形成机制和防控金融风险的多个改革目标，中央银行作为外汇市场的宏观调控者，需要对外汇市场，尤其是人民币汇率进行适时调控，防止人民币汇率过度波动。然而，即使中国已很少进行外汇公开市场操作，而是通过将"逆周期因子"引入或退出人民币汇率中间价形成中的逆周期调控方式，针对中国外汇市场调控的指责也从未消失。2019 年 8 月 6 日，美国财政部更是将中国列为"汇率操纵国"，借机对中

国国内经济管理政策横加指责。在国际经济关系日益复杂多变、全球经济不确定性加剧、中美贸易摩擦不断升级、人民币国际化进程加快，以及人民币震荡贬值的国内外新局势下，如何在汇率波动影响因素更加多元化的背景下，稳定汇率引导市场预期，并不断深化人民币汇率市场化改革，是货币当局进行汇率管理不得不面临的新挑战。

第二章 人民币汇率改革与预期管理的必要性

第一节 人民币汇率形成机制的改革历程

我国外汇市场的规范高效发展直接影响着人民币汇率改革的有效性，而人民币汇率机制的完善同样制约着外汇市场的高效运行和功能发挥，两者紧密相连、相辅相成。伴随着中国外汇市场从最初的外汇调剂市场到建立统一的银行间外汇市场，最终发展到新时代下规范的外汇市场，人民币汇率形成机制历经官方单一汇率制、汇率双轨制及汇率并轨后的市场化探索、市场化改革推进和深化时期，始终坚持市场化取向，通过渐进式改革和积极的汇率管理政策，逐步完成了人民币汇率从固定到有管理的浮动、从官方到市场决定的演变（见表2-1）。

表2-1 人民币汇率改革历程①

发展阶段	时间跨度	局部特征
官方单一汇率制时期	1949—1980 年	汇率频繁调整阶段（1949—1953 年）
		钉住美元的固定汇率制（1954—1972 年）
		钉住一篮子货币的固定汇率制（1983—1980 年）
汇率双轨制时期	1981—1993 年	官方汇率和贸易结算汇率的双重汇率阶段（1981—1985 年）
		官方汇率和调剂汇率的双重汇率阶段（1986—1993 年）

①赵志君. 人民币汇率改革历程及其基本经验［J］. 改革，2018（7）：43－52.

续表

发展阶段	时间跨度	局部特征
市场化改革探索时期	1994—2004 年	汇率并轨过渡阶段（1994—1997 年）
		亚洲经济危机后的贬值压力阶段（1998—2001 年）
		亚洲经济危机后的升值压力阶段（2002—2004 年）
市场化改革推进时期	2005—2014 年	2005 年"7.21 汇改"后人民币持续升值阶段（2005—2008 年）
		全球金融危机时汇率重新钉住美元后的稳定控制阶段（2008—2010 年）
		全球金融危机后人民币升值的延续阶段（2011—2014 年）
市场化改革深化时期	2015 至今	2015 年"8·11 汇改"后的人民币震荡贬值阶段（2015.08—2017.02）
		短暂升值阶段（2017.03—2018.03）
		中美贸易战爆发后的震荡贬值的延续阶段（2018.04 至今）

一、官方单一汇率制时期

在 1949—1980 期间，受国际货币体系变更的影响，从美元强势到布雷顿森林体系瓦解，我国单一汇率制历经了频繁调整、钉住美元再到钉住一篮子货币三个阶段。在 1949—1953 年初的第一阶段，天津曾对美元挂牌，并根据中美物价变化进行适度调整。1953 年经济复苏前，我国主要采用"物价对比法"，即参考进、出口商品理论比价和侨汇购买力比价等确定人民币汇率。随后，1953—1972 年我国进入高度计划经济时期，人民币与美元正式挂钩，并始终保持在 1 美元兑换 2.46 元人民币的汇价水平上，仅作为对外贸易的一种核算工具。然而，因美元危机与美国经济危机的频繁爆发，1971 年末以美元和黄金为基础的布雷顿森林体系崩溃。同时，由于石油危机，多数国家物价水平过分上涨，西方国家开始普遍实行浮动汇率制。在此背景下，中国于 1972 年 6 月开始实行钉住"一篮子货币"的单一固定汇率制度，并参考国际货币汇率变动进行适度调整，以减少出口收汇损失。然而，在 1949—1980 年，中国对外贸易很少，人民币汇率意义并不是很大，对进出口并未产生调节作用。

二、汇率双轨制时期

1978 年改革开放对官方单一汇率制发起挑战，随着我国对外贸易往来的增加，外部平衡问题开始呈现，人民币汇率形成机制的改革迫在眉睫。因此，1979 年，国务院拟引入贸易内部结算价，进行汇率制度改革。最终于 1981 年正式实行官方汇率和贸易结算汇率的双重汇率制度，我国人民币汇率进入了第一个汇率双轨制阶段（1981—1985 年）。在这一时期，贸易内部结算价格根据当时的出口换汇成本确定，始终固定在 1 美元等于 2.80 元人民币的汇价水平。用于非贸易结算的官方汇率继续钉住一篮子货币，汇价为 1 美元等于 1.50 元人民币。然而，受美元不断升值，以及国内通货膨胀和套汇等行为影响，人民币官方牌价持续贬值，截至 1984 年 12 月，美元兑人民币汇率已升至 2.79 元，基本与贸易内部结算价持平。

1985 年我国正式取消贸易内部结算价，伴随着外汇调剂市场的初步建立，新的双重汇率制度开始形成，即官方汇率与调剂汇率双轨并行（1985—1993 年）。在这个阶段，外汇调剂汇率开始发挥一定的汇率调节作用，积极调节外汇市场供求不平衡问题。同时，调剂汇率在一定程度上缓解了官方汇率高估问题，为官方汇率调整提供了参考。官方汇率历经三次大幅贬值（1986—1990 年）和数十次小幅度调低（1991—1993 年），逐渐向下调整。1993 年底，人民币对美元官方汇率与调剂汇率分别为 5.7 元和 8.7 元，官方人民币对美元汇率较 1984 年末贬值了近 52%。

在汇率双轨制时期，无论是贸易结算汇率阶段，还是调剂汇率阶段，人民币汇率基本呈现单边贬值趋势（见图 2-1），但人民币高估的状态并未充分改变。这固然有计划经济体制下人民币汇率制度本身的原因，同时也符合中国央行降低购汇成本的现实需求。然而，长期的汇率高估必然会降低中国出口商品的国际竞争力，不利于出口贸易增长。同时，也会造成人民币长期贬值预期，给金融市场和国际收支带来不确定性。

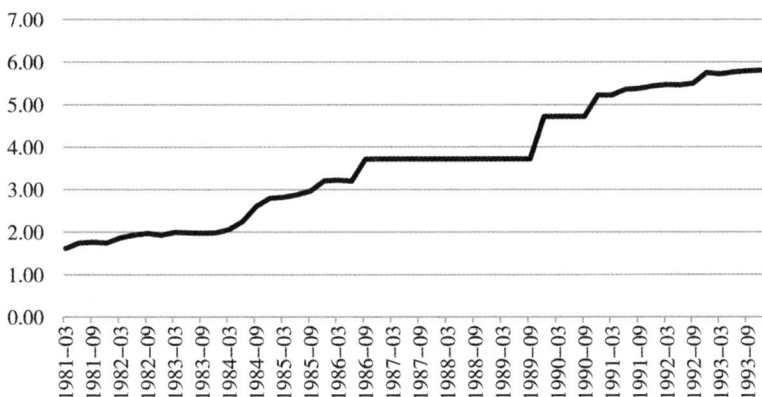

图 2-1　汇率双轨制时期的官方汇率

数据来源：CEIC 数据库。

三、人民币汇率市场化改革的探索时期

1994 年 1 月 1 日开始，人民币官方汇率和调剂汇率正式并轨，开始实行以市场供求为基础的、单一的、有管理的浮动汇率制，这意味着人民币汇率机制改革开始进入市场化探索的新阶段。这一时期，中国外汇市场开始实行结售汇制度，并建立了统一的银行间外汇市场，银行成为外汇市场交易的主体，积极推进汇率市场化。同时，中国人民银行通过行政机制买卖外汇、设定浮动区间等操作调节外汇市场的供求失衡。此外，2001 年我国允许满足相应条件的企业开立外汇结算账户，保留一定额度的外汇收入。2002 年取消开户条件限制，通过不断放松限额管理，逐渐提高企业持有外汇的自主权。

根据国际经济形势和汇率变化趋势，这一时期的人民币汇率变化可以分为三个阶段，即汇率并轨过渡期、亚洲金融危机后的贬值压力期和升值压力期。在第一阶段（1994—1997 年），人民币汇率并轨完成了一次汇率超调，使官方汇率瞬间贬值 33.3%，达到 1 美元等于 8.7 元人民币的汇价水平，彻底改变了官方汇率长期高估的状态，以及人民币汇率长期贬值的预期。截至 1997 年末，人民币兑美元中间价汇率达 8.28，较 1994 年升值 4.8%。随着 1997 年东南亚金融危机的爆发，人民币汇率变化进入第二阶段的贬值压力期（1998—2001 年）。在这一阶段，因汇率并轨过渡期人民币持续升值引发的贬值预期被进一步强化，为了避免国际资本外逃和汇率大幅波动，我国政府做出了人民币不贬值的承诺，并通过实施一系列出口退税、扩大内需的调控政策维护国内经济的平稳发展，减少外部冲击带来的负面经济影响，同时也对亚洲经济金融的稳定和发展产生了重要影响。亚洲金融危机结束后，我国进入了前所未有的发展阶段，顺利加入世界贸易组织，成功申办 2008 年奥运会，有效推进房地产制度和市场化改革等。在此背景下，人民币汇率进入第三阶段的升值压力期（2002—2004 年）。随着我国经济的快速发展，尤其是国际收支盈余的持续增大，部分国外学者及国家领导人开始频繁呼吁人民币升值，要求增强汇率波动弹性。为了缓解我国国际收支失衡、满足自身发展需要，以及应对外部舆论压力，2005 年 7 月 21 日我国人民币汇率市场化改革迎来了具有历史意义的关键时刻，央行宣布正式实行以市场供求为基础的、参考一篮子货币进行调节的、有管理的浮动汇率制。同时汇率一次性调整为 1 美元等于 8. 11 元人民币，人民币兑美元升值 2%。总体上，在人民币汇率市场化改革的探索时期，尤其是汇率并轨后的过渡期，人民币兑美元汇率基本呈现单边升值或不贬值的状态。（见图 2-2）。

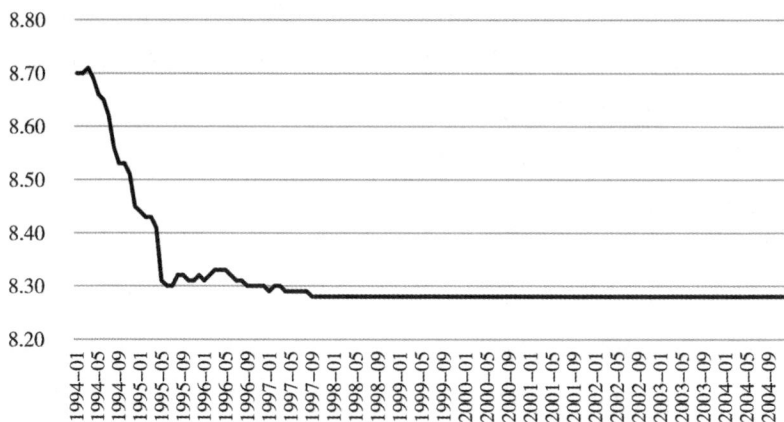

图 2-2　1994—2004 年人民币兑美元汇率走势

四、人民币汇率市场化改革推进时期（2005—2014 年）

基于我国国情和发展战略的需要，为了进一步深化改革和对外开放，特别是加入 WTO 后为适应新的发展和开放格局，我国政府做出了进一步推进人民币汇率市场化改革，即"7. 21 汇改"这一正确而意义深远的选择。随后，为了加强市场供求对汇率的调节作用，完善汇率形成机制，维持人民币汇率在合理范围内波动，同时推进与国际外汇市场接轨，一系列相关改革和完善举措被不断推出。2005年正式实施询价交易规则和做市商制度，随后，逐步引入外汇掉期（2006年）、货币掉期（2007年）和期权（2011年）等衍生产品，并相继取消了开户事前审批（2006年）和账户限额管理（2007年），2008年修订了《外汇管理条例》，2009年开始尝试进行集中净额清算，并初步建立外汇市场交易信息库。在此期间，我国逐步扩大人民币浮动区间，2007年5月21日，银行间即期外汇市场人民币兑美元交易价浮动幅度由0.3%扩大至0.5%，并于2012年和2014年进一步扩大为1%和2%。

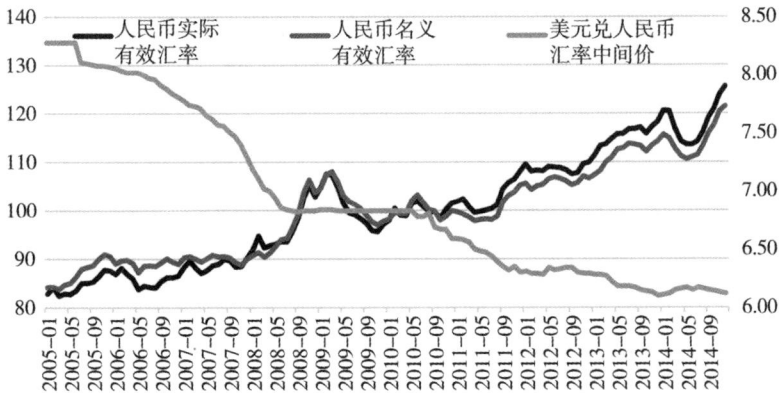

图2-3 2005—2014年人民币双边和多边汇率变动

在国际升值舆论压力和国内经济快速发展的背景下，"7.21汇改"未能缓解人民币汇率升值的压力，反而成为人民币持续升值的开端。由图2-3和2-4可见，到2013年末，人民币实际有效汇率和名义有效汇率分别升值34.0%和30.7%，人民币兑美元升值近35.3%。同时，我国贸易顺差和外汇储备不降反升，并进一步加大了人民币升值的压力。需要注意的是，我国为了减小2008年全球金融危机带来的汇率波动和外部经济冲击，人民币汇率重新钉住美元，汇价基本维持在1美元兑6.83元人民币的水平。直到2010年6月世界经济趋稳后，人民币汇率才恢复参考一篮子货币，并进一步启动人民币形成机制的市场化改革，增强汇率波动弹性。人民币汇率也再次开启单边升值过程，然而随着我国经济进入新常态，整体经济增长放缓，同时人民币长达10年的单边升值带来了积累效应，引发对外贸易形势转变，在2014年第一季度经常项目顺差开始缩水，人民币被高估的舆论不断出现。事实上，美元兑人民币汇率确实从2013年12月的6.10上升为2014年7月的6.17，随后又下降为2014年12月末的6.12，人民币汇率开始进入基本稳定的双向振荡期。

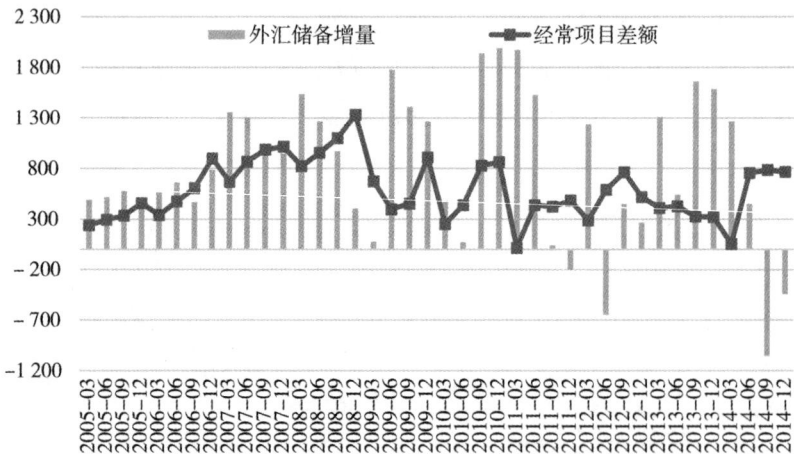

图2-4　2005—2014年中国对外经济平衡状况（亿美元）

五、人民币汇率市场化改革深化时期

为了保证人民币顺利加入SDR，加快人民币国际化进程，中国人民银行于2015年8月11日再次启动汇率制度重大改革，宣布完善人民币汇率中间价形成机制，提高人民币汇率中间价定价机制的透明度和市场化水平。2015年12月11日，央行推出"上一日收盘价＋参考一篮子货币"的人民币汇率中间价定价机制，一定程度上压缩了央行对中间价的操控空间。随后，央行根据汇率变动顺势在中间价定价机制中引入、退出再引入逆周期因子，进一步完善人民币汇率中间价形成机制，提升汇率市场的规则化和市场化（见图2-5）。

在"8·11汇改"后，人民币汇率从短暂的双向振荡开始，主要经历了震荡贬值（2015.08—2017.02）、升值（2017.03—2018.03）和震荡贬值（2018.04至今）三个阶段（见图2-6）。最开始，受美联储量化宽松政策退出和升息预期影响，加上人民币长期升值带来的积累效应，此次汇率改革后美元兑人民币汇率持续走高，人民币贬值预期快速形成，导致大量资金外逃。截至 2016 年 12 月，美元兑人民币汇率突破 6.94。随后，由于美元汇率开始由盛而衰，我国国内经济增长趋稳，央行于 2017 年 2 月 20 日顺势调整人民币货币篮子数量和权重，缩减一篮子货币汇率的计算时段，对中间价定价机制进行了微调。于 2017 年 5 月 26 日将逆周期因子引入到中间价定价机制，缓解人民币升值或贬值的速度与幅度，对冲市场顺周期波动，以求改变人民币汇率单边贬值预期。此外，采取监管举措完善跨境融资宏观审慎管理框架，扩大外汇供给，打击非法的、不合理的外汇需求。在此背景下，美元兑人民币汇率从 2017 年 3 月的 6.90 持续下滑至 2018 年 3 月的 6.29，人民币贬值压力得到有效缓解。基于此，我国央行在 2018 年 1 月 9 日宣布退出逆周期因子调节。但随后美联储加息和中美贸易战爆发，导致人民币再次持续贬值，央行于是在 2018 年 8 月份宣布重启"逆周期因子"。然而随着中美贸易战的持续和恶化，市场对人民币和中美贸易战的悲观预期已然形成，全球资本开始流向其他新型市场国家，美元兑人民币汇率最终于 2019 年 8 月冲破 7.00，上升为 1 美元兑 7.09 元人民币的汇价水平。

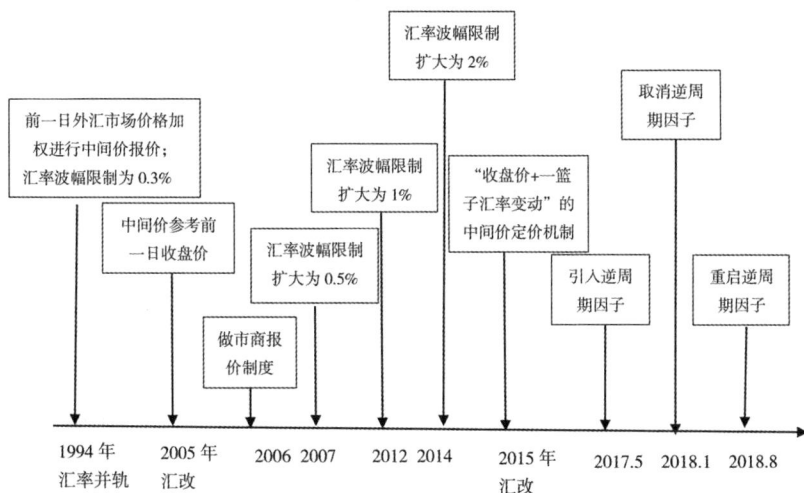

图 2-5　人民币汇率中间价定价机制与波动幅度变更的时间线①

---

①蒋先玲，魏天磊. 人民币汇率市场化的逆周期操作与审慎管理［J］. 江西社会科学，2019（7）：33-41.

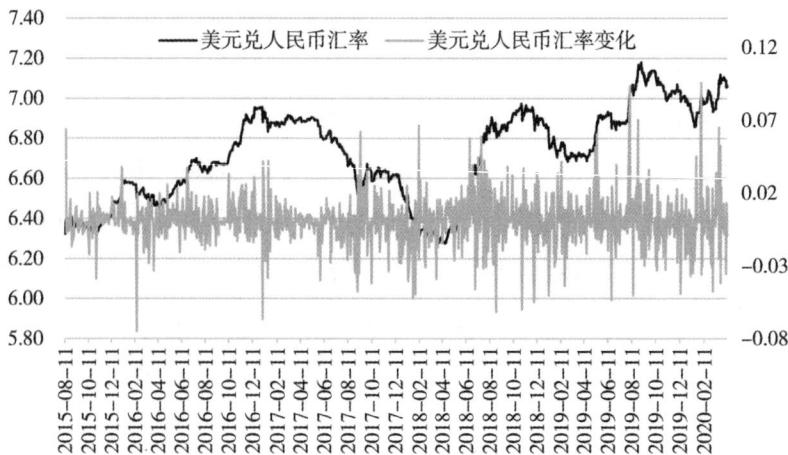

图 2-6 2015 年汇改以来人民币兑美元汇率走势

第二节 外汇市场汇率干预的主要形式

汇率干预是货币当局进行汇率管理的重要手段，但在人民币汇率形成机制改革发展的不同时期，汇率干预的政策和方式具有显著不同。在改革初期阶段，为了减少汇率波动冲击对金融市场和经济发展产生的影响，将汇率控制在波动幅度内，中央银行多会在外汇市场上直接进行外汇买卖来影响外汇市场供求，从而达到调节汇率水平的目的。然而，随着人民币汇率市场化改革的不断深化，外汇市场直接干预的各类缺陷日益明显，常规化外汇干预逐渐减少，通过调整人民币汇率中间价定价机制的中间价干预，以及以口头沟通为代表的汇率预期管理开始得到货币当局的重视。

一、外汇市场直接干预

中国货币当局通过在外汇市场上买卖外汇进行直接干预，但实际操作数据并不对外公布。因此，多数学者通常采用外汇储备变动作为替代变量（黄宪和付英俊，2017；任燕燕和邢晓晴，2018；谢建国和贾珊山，2019）。为了更接近国际统计惯例，2010 年 2 月 5 日，国家外汇管理局宣布修改外汇储备会计原则，即国际收支平衡表中的外汇储备将仅记录净交易数据，因汇率变动和利率变动等其他非交易因素所造成的外汇储备变化将反映在国际投资头寸上。2014 年后由于人民币处于震荡贬值的过程中，汇率波动等非交易因素引起的外汇储备增加不容忽视。因此，本书选择只记录交易变动数据的国际收支平衡表中的外汇储备差额作为外汇直接干预的替代变量。如图 2-7 所示，在 2014 年第三季度到 2017 年第一季度人民币汇率震荡贬值期间，剔除汇率、利率波动等非交易因素影响的外汇储备差额明显呈现为负值，说明在此期间外汇市场上的金融机构大量抛售外汇，中国央行为了稳定汇率波动，扭转人民币贬值预期，可能进行了抛售美元来调节市场供求的直接干预行为。此外，在 2018 年中美贸易战爆发后人民币汇率再次震荡贬值期间，外汇储备再次出现小幅净减少，但干预幅度明显比 2014 年—2016 年的调控幅度要弱。

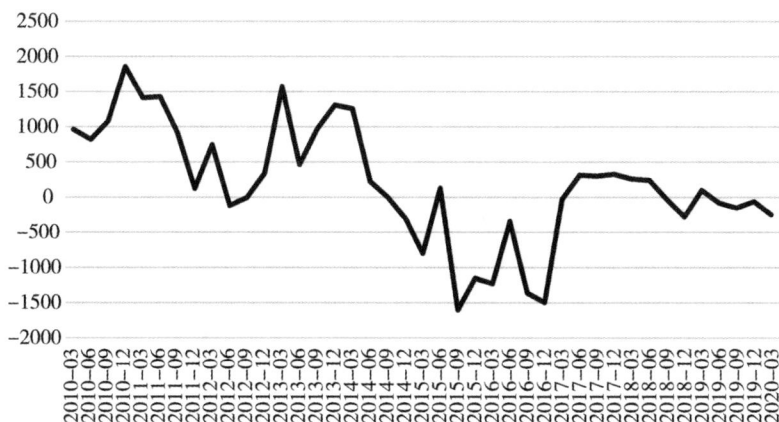

图 2-7 中国外汇储备资产差额（亿美元）

从各国汇率管理实践看，中央银行直接干预对汇率调控具有重要意义。徐建炜和徐奇渊等（2011）研究认为，外汇市场干预对实际汇率的作用效果取决于中央银行干预信誉的高低。而任燕燕和邢晓晴（2018）基于 Markov 机制转换模型研究指出，央行干预的汇率波动抑制效果因市场状态不同而存在差异。近年来，除了汇率水平和汇率波动，央行预期对汇率预期的影响研究开始引起部分学者的关注。李晓峰和陈华（2010）基于预期异质性假设，研究认为央行干预会通过影响技术分析者来对汇率未来变化趋势产生作用。张笑梅和郭凯（2019）研究认为，2015 年"8·11 汇改"后，直接干预影响市场供求并释放政策信号，对汇率预期的影响效果显著提升。结合外汇储备差额与人民币兑美元汇率的变化情况，不难发现，当人民币面临升值压力或贬值压力时，外汇储备出现净增加或净减少，央行直接干预行为不容忽视。而之后人民币汇率升值或贬值预期改变，会出现短暂逆行变化趋势，在一定程度上表明了外汇干预政策的作用效果。然而，进行没有遵循市场规律的直接外汇干预，央行需要面临全部的汇率波动风险，干预成本较大，同时为了避免引起利率波动的其他对冲交易同样亏损较高，且缺乏连续性。此外，频繁的外汇干预还会增加国际舆论压力，使他国借机对中国国内经济管理政策横加指责。

二、人民币汇率中间价管理

1. 人民币汇率中间价干预的构建

2006 年初央行公告将做市商报价加权平均所得作为人民币汇率中间价，然而，做市商报价多少和计算方法并不对外公开，而且中国外汇交易中心可进行适度调整。中间价干预简便易行，从而成为央行进行人民币汇率管理的重要手段。伴随着人民币汇率市场化改革的不断推进，尤其是 2015 年 "8·11 汇改" 后，中国央行对稳定汇率的中间价管理制度进行改革，逐渐建立"收盘汇率 + 一篮子货币汇率变化"的中间价形成机制。其中，"一篮子货币汇率变化"是指为保持人民币对一篮子货币汇率基本稳定所要求的人民币兑美元的双边汇率调整幅度，具体操作时，各做市商参考 CFETS、BIS 或 SDR 货币篮子进行报价，因自身判断不同，参考货币篮子的占比也不同，因此报价会存在一定差异。基于做市商报价，中国外汇交易中心将平均计算货币篮子的汇率变化，并根据自身判断进行调整，最终进行中间价公布。在 2017 年 5 月、2018 年 1 月和 8 月，央行根据外汇市场变化情况，引入、退出、再引入逆周期因子，对人民币中间价定价机制进行调整，从而缓解人民币升值或贬值的速度与幅度，对冲市场顺周期波动，引导人民币汇率理性预期形成。

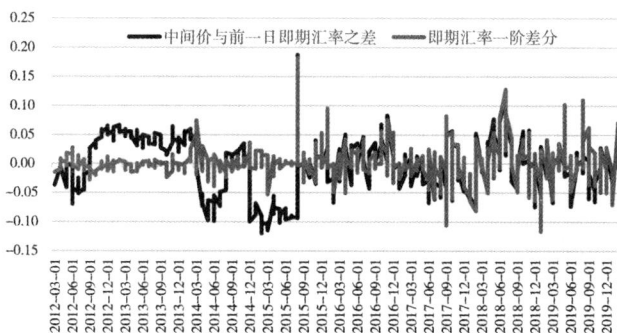

图 2-8　在岸美元兑人民币汇率和中间价汇率的差分曲线

由图 2-8 所示，在岸人民币兑美元即期汇率（CNY）和中间价汇率（CPR）存在明显偏离，尤其是在 "8·11 汇改" 前的很长一段时间里。该偏离包含了做市商和央行的博弈，同时也是央行市场干预行为的一种体现（丁志杰，2012）。在岸人民币兑美元汇率收盘价的一阶差分曲线呈现为白噪声过程，而在岸汇率与中间价之间的偏离却表现出明显的阶段性，若两者的偏离仅由做市商和央行间博弈引发，那么这个市场逐利过程应呈现为类似的白噪声过程。由此可见，两者的偏离很可能源于中央银行的外汇市场干预行为。但值得注意的是，"8·11 汇改" 提高了中间价定价机制的市场化和透明度，央行对中间价进行干预，施展政策意图的空间被大大缩小，这可以从两者偏离明显缩小看出。但 2017 年后央行频繁根据汇率波动对中间价形成机制进行逆周期因子调整，而且央行并不对外公布逆周期因子的具体调整内容和计算方式，导致 "逆周期因子" 呈现 "黑箱化" 特征，在某种意义上隐晦地体现了央行对中间价的干预行为，也是人民币汇率中间价的实际值与理论值 "收盘价 + 一篮子货币汇率变化" 差异的一种体现。

因此，为了定量衡量中间价形成过程中央行的外汇市场干预行为，可以根据 "收盘价 + 一篮子货币汇率变化" 的中间价形成机制计算人民币兑美元汇率中间价的理论值，然后将中间价的实际值和理论值之差作为央行干预行为的衡量指标，用于衡量中间价管理中的央行政策意图，如下所示：

$$\text{Int}_t = \text{CPR}_t - \widetilde{\text{CPR}}_t \tag{2.1}$$

$$\widetilde{\text{CPR}}_t = \begin{cases} \text{CNY}_{t-1} & (2.2) \\ \text{CNY}_{t-1} + \text{BD}_{t-1} & (2.3) \end{cases}$$

其中，Int_t 为 t 日央行的中间价干预行为；CPR_t 和 $\widehat{CPR}_t$ 分别代表人民币兑美元中间价的实际值和理论值，理论值由中间价形成机制计算所得，2015 年 12 月 11 日之前等于上一日人民币兑美元汇率收盘价 CNY_{t-1}，此日之后等于上一日汇率收盘价加上一篮子货币汇率变化 BD_{t-1}。由于在某种意义上逆周期因子调整隐晦地体现了央行对中间价的干预行为，兼顾其不可测特征，在测算中间价的理论值时可以不再考虑逆周期因子。

一篮子货币汇率变化计算公式如下所示：

$$BD_t = CNY_t \cdot \left[\sum_{i=1}^{k} \omega_i \cdot D\_X_i USD_t \right], \ k = 13 \ \text{或} \ 24 \qquad (2.4)$$

其中，k 代表货币篮子的币种数目，若假设做市商仅参考 CFETS 货币篮子进行报价，则 2017 年 1 月 1 日前采用旧 CFETS 货币篮子，共含 13 个币种，之后采用新 CFETS 货币篮子，共含 24 个币种；ω_i 为第 i 种货币在货币篮子中的权重，$D\_X_i USD_t$ 为 t 日币种 X_i 兑美元汇率的变化。

由央行外汇市场干预行为的测算公式（2.1）可见，若 $Int_t > 0$，即人民币兑美元汇率中间价的实际值大于理论值，表明央行通过外汇市场中间价管理，意图引导美元升值、人民币贬值；若 $Int_t < 0$，即人民币兑美元汇率中间价的实际值小于理论值，表明央行通过外汇市场中间价管理，意图引导美元贬值、人民币升值；若 $Int_t = 0$，即人民币兑美元汇率中间价的实际值等于理论值，表明央行并未进行中间价干预。

三、汇率预期管理

党的十九大以来，完善货币政策和宏观审慎政策的双支柱框架、防范和化解系统性金融风险已成为宏观金融调控任务的重心。作为央行间接干预外汇市场的重要手段，汇率预期管理是引导汇率预期、提高汇率政策透明度、防范和化解系统性金融风险的新推力，是未来央行宏观调控政策实践的重要方向。

（一）汇率预期

汇率预期是外汇市场参与主体基于所掌握的与汇率变动相关的信息集，对未来不确定的汇率发展变化和投资收益等进行判断和预测，并据此形成相关行为决策的过程。汇率预期的形成取决于外汇市场自身发展、外汇市场主体及其所能获取的信息集等因素，在信息不完备和个体异质等因素的影响下，汇率预期往往会偏离真实汇率。然而，若央行通过预期引导使外汇市场主体形成相对统一的汇率预期，那么此时的汇率预期行为将会推动汇率向调控的方向变动，实现汇率预期管理目标。

基于国内外经济学家对预期的研究，结合汇率预期的形成与影响因素，汇率预期具有以下几点特征。①

1. 汇率预期的不确定性

外汇市场和市场主体是导致出现汇率预期不确定性的主要原因。首先，受国际经济形势和国内经济政策等方面的影响，外汇市场自身存在不确定性，这也是汇率波动的根本来源。随着经济一体化、全球化和信息化的发展，各国金融市场紧密相连，一国金融市场，尤其是发达经济体外汇市场的荣辱兴衰不仅关系到本国金融市场的平稳发展，同样影响着世界其他国家的经济发展和金融稳定。1997 年起始于泰铢贬值的亚洲金融危机和 2008 年起源于美国次贷危机的全球金融危机便是全球经济紧密相连的最好说明。其次，外汇市场主体受个体差异、有限理性、认知局限和信息不对称等因素的影响，在接收信息、解读信息和预测汇率的过程中存在不确定性。外汇市场信息本身并不会直接作用于汇率波动，而是基于市场主体的解读、判别、预测及最终的交易行为间接作用于汇率、外汇储备等经济变量。在国际形势多变、国内外汇市场存在诸多挑战的情况下，外汇市场主体根据所掌握的信息集进行的市场预期并无确定规律可循，从而导致汇率预期的高度不确定性。

2. 汇率预期的羊群效应

外汇市场主体行为具有明显的羊群效应和从众心理，即个别交易主体可能会放弃基于私人信息而形成的主观判断和预测，而根据其他市场主体的行为而行动，这在一定程度上导致汇率预期趋同，强化市场既有预期。尤其是在非理性的羊群效应下，部分外汇市场主体往往认为其他投资者，尤其是央行等金融机构更具有信息优势，而习惯性地选择抛弃自己所拥有的信息集，这将会在一定程度上导致外汇市场信息传递链的断裂，致使汇率预期形成后，

---

①国家外汇管理局江苏省分局外汇综合处课题组，仲彬. 外汇市场预期管理研究 [J] . 金融纵横，2019，488（3）：31-39.

在市场信息状态不变、无新信息到来之前，很难在短期内发生转变。相对地，一旦外汇市场主体接收到新的信息，基于信息不完全性的羊群行为也会瞬间瓦解，这也在一定程度上意味着羊群效应具有不确定性和脆弱性，并直接导致汇率变化的不确定性。

此外，由于羊群效应可导致汇率预期趋同，理性合理的羊群效应可以加速汇价对市场信息的吸收，提高外汇市场运作效率。但如果羊群行为超过一定限度，将诱发过度反应的市场现象，造成汇率大幅波动，导致外汇市场的稳定性下降。

3. 汇率预期的异质性

基于理性预期理论，外汇市场交易主体将具有相同的汇率预期形成。然而，如果所有的市场参与者均是同质预期且据此发生交易，那么外汇市场上出现的巨大交易量就难以解释了。此外，国内外大量研究结果表明汇率预期存在异质性（MacDonald and Marsh，1996；Frenkel et al.，2009；Dregerand Stadtmann，2010；）。因此，非理性异质性假设开始广泛存在于汇率研究的相关文献中。对于汇率预期的异质性，主要存在以下三种解释。

（1）信息异质性

多数研究显示，外汇市场信息异质性主要体现在信息不对称和信念差异。首先，不同的市场参与人被假设持有不同的信息集，其中部分信息集是为所有参与人所共知的，而部分信息集是私有的。在信息不完备的情况下，市场主体拥有不同信息集，其中"噪声交易者"将会导致汇率预期偏离远期汇率，并形成差异化的交易策略。信息不对称可能由公开信息传递的刚性引起，因而代理人信念的异质性由人工信息假设引起（Kurz and Motolese，2001）。其次，即使可利用信息集相同，市场参与人仍对经济变量拥有不同的信念。信念的不同源于他们对信息集的不同解读。而对信息集的不同解读源于 Kurz（1994）的理性信念理论（rational beliefs theory）。

市场信息异质性催生噪声交易，噪声交易者的行为具有随机性和不可预测性，导致远期汇率无法满足利率平价关系。Shleifer et al.（1990）提出了噪声交易模型，用于解释噪声交易对金融资产定价的影响，以及汇率预期的动态变化。噪声交易模型包括理性交易者和噪声交易者。噪声交易者基于技术分析方法错误地认为自己拥有风险资产价格的特殊信息，将其作为投资决策。

而理性交易者则利用噪声交易者的非理性行为进行"反向交易"，某些时候理性投资者的反向套利策略会促使资产价格回归基本面价值。因此，基于噪声交易模型，可以从基本面－技术分析的动态转换解释汇率预期的变化。

（2）市场主体异质性

外汇市场交易主体的异质性体现在市场交易主体具有不同的市场信念、学习能力、风险偏好、期望效应和交易目的等诸多差异上，从而导致差异性预测。由于缺少个体预期的数据，度量异质性是相对困难的。Ito（1990）发展了一种简单而稳健的检验用以侦测代理人在形成预期时意见的差异（即，是否存在异质性）。假设 t 时期的个体预测 j 由所有公开信息集 $f(I_t)$ 基础上的共同信息和私人信息集 g_j 基础上的个体效应构成，个体预期到的未来即期汇率可以表示为

$$s_{j,t,t+k}^e = f(I_t) + g_j + \varepsilon_{j,t} \qquad \forall j = 1, \cdots, J \qquad (2.5)$$

所有个体预测对来自共同信息集 I_t 的变量给予相同的权重，即对公开信息集不存在异质性效应。t 时期，个体预测的截面平均可以用类似的方式来表示

$$\bar{s}_{t,t+k}^e = f(I_t) + \bar{g} + \bar{\varepsilon}_t \qquad (2.6)$$

$\bar{g}$ 可以被正则化为零，则(2.5)式减(2.6)式可得

$$s_{j,t,t+k}^e - \bar{s}_{t,t+k}^e = (g_j - \bar{g}) + (\varepsilon_{j,t} - \bar{\varepsilon}_t)$$

$$= g_j + (\varepsilon_{j,t} - \bar{\varepsilon}_t) \qquad (2.7)$$

其中，个体效应 g_j 可以通过解上述方程获得。显然，当研究异质性行为时并不需要潜在的信息集的相关知识。

在上述设定中，当允许异质性效应存在时，对公共信息的一致使用可以被放松，则每个代理人将对来自公共信息集的多种元素赋予不同的权重。假设对变量 X_t 赋予不同权重，那么就可以对个体偏误和异质性效应（$\beta_j - \bar{\beta} = 0$）进行检验：

$$s_{j,t,t+k}^e - \bar{s}_{t,t+k}^e = (g_j - \bar{g}) + (\beta_j - \bar{\beta})X_t + (\varepsilon_{j,t} - \bar{\varepsilon}_t) \qquad (2.8)$$

Elliottand Ito（1999），Bénassy-Quéré et al.（2003），MacDonald and Marsh（1996）及 Chionis and MacDonald（1997）都确认了异质性的存在。当有了预

期度量的分解数据并建立了异质性行为模型以后，很容易通过格兰杰因果关系检验对市场微观结构假设进行检验。

（3）替罪羊理论

Bacchetta 和 Wincoop（2004）基于替罪羊理论对汇率波动展开了分析，认为市场参与者通常会将汇率变动归因于宏观经济变量，但不同市场参与者形成汇率预期所依赖的变量存在差异，而且在进行汇率预期时，对所观察到的各种宏观经济变量的重视程度随时间推移会发生改变，导致异质性汇率预期形成。市场参与者进行汇率波动原因识别时，如果一个不可观察的变量影响汇率，投资者可能会将这种波动归因于当前的其他宏观经济基本面，即"替罪羊"，从而改变汇率预期中这些宏观经济变量的权重，导致对汇率波动的真正来源产生理性混淆。比如，美元疲软易被认为由巨额经常账户赤字造成，美元走强则多被归因于经济增长，但也许经济增长、经常账户与当前的美元升贬值并无关系。

Bacchetta 和 Wincoop（2004）假设信息异质性仅持续一个时期，基于包含噪声理性预期的汇率货币模型，推导出如下的汇率形成公式：

$$s_1 = q_1 + \frac{\alpha}{(1+\alpha)^2} \rho_m (m_1 - \bar{m}) - \frac{\alpha}{(1+\alpha)^2} \rho_y (y_1 - \bar{y}) - \lambda b_1 \qquad (2.9)$$

其中，$0 < \lambda < 1$；s_1 是名义汇率的对数值；m_1 和 y_1 代表可观察到的宏观经济变量，这里特指货币供给与产出；b_1 代表难以观察到的宏观经济变量；ρ_m 和 ρ_y 代表可观察到和不可观察到的宏观经济变量的持久性系数。$\lambda = \frac{\alpha}{1+\alpha} \gamma \sigma_1^2 / \delta_v$，$0 < \delta_v < 1$，取决于私人和公共信息的相对精度；$\gamma$ 代表风险规避。由（2.9）可知，汇率主要由可观测和不可观测的宏观经济变量所决定。

为了研究汇率形成的替罪羊理论，首先得到 ρ_m 的预期如下：

$$\bar{E}(\rho_m) = \delta_v \rho_m + (1 + \delta_v) \frac{s_1 - q_1}{\bar{\alpha}(m_1 - \bar{m})} \qquad (2.10)$$

令 $k = \frac{(1 - \delta_v)\lambda}{\bar{\alpha}(m_1 - \bar{m})^2} > 0$，（4.19）可变形为

$$\bar{E}(\rho_m) = \rho_m - k(m_1 - \bar{m}) b_1 \qquad (2.11)$$

对宏观经济变量 m_1 求导，公式如下：

$$\frac{\partial s_1}{\partial m_1} = \frac{1}{1+\alpha} + \hat{\alpha}\rho_m - \nu(m_1 - \bar{m})b_1 \qquad (2.12)$$

其中，$\nu = 2\partial\lambda/\partial(m_1 - \bar{m})^2 > 0$；$\hat{\alpha} = \alpha/(1+\alpha)^2$。显然，不可观察的经济因素 b_1 会影响宏观经济变量 m_1 对汇率的作用效果，当 $m_1 > \bar{m}$ 时，b_1 越大，m_1 对汇率的影响越小。

结合公式（2.9）（2.11）和（2.12），可得 $\frac{\partial s_1}{\partial m_1}$ 的期望值如下：

$$\bar{E}\frac{\partial s_1}{\partial m_1} = \frac{1}{1+\alpha} + \hat{\alpha}\rho_m - (\nu\delta_v + \hat{\alpha}k)(m_1 - \bar{m})b_1 \qquad (2.22)$$

当市场主体认为 $\bar{E}\left(\frac{\partial s_1}{\partial m_1}\right) > 0$，汇率升值可能是因为可观察到的宏观经济变量 m_1 被盲目加大，而无法观测到的宏观经济变量 b_1 被忽视，即因"替罪羊"效应导致市场参与者提高了 m_1 对汇率的影响。

（二）汇率预期管理内涵与目的

汇率预期管理通过汇率沟通、政策前瞻性指引等方式，对汇率政策调整路径、调整时间或具体操作工具等进行信息公布，有效引导公众预期，进一步完善汇率形成机制以及广义外汇管理政策调整等方式，完成宏观审慎管理、稳定人民币汇率的核心使命。从央行外汇市场干预的国际经验看，无论是美国还是日本，在汇率调控政策上均是由最初的直接干预手段转变为汇率预期管理，我国央行通过人民币汇率预期管理可以实现以下目的。

第一，通过汇率预期管理可以引导公众认识并适应人民币汇率双向震荡特征，避免单边贬值预期长期存在。自 2015 年 "8·11 汇改"以来，受国内外经济金融环境及汇率调控政策影响，人民币汇率变化进入双向震荡的新常态，由干预政策和周期因素引起的汇率升值或贬值，具有短暂性和阶段性特点。因此，当人民币汇率波动或跨境资本流动异常时，为了稳定人民币汇率波动，防止单边贬值预期自我强化，防范和化解金融系统性风险，央行应适时通过政策宣传和相关信息公布加强与市场的沟通，进行舆论与预期引导，让市场参与主体逐渐以平常心看待汇率波动，防止对小幅震荡过分解读，弱化市场恐慌情绪。此外，为了弱化人民币单边变化预期，降低汇率预期管理难度和成本，央行应适度扩大汇率波动幅度和容忍度。

第二，通过汇率预期管理提高信息透明度、汇率政策有效性和公信力。自 2015 年"8·11 汇改"后，汇率政策日趋规则化、透明化和市场化。汇率沟通等预期管理政策的加强，提升了"逆周期因子"调控政策的效率，有效助力人民币汇率中间价回归基本面，提高汇率政策的有效性和公信力，在深化汇率市场化改革的同时，防范金融系统性风险。此外，通过加强汇率预期管理，让市场主体明白人民币汇率变化是由市场规则所决定的，而非国家干预所引起的。

第三，通过汇率预期管理稳定汇率预期，防范和化解金融开放风险。由于近年来我国积极提高外汇市场对外开放程度，境外机构参与程度不断提高，跨境资本流动风险日趋增加。为此，国家逐步建立外汇市场和跨境资本流动的宏观审慎政策框架，防范对外开放新格局下的跨境资本流动风险，切实维护国家经济金融安全。同时，在央行逐渐退出直接汇率干预等常态化管理的情况下，央行积极加强汇率沟通和舆论引导，稳定汇率预期，防范人民币汇率异常波动、跨境资本大量流出，以及全球经济不确定性所带来的外部冲击风险。

第四，通过汇率预期管理稳定人民币，助力人民币国际化进程。2013 年"一带一路"发展倡议为人民币国际化提供了新契机，2016 年人民币正式加入 SDR，这意味着人民币国际化取得了里程碑式的阶段性胜利。然而，基于货币金融理论和国际实践经验，货币国际化水平和币值稳定性往往呈现反向关系。即人民币国家化进程的加快，会降低人民币汇率稳定性。而人民币汇率波动会影响投资、国际贸易等经济活动，并反作用于人民币国际化。预期管理作为新时代汇率干预管理的重要手段，以汇率预期为导向，稳定人民币币值，助力人民币国际化是其重要目标。

第三节　新时代人民币汇率预期管理的必要性

预期管理已成为新时代人民币汇率制度改革的重要抓手，不仅可以缓解国际社会对中国操纵汇率的指责，也有助于降低全球经济不确定性带来的外部冲击，为稳定人民币汇率提供新的手段和方式。此外，相比传统外汇市场干预，预期管理成本更低，往往能够产生"四两拨千斤"的效果。从效率角度来看，更多地采取预期管理方式，在实现内外均衡的同时，可以有效控制政策操作成本，从而减少宏观调控的损失。

一、人民币汇率市场化改革目标限制了外汇市场直接干预和中间价干预

通过前面对中国央行外汇市场直接干预和中间价干预的分析可知，随着人民币汇率市场化改革的不断推进和深化，央行直接干预和中间价干预的操作空间已明显缩小，汇率市场化改革对其干预内容和效力产生了监督和约束作用。此外，在人民币国际化进程不断推进、外汇管理体制改革不断深化的过程中，通过外汇买卖进行直接干预的常态化管理成本偏高，即不符合成本收益原则，也因政策效力减弱而无法实现汇率监管目标。因此，通过预期管理进行外汇市场间接干预成为新时代汇率管理的必然选择。

在 2015 年"8·11 汇改"后，为了应对人民币汇率持续贬值预期，对冲人民币汇率的顺周期波动，央行开始引入逆周期因子对中间价形成机制进行调整。然而，因逆周期调节因子的"黑箱化"特征，在一定程度上妨碍了外汇市场交易主体形成理性的人民币汇率预期，容易导致人民币汇率忽涨忽跌，不利于外汇市场稳定。为此，有必要进一步通过预期管理提高逆周期调节因子的透明性，引导外汇市场交易主体关注宏观经济等基本面的变化动态，促进合理的人民币汇率中间价预期形成。也就是说，在人民币汇率中间价形成过程中，通过加强预期管理进一步提升汇率政策的透明度，保障中间价干预对稳定汇率预期产生积极的促进作用。

二、常规性的汇率管理容易引发国际舆论压力

长久以来，美国等发达国家对我国的汇率制度横加指责，"干预汇率"似乎成为发达国家拒不承认中国市场经济地位的一块难以逾越的绊脚石。2019年 8 月 6 日，美国财政部更是将中国列为"汇率操纵国"，借机对中国国内经济管理政策横加指责。自 1994 年起，我国便开始实行以市场供求为基础的、有管理的浮动汇率制度。亚洲金融危机前，我国实行的是以市场供求为基础的、单一的和有管理的浮动汇率制；亚洲金融危机期间，作为一个负责任的大国，我国主动收窄了人民币汇率浮动区间；2005 年 8 月 11 日开始，人民币

汇率不再盯住单一货币，朝着更加市场化的汇率形成方式又迈进了一步。现阶段，人民币汇率坚持以市场供求为基础的、参考一篮子货币的、有管理的浮动汇率制。必要的外汇市场管理，经常被别有用心的国家放大为非市场化的行政干预。从发达国家的历史经验来看，即使自诩为"自由市场经济国度"的美国也在特定时期实行过外汇市场干预行为，日本更是经常性地开展外汇市场干预以平抑汇率波动。从我国的汇率调控方式来看，外汇公开市场操作是1994年汇率并轨以后较为传统的干预方式，2005年"8·11汇改"以后已经较少使用；2017年5月，中国人民银行在人民币汇率中间价形成方式中引入"逆周期因子"。但由于"逆周期因子"的"黑箱化"特征，因而针对中国外汇市场调控的指责在所难免。

人民币汇率预期管理为缓和对中国操纵汇率的指责以及稳定人民币汇率提供了新的手段和方式。预期管理不以直接干预汇率为目的，通过稳定或扭转未来汇率波动预期达到稳定汇率的目的，是更为市场化的汇率调控方式。党的十八大以来，宏观调控更加重视预期引导。在双支柱框架下，人民币汇率预期管理不仅可以缓解对我国操纵汇率的指责，还可以更加科学地、有效地实现宏观调控目标。

三、全球经济的不确定性使外汇市场管理面临新的挑战

在全球经济不确定性的冲击下，市场恐慌加剧，多数投资者会考虑暂停交易活动，选择保守的投资策略进行等待观望，从而导致市场交易大幅度收缩。新冠肺炎疫情的突然爆发，进一步加剧了全球经济的不确定性（见图2-9）。由图2-10可见，全球经济实现迅速复苏的前景不容乐观。根据世界贸易组织的统计和预测，2018年全球贸易增速明显放缓，较2017年下降了1.6%，并预测未来两年将维持低速增长，世界经济贸易紧张局势持续加剧。而2020年新冠肺炎疫情超乎预期的蔓延，使全球供应链遭遇前所未有的冲击，全球贸易将更趋暗淡。疫情的持续扩散，以及各国政策的不确定性会导致全球资本流动加速，资本市场大幅震荡，投资者的悲观、恐慌情绪很可能会弥漫全球金融市场，将全球经济拖入新一轮危机。

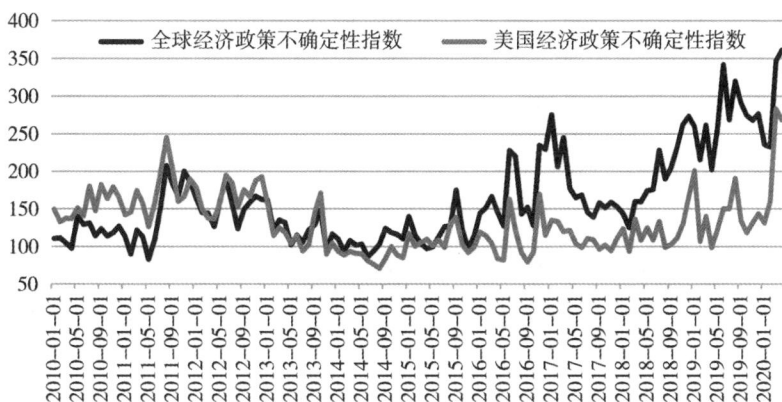

图 2-9　全球和美国经济政策不确定性指数

数据来源：*https：//worlduncertaintyindex.com/data/.*

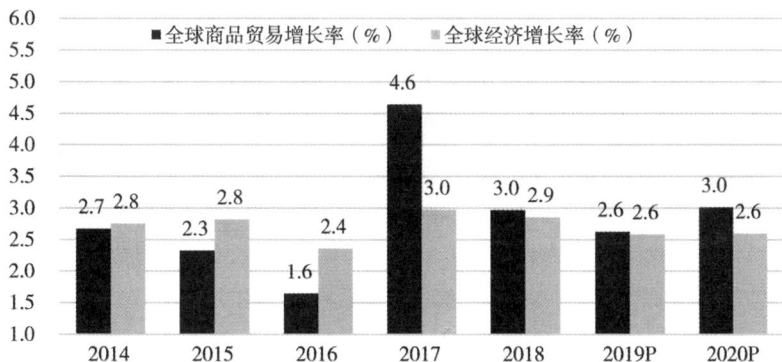

图 2-10　2010 年以来全球经济和贸易增长曲线

数据来源：世界贸易组织。

注：2019、2020 年为预测值。

随着金融一体化、信息化的发展，以及我国外汇市场对外开放程度的不断加深，人民币的资产价格属性已逐渐呈现，公众预期等非交易因素对人民币汇率变动的影响已至关重要。汇率预期受外汇市场交易主体的信念影响，若没有适时合理的预期引导，当外汇市场受新冠肺炎疫情和政策不确定性等因素的影响时，一旦形成单边贬值预期，将会导致跨境资本的大量流动，加大经济运行和宏观调控过程中的不确定性，引发金融市场混乱。同时，在市场主体悲观情绪持续发酵且短期无法逆转的情况下，如果放任人民币贬值预期在羊群效应和从众心理的作用下自我强化，将会导致市场负面情绪自我放大和自我实现，引发人民币汇率出现短期超调和资本外逃，进一步打击外汇市场交易主体信心，冲击国内经济金融稳定。

因此，进一步加强和完善汇率预期管理，是新时期、新挑战下汇率管理的重要抓手，是完善人民币汇率形成机制、深化汇率改革的关键。货币当局需要积极管理和引导汇率预期，避免人民币汇率大幅波动，防范和化解全球经济不确定性下的外汇市场开放风险。

四、历史经验启示人民币汇率政策须适应国际汇率管理的政策变迁

以美国、日本和英国为例①，首先，美国管理当局从布雷顿森林体系到牙买加体系，为了维持美元的国际霸权地位，从未停止过对美元汇率的干预行为，改变的只是干预手段。20世纪90年代中期，随着新自由主义经济思想的快速发展，美国财政部逐渐减少对外汇市场的直接干预，开始更多地采用预期管理等间接手段进行美元汇率干预。其次，日本作为全球较早实施预期管理的国家之一，20世纪90年代末，日本央行便开始通过政策承诺工具引导市场预期，开展预期管理。其中，汇率预期管理主要以口头干预为主要手段，有时辅以直接干预提高政策效果，旨在稳定日元汇率波动，减少汇率波动异常对金融市场和实体经济的影响。如果没有口头干预政策，单纯的直接干预甚至会加大日元汇率的波动幅度。而口头干预，即使没有直接干预的配合，在引导汇率预期、稳定汇率波动等方面也具有较高的成功率。最后，从1992年英镑危机到1999年欧元诞生，再到2016年脱欧公投，在英国经济发展前景日趋暗淡的情况下，英镑汇率继续震荡下行，英镑的国际货币地位已远低于美元和欧元，并逐步被日元所超越。在危机时刻，国家首相、央行行长等高级别官员都曾进行了数次口头干预，试图引导市场预期，稳定汇率波动。

根据主要西方发达经济体的汇率管理政策的时代变迁可知，直接汇率干预在金融市场日趋自由化、信息化和市场化的时代，已很难有效实现汇率政

---

①具体汇率管理的国际实践将在第三章进行详细介绍。

策调控目标，甚至还会加大汇率波动，引发外汇市场动荡。相对地，以信息沟通为主的预期管理政策却可以在不引起国际舆论压力的同时，对市场预期产生引导作用，促使汇率向货币当局合意的方向变化。可见，在外汇市场直接干预和中间价干预受限、"汇率操纵国"等国际舆论压力和全球经济不确定性不断增大的情况下，通过预期管理进行外汇市场间接干预是中国适应汇率政策变迁的表现，也是新时代汇率管理的必然选择。

第三章　汇率预期管理的研究基础
与国际经验

随着发达经济国家汇率沟通实践的不断积累，汇率政策研究逐渐由直接干预转向汇率沟通。然而，相较于欧美等发达经济体，中国推进人民币国际化的时间尚短，汇率预期管理实践经验和相关研究不足，总结国内外汇率预期管理相关文献，借鉴美元、日元、英镑等主要国际货币的预期管理经验，将有利于人民币汇率政策有效性的提高，为制定适合具有中国特色和时代特色的汇率预期管理政策提供理论和实践指导。

第一节　汇率预期研究的兴起与新发展

过去几十年，外汇市场已成为超越股市和债市等的全球最为重要的金融市场，庞大的外汇交易量已远超商品和服务贸易实际所需的外汇规模。试图解释外汇市场各个方面的研究层出不穷。随着一些市场异象的出现（例如，远期溢价之谜），"理性预期"假设受到越来越多的挑战。相关研究热点也正在向有限理性基础上经济主体预期的异质性方向转变。近年来，一类依赖于调查数据进行的汇率预期研究开始出现（*Blake et al.*，1986；*Dominguez*，1986；*Frankel and Froot*，1987），其对汇率预期的形成方式没有做任何假设，也不依赖于任何潜在的预期模型，而是使用市场面板来度量预期。在国际金融经济学的文献中，调查数据的使用并不罕见。*Friedman*（1979，1980）、*Froot*（1989）及 *MacDonald* 和 *Macmillan*（1994）用利率调查数据识别了期限溢价，同时检验发现将远期利率作为即期利率预期的估计是有偏的，代理人并没有充分挖掘隐含在过去利率运动中的信息。*Engel*（1996）在有关远期市场效率的文献回顾中，明确排除学习（*learning*）和比索问题、理性预期的检验及调查数据基础上的时变风险溢价。*Takagi*（1991）、*Maddala*（1991）总结了汇率预期调查数据领域的一些主要发现，并且主要集中于探讨远期溢价之谜（*forward premium puzzle*）。过去 30 年间，有关汇率预期的调查大幅增加。这些调查涵盖了许多不同种类的汇率（不仅针对交易最为活跃的五大货币，还包括了许多非美元的交叉汇率），并报告了有关预期的个体资料，而非仅仅报告一个整体的一致性指标（如，算术平均数）。自 20 世纪 80 年代末开始，基于这些调查预期数据开展的研究工作迅速增长并仍在持续增加。

目前，调查数据基础上的汇率预期研究主要沿以下五个方面展开。一是探讨远期汇率为什么不能作为未来即期汇率的无偏估计。是因为时变风险溢价？还是由于理性预期的失败？二是尝试用基本面模型和时间序列模型对期限溢价中的时变部分进行建模。三是关注市场参与者在预测未来即期汇率时的绩效，尝试评估预测绩效能否超越参照基础（如，随机漫步预测）。四是开始关注市场微观结构和异质性预期的作用。五是尝试探讨不同类型代理人在形成汇率预期时的作用及不同组别（噪声交易、技术分析和基本面分析组）之间的相互影响。

一、远期溢价之谜

金融经济文献中最具挑战性的一个争论是远期汇率在预测未来即期汇率时的失败，通常被称为"远期溢价之谜"。使用远期汇率预测未来即期汇率并非武断。饱受争议的"有效市场假说"指出：如果外汇市场是有效的，那么通过远期市场的套利行为不可能产生大量的超额收益。其包含了"预期的形成是理性的"以及"市场参与者对国内外资产是风险中性的"这些联合假设。

对远期汇率无偏性假设进行的正式的和简单的检验可以通过将实际贬值程度对远期贴水和常数项进行回归获得：

$$s_{t+k} - s_t = \alpha_1 + \beta_1 (f_{t,t+k} - s_t) + \varepsilon_{t+k} \tag{3.1}$$

其中，s_t 代表现在即期汇率的自然对数；$f_{t,t+k}$ 代表 k 期以前的远期汇率。无偏性原假设可以表述为 $H_0: \alpha = 0$ 以及 $\beta = 1$，ε_{t+k} 是正交于代理人建立其预期的信息集的零均值白噪声过程。在原假设下，（3.1）式表明：未来即期汇率可以被重构为当前即期汇率和当前远期汇率的加权平均的形式（$s_{t+k} = \alpha_2 f_{t,t+k} + (1 - \alpha_2) s_t$）。

值得注意的是，无偏性假设已被大多数研究拒绝，多数研究似乎对偏误的方向保持了一致意见。事实上，在国际金融领域的文献中，远期贴水是汇率未来变化（汇率预期）的有偏估计，已成为一种广为认可的基本共识。

风险溢价的存在被认为是重要原因之一。当利率以间接标价形式表示时，投资者将会要求期望的未来即期汇率低于远期汇率，可表示为

$$f_{t,t+k} - s_t = (E_t[s_{t+k}] - s_t) + rp_t^k \qquad (3.2)$$

其中，风险溢价被定义为 $rp_t^k = f_{t,t+k} - E_t[s_{t+k}]$。使用远期利率作为未来即期汇率期望值的代理变量显然忽视了这一风险溢价。遵循上述分解，作为拒绝无偏性假设的主要原因的时变风险溢价的存在可以通过预期贬值率（调查数据）对风险贴水的回归来检验，即

$$s_{t,t+k}^e - s = \alpha_2 + \beta_2(f_{t,t+k} - s_t) + \varepsilon_t \qquad (3.3)$$

其中，$s_{t,t+k}^e$ 代表调查基础上未知的市场预期的代理变量。完全替代的原假设可以表述为 $H_0: \alpha_2 = 0$ 和 $\beta_2 = 1$。*Frankel* 和 *Froot*（1987，1990）、*Froot* 和 *Frankel*（1989）、*MacDonald* 和 *Torrance*（1990，2001）、*Cavaglia* 等（1993）、*Frankel* 和 *Chinn*（1993）、*Madsen*（1996）与 *Verschoor* 和 *Wolff*（2001）发现，在大多数情形中完全替代假设多是被拒绝的。这一结果不禁令人感到意外：作为全球最大的金融市场，外汇市场的日交易量远超其他金融市场，外汇市场是非常具有流动性和效率的（*Froot and Thaler*，1990）。此外，外汇市场的交易成本也是相对低的。

除此之外，另一种重要解释是预期的非理性。*Pesaran*（1987）指出理性预期的形成需要满足四个基本条件：一是预测应当是无偏的；二是调查基础上的预测误应当同代理人可利用的信息集正交；三是预测误应当只同（k − 1）阶移动平均过程序列相关；四是预期应当是有效的，即信息集仅包括形成预期变量的过去值。*MacDonald*（1992）、*Cavaglia* 等（1993b）、*Chinn* 和 *Frankel*（1994）、*MacDonald* 和 *Marsh*（1994）、*Sobiechowski*（1996）、*Verschoor* 和 *Wolff*（2002）及 *Benassy - Qvere* 等（2003）通过实际贬值率对调查基础上的期望贬值率进行回归检验，检验了调查基础上的期望是否是有偏的，如下所示：

$$s_{t+k} - s_t = \alpha_3 + \beta_3(s_{t,t+k}^e - s_t) + \varepsilon_{t+k} \qquad (3.4)$$

其中，原假设下，$\alpha_3 = 0$ 并且 $\beta_3 = 1$。在文献中，对于几乎全部货币和所有时段，拒绝无偏性的原假设似乎已成为一种经验规律。

此外，误差正交性可以通过预测误对其自身的滞后进行回归来检验，如下所示：

$$s_{t+k} - s_{t,t+k}^e = \alpha_4 + \beta_4(s_t - s_{t-k,t}^e) + \varepsilon_{t+k} \tag{3.5}$$

大量研究发现，对于短期预测（特别是 1 或 2 周以前的预测），对原假设的拒绝很难出现；在更长期的时段内（如 1 个月期），对原假设的拒绝更加频繁地出现。

误差正交性检验还可以通过分析预测误和远期贴水之间的关系进行检验，如下所示：

$$s_{t+k} - s_{t,t+k}^e = \alpha_5 + \beta_5(f_{t,t+k} - s_t) + \varepsilon_{t+k} \tag{3.6}$$

大量研究发现，随着时间期限的拉长，对误差正交性的拒绝更可能出现。

总的说来，对调查数据研究的基本共识是，远期贴水无偏性的失败可以被归因为非理性预期以及时变风险溢价的存在。当时间范围被拉长以后，对理性预期假设的拒绝变得更为稳定，调查基础上的预期展现出了稳定行为的证据，多数近期的价格趋势在未来都被期望着出现逆转。

二、对风险溢价进行建模

当时变风险溢价作为远期溢价之谜的一种解释在相关文献中出现时，有关外汇风险溢价时变特性的争论至今持续不休。尽管某些暂时性解释依然存在（如"安全港"推论），但大多数研究仍旧假设预期是理性形成的。在时变风险溢价的建模尝试中，仅有少数研究使用了调查基础上的预期度量数据。

使用宏观经济基本面数据对风险溢价进行建模的传统方法通常使用组合平衡（portfolio balance model，PBM）模型。根据这一方法，多种国内外资产构建的投资组合由均值方差优化过程构建。当某些资产是不完全替代时，特定资产数量的增加将导致所要求回报率的增加或者相应资产风险的增加。Dominguez 和 Frankel（1993）首次使用调查数据用 PBM 模型对风险溢价进行了建模：

$$f_{t,t+k} - E_t[s_{t+k}] = \gamma_0 + \gamma_1 V_t + \gamma_2 V_t \varphi_t + \varepsilon_t \tag{3.7}$$

其中，V_t 代表即期汇率波动的代理变量，用两个连续时期间汇率变动的方差代表；φ,代表国内资产在投资组合中所占的比重。即期汇率波动率增加将导致以本币计价的资产回报率不确定性的增长，进而增加风险溢价。此外，国内资产比例的增加也将提高风险溢价。

另一种同样依赖于基本面因素的风险溢价建模方法是一般均衡资产定价模型（general equilibrium asset-pricing model），将风险溢价同某些宏观经济变量联系起来。一个可检验的闭型设定可以表示成

$$f_{t,t+k} - E_t[s_{t+k}] = \delta_0 + \delta_1(E_t[X_{t+k}]) + \delta_2 var(X_{t+k}) + \varepsilon_t \qquad (3.8)$$

其中，X 代表一个包含了财政和货币变量的向量，var（X）代表这些变量的波动率。

此外，尝试使用时间序列模型对风险溢价进行建模以及通过直接应用 ARCH 或 GARCH 模型解释时变特性（Domowitz and Hakkio，1985）也逐渐成为文献发展的另外两条线索。

总的说来，使用调查数据进行的风险溢价建模产生了并不一致的混合结果。尽管基于基本面因素的多数模型在寻找正确的分析变量方面存在一定困难，但简单的时间序列模型在多数货币的风险溢价建模上都相当成功。未来研究可以尝试使用单个市场参与者的预期进行建模，而不必假设存在代表性代理人。

三、汇率预测绩效

汇率是否可以被准确预测？此问题一直存有争论。迄今为止广泛的共识是以一致的方式预测汇率是困难的。Meese（1990）、Meese 和 Rogoff（1983）及 Wolff（1987，2000）的研究表明，大多数的汇率决定方法都无法超越简单的随机游走模型。尽管存在一系列相互竞争的计算个体预测准确性的方法，但相关研究依然表明：随机漫步模型仍然是优秀的；调查基础上的预测并未产生统计上显著的更小的预测误；很少有例子表明，单个个体能产生更加精准的预测。

四、市场微观结构及其异质性

大多数有关预期的研究都假设存在一个代表性代理人，因而假设市场参与者对汇率的未来变动路径都是同质的。然而，如果所有的市场参与者均是

同质预期且据此发生交易,那么外汇市场上出现的巨大交易量就难以解释了。因此,异质性广为存在于汇率研究的相关文献当中。

对于金融市场中的异质性,存在两种常见的解释。一类文献认为,信念差异源于信息不对称。不同的市场参与者被假设持有不同的信息集,其中部分信息集是为所有参与者所共知的,而部分信息集是私有的。信息不对称可能由公开信息传递的刚性引起,因而代理人信念的异质性是由人为信息假设引起的(Kurz and Motolese, 2001)。另一类文献假设,即使可利用的信息集相同,所有的市场参与者仍对经济变量拥有不同的信念。信念的不同源于他们对信息集的不同解读。而对信息集的不同解读源于 Kurz(1994)的理性信念理论(rational beliefs theory)。

另一个相关发展是一个市场参与者的行为或者信念在此后的时期里是否会影响其他人。如果类似的影响存在,那么汇率相对其长期基本价值的偏离就可以用市场参与者的套利行为解释。有限的外汇市场微观结构与市场参与者信念异质性的研究为解释外汇市场上的各种异象提出了挑战。

五、噪声交易、技术分析及基本面分析

对市场参与者对未来拥有不同认知的另一种解释可能同市场参与者的不同类型有关。自 Taylor 和 Allen(1992)开始,许多文献开始系统地研究外汇市场中技术分析和基本面分析的特点。Dick 和 Menkhoff(2013)在如下三个方面发展了现有文献:一是检验了技术分析和基本面分析两类市场参与者是否真如假设的那样行事;二是检验了异质性代理人的决策制定是否对金融市场的不稳定产生了贡献;三是检验了技术分析者的实际期望提供了同基本面分析者相当的盈利交易规则基础。Dick 和 Menkhoff(2013)的发现同现有文献的基本共识一致:主要依赖图表进行预测的技术分析者在形成预期时确实比基本面分析者更加关注趋势,这在一定程度上强化了现存趋势,可能会削弱外汇市场的稳定。他们的发现同技术分析和基本面分析模型的核心假设(或有关预期形成的典型事实及图表和基本面因素的使用)相对应。其不仅为现有方法提供了更为丰富的补充性证据,更获得了一些有争议问题的新证据:技术分析和基本面分析之间的相互切换主要是一种机会主义的转换(De Grauwe and Grimaldi, 2006;Manzan and Westerhoff, 2007),其对预测技术的一般

偏好似乎是相对稳定的。此外，技术分析的盈利能力似乎也并不逊色于基本面分析。

六、对人民币汇率预期的研究

对人民币汇率预期的关注始于 1997 年亚洲金融危机。2003 年以后，人民币单边升值预期长存，其在 2005 年汇改以后的相当长时间里未有改变。2008 年金融危机以后，人民币暂缓升值。2010 年 6 月二次汇改，进一步动摇了人民币持续稳定升值预期。2011 年下半年以来，人民币升贬值预期交替出现。2015 年 8 月 11 日，人民币兑美元中间价报价机制进一步市场化，人民币贬值预期也在不断酝酿和强化。

目前，人民币汇率预期的相关研究主要沿以下四个方向展开。

一是探讨人民币汇率预期是否具有自我实现性和自我强化性。孙华好和马跃（2005）证实了人民币汇率预期具有自我实现性；李天栋等（2005）发现，汇率预期具备自我强化机制。

二是集中于对静态预期、外推型预期、适应性预期、理性预期及回归型预期在人民币汇率预期形成机制的实证检验。第一类观点认为，人民币汇率预期是理性的（王曦和才国伟，2007；李艳丽和余瑶娇，2015 等）；第二类观点认为，人民币汇率预期具有向基本面回归的特征（赵伟和杨会臣，2005）；第三类观点认为，人民币汇率预期具有异质性，外汇市场上同时存在向基本面回归的预期和延续历史趋势的外推预期（丁志杰等，2009；陈蓉和郑振龙，2009；李晓峰和陈华，2010；李晓峰等，2011）。

三是研究人民币汇率预期的波动特征。主要使用 GARCH 模型、随机波动模型和 Markov 区间转换模型等进行实证检验（任兆璋和宁忠忠，2004、2007；曹红辉、王琛，2008；叶欣等，2012；白晓燕和郭昱，2014 等）。

四是着重关注汇率预期的经济影响。蒋先玲等（2012）、沙文兵和刘红忠（2014）、朱鲁秀（2014）、罗孝玲和史硕（2016），以及张志敏和周工（2016）探讨了汇率预期、汇率变化和人民币国际化之间的关系；蔡浩仪和姜大伟（2011）及田涛（2016）分析了汇率预期对资本流动和贸易余额的影响；郭凯和张笑梅（2014）、肖卫国等（2014）及江春等（2015、2016）研究了汇率预期同股市的联系；李晓峰和陈华（2010）、司登奎等（2016）探讨了汇率预期与外汇市场干预的关系；朱孟楠等（2017）分析了人民币汇率预期、短期资本流动和房价之间的关系。

七、汇率预期管理的有效性研究

（一）国外汇率沟通有效性的相关文献

在早期研究中，多数学者以发达经济体为研究对象，实证分析了汇率沟通对汇率波动的影响。Tivegna（2002）基于多元 GARCH 模型，实证研究发现汇率沟通对美元兑马克和美元兑日元两种汇率具有显著影响。Fatum 和 Hutchison（2002）以欧元诞生后欧洲央行汇率沟通为研究对象，分析了相关官员对汇率干预的公开陈述所产生的汇率影响，结果表明，否定或质疑汇率干预的公开表态对欧元汇率产生了更持久的负面影响。Fratzscher（2008）对美国、欧盟和日本的汇率沟通有效性进行实证研究发现，汇率沟通可有效减少外汇市场波动，促使汇率向货币当局合意的方向变化。同样基于美国、欧盟和日本的汇率沟通，Beine 等（2009）研究认为汇率沟通可有效提高央行直接干预的实施效果，显著降低汇率波动。Galati 等（2005）研究认为汇率沟通可有效降低日元汇率波动性。虽然多数研究结果证实了汇率沟通的有效性，但也有部分学者提出了不同看法。Jansen 和 Haan（2005）研究显示，欧洲央行的汇率沟通并不会对欧元汇率产生显著的长期影响，甚至还会加大汇率的波动性。Fratzscher（2006）也证实了汇率沟通仅在短期内影响汇率水平。

近年，少数学者开始针对新兴经济体的汇率沟通展开实证分析。Goyal 和 Arora（2012）对印度央行的常规货币政策以及中央银行沟通的作用效果展开研究，结果显示，外汇市场干预是样本期间所有中央银行政策工具中最有效的，其中央行沟通具有很大政策潜力，但尚未得到有效利用。Egert 和 Kocenda（2014）实证分析了全球金融危机前（2004—2007）和危机期间（2008—2009）捷克、匈牙利、波兰的中央银行沟通对欧元汇率的影响，实证结果显示，汇率对央行口头干预的反应只有在危机期间才显著。此外，针对汇率沟通实施时机上，Fratzscher（2005）研究认为，美国、欧盟和日本央行往往会在汇率剧烈波动时加大沟通力度。Dewachter 等（2014）指出，当外汇市场不确定性较高时，央行通常会实施汇率沟通。

（二）国内汇率沟通有效性的相关文献

针对汇率政策的有效性，过去的研究主要集中在直接干预的实证检验上（黄志刚和陈晓杰，2010；盛斌和吴建涛，2010）。随着国内汇率预期管理实践以及国外相关研究的不断积累，少数学者开始对央行汇率沟通有效性等相关问题展开研究，且多数研究验证了我国央行汇率沟通的有效性。李云峰和李仲飞（2011）研究认为，相较于实际干预，汇率沟通对人民币汇率变动具有更强的解释力，能有效引导人民币汇率向央行合意的方向发展。王自锋等（2015）对汇率沟通作用效果和作用时机进行实证分析发现，汇率沟通虽不能调节人民币汇率水平，但对汇率波动具有显著影响，而且央行信誉越高或汇率波动越剧烈，沟通效果越好。谷宇等（2016）以2005年7月至2014年12月期间的汇率沟通为研究对象，实证检验了汇率沟通的作用效果和作用渠道，结果显示，我国央行汇率沟通主要通过协调渠道对人民币汇率水平和汇率波动产生显著影响。对于同一样本区间，黄宪和付英俊（2017）同样验证了口头汇率沟通的有效性，但书面汇率沟通对人民币汇率和汇率预期并未产生显著的作用效果。魏忠全和孙树强（2017）认为，在有些情况下，沟通是比政策执行更为有效的信息传递手段。任燕燕和邢晓晴（2018）指出，将传统的汇率干预工具和汇率沟通相结合，可以更好的实现政策调控目标。然而，谷宇和郭苏莹（2018）从外汇市场异质性角度研究认为，过多的汇率沟通会加大市场预期异质性。谢建国和贾珊山（2019）则研究指出，2014年至2017年期间的公开市场表态加大了人民币汇率贬值波动幅度，未能发挥稳定人民币汇率的作用。

通过国内外研究文献可见，首先，多数研究以美国、日本、欧盟等发达经济体的汇率沟通为研究对象，缺少对发展中国家的探讨。其次，多数学者主要借助 GARCH 模型对汇率沟通有效性展开实证分析，较少使用事件分析法。最后，相较于汇率沟通对汇率水平和汇率波动性的影响分析，鲜有文献涉及汇率沟通对汇率预期的作用效果检验。然而汇率预期变化是汇率沟通是否有效实施的重要表现之一，因此，对汇率沟通有效性的认识仍有待进一步深入研究。

第二节　汇率预期管理的国际经验

一、美国汇率预期管理实践与启示

著名的国际政治经济学家 Susan Strange 认为，保护领土完整和稳定货币价值是任何一个国家都具有的基本政策目标。从布雷顿森林体系到牙买加体系，美国当局为了维持美元的国际地位，从未停止过对美元的汇率干预行为，改变的只是干预手段。20 世纪 90 年代中期以后，美国逐渐减少对外汇市场的直接干预行为，开始更多地采用预期管理等间接手段进行美元汇率干预。

（一）美元汇率管理制度

1. 汇率直接干预机制

（1）决策机构

20 世纪 90 年代中期前，美国财政部和美联储相互协调，共同进行外汇市场干预，但财政部具有制度安排优先权。一般情况下，由财政部提出汇率干预主张，然后与美联储进行细节协商，求同存异，最后交由纽约联邦储备银行进行具体的干预操作。通常，财政部和美联储会协作进行外汇市场干预，或是按照各自特性协同进行汇率干预。两个机构通过对干预行为的整体恰当性和成功概率进行评估，并据此游说对方实施或放弃汇率干预，两者相互协商，获得最佳解决方案。有时财政部会委派并监控美联储进行汇率干预，有时则独自实施干预操作。若财政部和美联储这两个决策机构在干预操作上互不配合，如财政部不考虑美联储的情况随意指挥其进行汇率干预，或是美联储不经财政部授权而直接进行汇率干预，很可能会引发市场混乱，导致干预操作失败。

但 20 世纪 90 年代中期以后，美联储的外汇市场干预者角色开始发生改变，为避免货币政策独立性和公信力受到影响，在财政部默许下，美联储基本暂停了所有的汇率直接干预行为，但仍管理着国家一半左右的外汇储备，而且部分联邦公开市场委员会成员至今仍认为美联储不应放弃通过汇率直接干预来稳定市场。

（2）外汇平准基金

外汇平准基金（exchange stabilizabion funds，ESF）又称"外汇平准帐户"，是各国为稳定汇率用于外汇市场干预的专用基金。当出现外汇汇率持续升值、本币贬值时，可在外汇市场上通过平准基金卖出外汇，买进本币；反之则卖出本币，买入外汇，从而稳定汇率。美国外汇储备管理由财政部和美联储共同进行，各自拥有一半左右的外汇资产。其中，美国财政部主要基于外汇平准基金进行储备管理，可以通过 ESF 账户买卖美元进行直接外汇市场干预。美国外汇平准基金主要由美元、外汇和特别提款权等资产构成，在特殊情况下，ESF 可以通过货币互换等特定操作从美联储获得更多的美元资产，从而保障外汇市场干预操作顺利展开。

由图 3-1 可知，截至 2020 年 4 月 30 日，美国外汇平准基金资产规模为934.92 亿美元，主要包括特别提款权、美元政府债券和商业票据股权投资的美元资产，以及以欧元和日元为主的外汇资产。其中，SDR 规模达 502.35 亿美元，占比最高，约为 54%，美元资产和外汇资产规模分别占比 24% 和22%。美国财政不仅可以使用这些资金买卖外汇进行美元汇率干预，还可以与美联储进行外汇持仓互换的"抵押注资（warehousing）"获得额外资金。

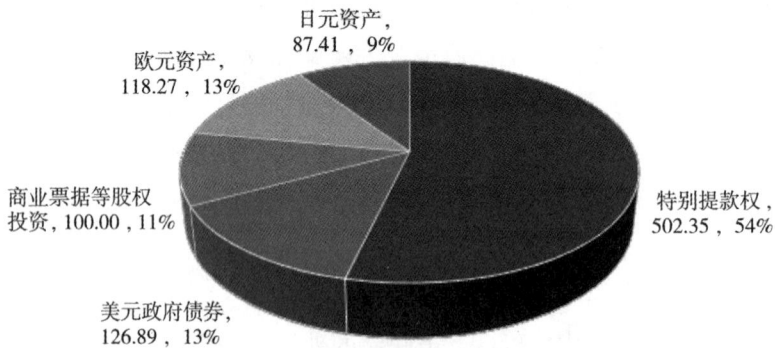

图 3-1　2020 年 4 月美国外汇平准基金构成

数据来源：美国财政部。

2. 汇率预期管理政策

20 世纪 90 年代中期后，美国汇率管理逐渐由直接干预转变为预期管理，究其原因可能有以下几点：一是外汇市场规模庞大，进行直接外汇市场干预的成本高，难度大；二是频繁的直接汇率干预不利于美元货币良好信誉的保持，易引发国际舆论压力，动摇其国际强势货币地位；三是直接汇率干预政策可能会与其他宏观经济政策产生冲突，带来经济负面影响；四是相对于预期管理的事前防范作用，直接干预主要是在汇率剧烈波动时进行的事后"救火"行为，具有滞后性。

美国外汇市场相对成熟，交易量异常活跃，做市商等参与主体众多。在信息不对称的作用下，拥有信息绝对优势的市场主体与其他信息劣势主体形成信息差异。同时，外汇市场参与主体在从众心理、投资者情绪等影响因素的作用下产生异质性预期，对外汇市场汇率，尤其是对短期汇率波动将产生重要影响。为此，在汇率直接干预政策不断弱化的情况下，由拥有信息绝对优势的货币当局主导的预期管理在外汇市场干预中占据的地位将至关重要。美国财政部和美联储相互协作，通过口头干预等预期管理手段向市场主体传达信息，引导市场预期，减弱信息不对称下的从众心理，实现稳定汇率的目的。

美国外汇市场预期管理主要采用口头干预手段，多由财政部部长和副部长等官员具体实施。从口头干预时机看，美国并不是仅在外汇市场价格波动异常时进行被动干预，多数是基于战略目的而采取的主动干预。如1995年前为减少国际贸易赤字而进行的弱势美元干预，1995年—2001年基于国家综合利益而进行的强势美元干预等，2007年次贷危机后为刺激经济复苏而进行的弱势美元干预等。从口头干预政策配合看，美国多采取协调一致的宏观经济政策配合汇率口头干预政策，如2007年进行弱势美元干预的时候，美联储和美国政府分别通过降息和减税等措施实施了扩张性的货币政策和财政政策，以此拉动经济复苏，减少国家债务和国际贸易赤字。此外，美国还积极同他国合作，采取联合汇率干预政策。从口头干预退出看，当口头干预引导美元汇率处于合理水平时，美国货币当局多倾向于退出美元强势或弱势的口头干预。

（二）美元汇率干预案例分析①

1. 1995 年之前的美元汇率管理

20 世纪 90 年代中期前，美国曾多次在对外贸易逆差显著扩大时进行美元汇率直接干预。其中，卡特、里根和克里顿政府时期的干预规模较大，时间较长，效果较为明显。

（1）历次美元汇率干预与汇率变化

在卡特政府时期，通过措辞强硬的声明和外汇市场直接干预，成功扭转了美元下跌的市场预期，避免了外汇市场混乱和汇率波动。在里根政府时期，由于长期实施扩张性财政政策和高利率强美元政策，导致美元持续升值进而恶化了国际收支，对此，里根在第二个任期通过"广场协议"，成功引导美元指数下跌。在克林顿政府时期，通过对外汇市场的直接干预与间接预期管理，引导美元对日元先贬后升，汇率直接干预与间接预期管理的协同发挥了至关重要的作用。各执政期间的干预原因和主要措施见表 3-1。

表 3-1　卡特、里根和克里顿政府时期美元汇率干预情况②

干预时期	主要起因	主要措施
卡特政府（1978 年）	在卡特政府扩张性财政政策的作用下，联邦基金利率持续下调至 1977 年 1 月的 4.61%，经济由负增长转为正增长，国际贸易持续逆差，通货膨胀压力渐大。受经济基本面等因素影响，1977 年开始美元持续贬值	通过措辞强硬的声明彰显当局决心，扭转市场预期；外汇市场直接干预，通过 ESF 账户买入 102 亿美元；协调实施紧缩的货币政策，联邦基金利率上调至 1978 年 12 月的 10.03%；与他国合作，进行联合干预，在 1978 年 11、12 月，瑞士、德国和日本分别在外汇市场上卖出本币回收美元

---

①张华强，苗启虎．美元汇率预期管理实践及对我国的启示［J］．西部金融，2017（11）：22-27.

②钟正生，亢悦．美元干预：历史与未来［M］．，2019.

干预时期	主要起因	主要措施
里根政府 (1984—1985 年)	里根在第一个任期内，实施扩张性财政政策拉动经济增长，同时通过高利率、高汇率政策抑制通胀压力和吸引国际资本，在双重利益刺激下，大量国际资本进入美国，引发美元持续升值，最终导致美国出口商品竞争力下降	施压日本放开资本管制，进行金融市场自由化改革，催生日元升值； 降低利率，缩小与其他国家的利差； 1985 年签订《广场协议》，要求 G5 国家在外汇市场加强协作干预，稳步推进美元贬值； 外汇市场直接干预，1985 年通过 ESF 账户卖出美元 38.2 亿
里根政府 （1986—1989 年）	签订《广场协议》后，美元持续下跌，贬值成为常态，对外贸易逆差进一步恶化。为了避免美元过渡贬值，里根政府开始期望美元升值	施压德国和日本，强迫其实施扩张性经济政策增加进口，企图通过改善美国对外贸易逆差来缓解美元贬值； 1987 年七国集团联合签订《卢浮宫协议》，加强紧密协调合作以阻止美元贬值，稳定美元汇率稳定； 外汇市场直接干预，1987—1988 年通过 ESF 账户买入 101.2 亿美元
克林顿政府 （1990—1995 年）	在克林顿执政前期，引导美元对日元持续贬值；然而在"强美元-科技金融立国"的政治理念下，克林顿政府开始改变最初美元贬值政策，希望美元回升	与日本进行联合干预，日本政府在外汇市场大量买入美元； 外汇市场直接干预，1993—1995 年通过 ESF 账户买入 140 亿美元； 通过口头干预引导市场预期

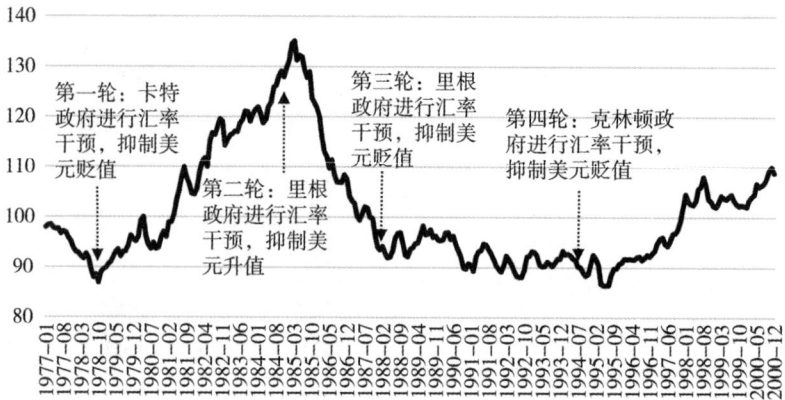

图 3-2　1977—2000 年美元实际有效汇率指数（CPI，2010 年 = 100）

数据来源：中经网统计数据库

由图 3-2 可见，卡特政府在 1978 年成功扭转了美元持续下跌的趋势，在 1978 年 11 月 1 日汇率直接干预当天，美元指数便上升了 7% ~ 10%，虽然仅在外汇市场投入了 1 亿美元。在美元持续升值 5 年后，美国国际收支赤字严重恶化，里根政府不得不改变"自由放任"的不干预政策。在 1985 年 9 月，美国联合英德法日签订《广场协议》，迅速引发美元贬值预期，G5 联合声明后美元实际有效汇率指数便一路下跌，从 1985 年 9 月的 128.95 持续下跌至 1987 年 5 月的 99.4。为了抑制美元的过度下跌，里根政府不得不在 1987 年末再次进行外汇市场直接干预，美元实际有效汇率指数开始缓慢回升，此后两年基本维持在 95 左右。1993 年克林顿上台后，美国政府施压日本，在接二连三的汇率干预下，美元对日元大幅贬值。然而出于强势美元的执政理念，在美元汇率下调到一定程度时，克林顿政府突然改变最初美元对日元贬值政策，通过直接干预和口头干预刺激美元回升，美元实际有效汇率指数再次开始了震荡上升之路。在克林顿 2001 年 1 月卸任时，汇率指数已上升至 109.47，较 1995 年 5 月升值了约 26.7%。

（2）历次美元汇率干预的共同特征

第一，美元汇率干预多发生在对外贸易逆差恶化时期。在卡特、里根和克里顿政府时期进行的四轮汇率干预中，除里根政府在 1985 年左右进行的干预政策是为了遏制美元持续升值外，其余均以防止美元继续贬值为干预目标。而美元汇率预期变化与对外贸易逆差持续扩张息息相关。从图 3-3 可见，四轮汇率干预时间均发生在 1978 年、1985 年、1987 年和 1993 年对外贸易逆差扩大时期。美国进出口差额自 1976 年 6 月开始基本处于持续逆差状态，1977 年贸易逆差增加至 363.8 亿美元，并有持续扩大的趋势。里根政府时期受高利率、高汇率政策影响，美国对外贸易逆差从 1983 年开始快速恶化，1984 年突破千亿美元，1987 年达到 1 703.2 亿美元，直到 1988 年末两轮汇率干预后才逐渐收窄。然而，在 1991 年后对外贸易逆差再次恶化，至今也未得到明显改善。

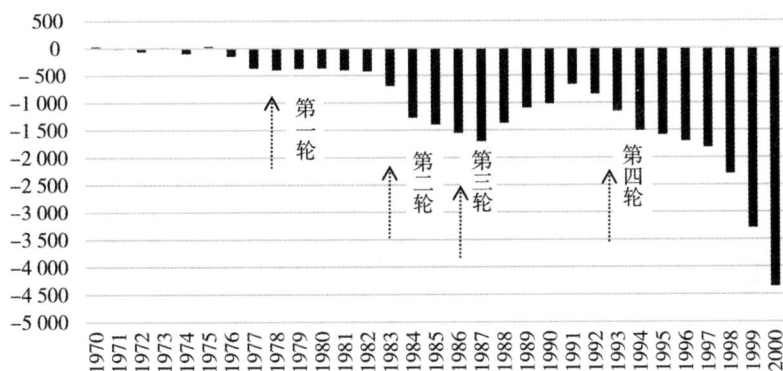

图 3-3　1970—2000 年美国进出口差额（亿美元）

数据来源：中经网统计数据库。

第二，财政部均通过外汇平准基金进行外汇市场直接干预。除克林顿政府在后期采用了口头干预等汇率预期管理外，四轮汇率干预均通过外汇平准基金在外汇市场上买卖外汇来影响美元汇率，这是此阶段美国汇率干预政策中最主要的手段。卡特政府在汇率干预时通过外汇平准基金买入 102 亿美元；里根政府在汇率干预时通过外汇平准基金卖出美元 38.2 亿美元、买入 101.2 亿美元；克林顿政府在汇率干预时通过外汇平准基金买入 140 亿美元。

第三，汇率干预时多会要求美联储配合调整联邦基金利率。当财政部通过汇率干预来抑制美元持续贬值时，常会要求美联储配合上调联邦基金利率，实施紧缩性货币政策来回收多余的美元货币供给，缓解美元贬值预期。相对地，当通过汇率干预来抑制美元持续升值时，则要求美联储配合下调联邦基金利率，实施扩张性货币政策。由图 3-4 可见，卡特政府在 1978 年进行美元汇率干预时，美联储将联邦基金利率从 1978 年 1 月的 6.7% 迅速上调至当年 12 月的 10.3%；在里根政府时期，为配合美元先贬后升的汇率干预策略，美联储先是将联邦基金利率从 1984 年 8 月的 11.64% 下调至 1986 年 10 月的 5.85%，随后又逐步提高至 1989 年 9.84%；而在克林顿时期，为配合美元升值预期，联邦基金利率从 1993 年 12 月的 2.96% 提高到了 1995 年 4 月的 6.05%。虽然历次美元汇率干预时，美联储配合进行了相应的政策利率调整，但并非所有的美联储成员都同意实施配合政策。部分委员会成员认为配合行为妨碍了美联储的政策独立性和公信力，会对稳定物价产生不利影响。

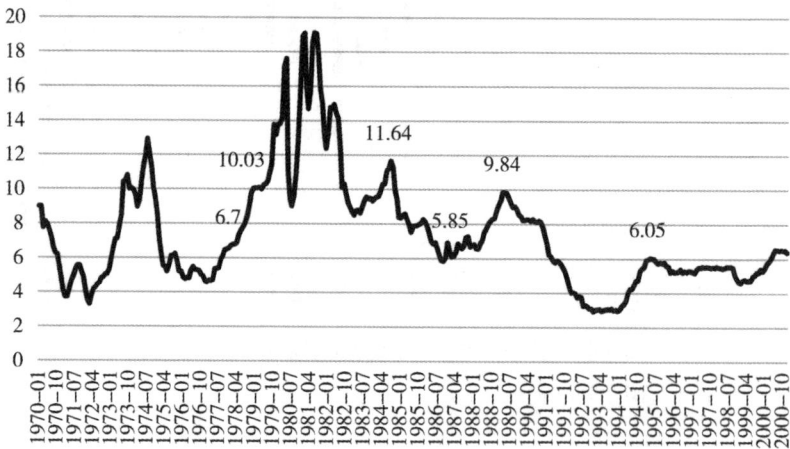

图 3-4　1970—2000 年美国联邦基金利率（%）

数据来源：中经网统计数据库。

第四，联合其他国家进行汇率干预。主要通过以下三个手段进行联合汇率干预。首先，联合他国买卖美元实施直接干预。1978 年卡特政府为抑制美元贬值实施汇率干预时，瑞士、德国和日本在外汇市场上大量卖出本币回收美元，配合美国的汇率干预政策；1993 年日本央行在外汇市场大量买入美元，配合克林顿政府的汇率干预政策。其次，施压其他国家调整其货币政策，助力美元汇率干预目标的实现。在里根政府时期，为了抑制美元持续贬值，要求德国、法国和日本等国家下调利率实施扩张性经济政策，增加进口从而改善美国对外贸易逆差，缓解美元贬值压力。最后，签订汇率相关协议开展联合汇率干预。1985 年 9 月 22 日，美日德法英签订《广场协议》后，五国开始联合干预外汇市场，通过抛售大量美元诱导美元对主要货币汇率有序贬值，从而增加美国出口商品的竞争力，改善其对外贸易赤字状况。1987 年 2 月，美日德法英加意七国签订《卢浮宫协议》，要求各国加强宏观政策和外汇市场干预协作，从而抑制美元持续贬值。

2. 1995 年之后的美元汇率干预

20 世纪 90 年代中期后，美国的汇率干预逐渐由直接干预转向预期管理，以口头干预为主要手段的汇率预期管理开始被各执政政府频繁使用，以此实现各自不同的汇率干预目标和执政目标。

（1）不同执政时期的美元汇率干预目标

①小布什政府的"放任自由"政策

经过近 10 年的强势美元政策，到小布什政府上台时，美国经济增长速度开始显著下滑，大批银行因股市剧烈波动而陷入困境，消费者和投资者的悲观情绪迅速蔓延，经常账户逆差进一步恶化。同时，国际资本因美国投资回报率大幅下降而不断流出，金融账户差额同样开始恶化，尤其是证券投资，资本外流显著增加（见图 3-5），美联储开始重启降息政策，美元贬值压力呈现。"9.11"事件爆发后，美元汇率开始持续下行。小布什政府为了促进出口，拉动国内经济增长和就业，对美元汇率波动采取了"放任自由贬值"的不干预政策，美元实际有效汇率指数从 2002 年 1 月的 114.12 逐渐下降至2008 年 4 月的 87.21（见图 3-6）。时任财政部长斯诺甚至在 2003 年 G7 峰会上称美元贬值正有效刺激着美国出口，这意味着小布什政府表面"放任自由"的汇率政策，实际上是弱势美元政策的体现。

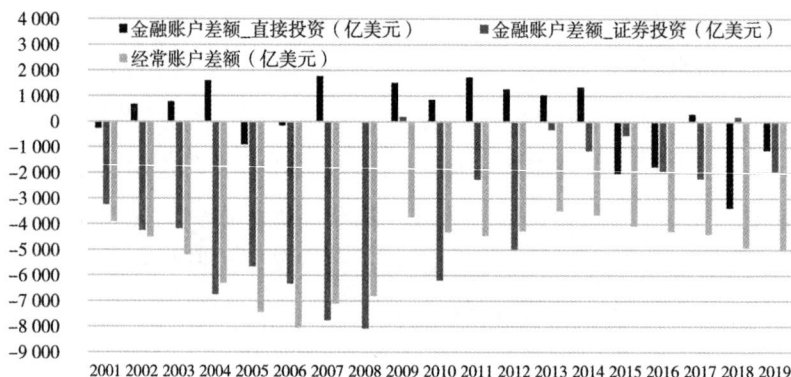

图 3-5　2001—2019 年美国经常账户和金融账户差额

②奥巴马政府的"先弱势后强势"政策

2008 年美国次贷危机爆发后，迅速蔓延至世界，引发全球金融危机，基于保值考虑，国际资本开始大量回流美国，金融账户的证券投资差额由 2008 年的逆差 8 079.51 亿美元转为顺差 185.32 亿美元（见图 3-5），导致美元汇率短暂升值。奥巴马上台伊始，为了应对次贷危机后的经济衰退，提出了"出口倍增计划"，希望通过复兴制造业和出口拉动经济快速恢复。为此，奥巴马政府通过口头干预实施弱势美元政策，不断制造"人民币低估""汇率操纵国"等国际舆论，施压中国政府要求人民币升值，美元实际有效汇率指数再次从 2009 年 3 月的 100.75 开始震荡下降。然而，奥巴马的出口倍增计划最终成了烂尾工程，美国经济再次回归金融科技立国的发展道路。在奥巴马第二个任期，随着美联储逐渐退出量化宽松政策，美元汇率开始在 2014 年大幅回升，奥巴马政府的汇率政策由弱势美元转变为强势美元。

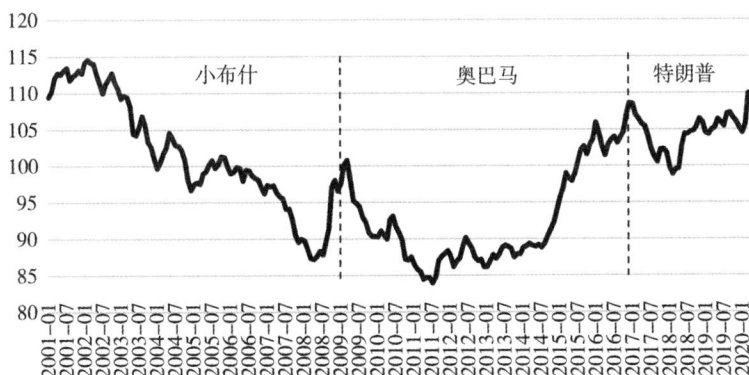

图3-6　2001.1—2020.4 美元实际有效汇率指数（CPI，2010 年 = 100）

③特朗普政府的弱势美元政策

美元汇率从 2014 年开始回升，到特朗普竞选时已升值近 20%，基于竞选目的和执政理念，特朗普从竞选到上任频频指责他国的汇率政策，尤其多次扬言称中国为"汇率操纵国"。为了重振美国制造业并提高就业率，特朗普政府通过口头干预实施弱势美元政策，上任初就称"强势美元正在将我们推入深渊"。此外，美国财政部部长努钦齐也多次指责他国操纵汇率，力求通过舆论引导美元贬值预期。虽然美元汇率在特朗普上任伊始出现了短暂的贬值，如图3-6 所示，美元实际有效汇率指数从 2017 年 1 月的 108.51 持续下行至 2018 年 4 月的 99.63。然而受英国脱欧、全球经济不确定性加剧等因素影响，美元单边升值趋势却难以在短期内逆转。2018 年 5 月后美元再次升值，截止到 2020 年 3 月，美元实际有效汇率指数已升至 109.92。

（2）各执政期汇率干预政策的共性

1995 年后，小布什、奥巴马和特朗普执政期间的汇率干预政策目标虽有所差异，但具有以下几点相似之处。

首先，均发生在国际贸易赤字扩大时期。2001—2006 年美国经常账户逆差显著恶化，从 3 896.89 亿美元一路扩大到 8 059.64 亿美元，增加了一倍多；2008 年全球金融危机后金融账户差额虽由逆差转为顺差，经常账户逆差较小布什时期有所减少，但仍在 2009—2011 年呈现缓慢恶化趋势；而特朗普时期更是因挑起中美贸易战而导致对外贸易关系恶化，贸易差额进一步扩大，2018 年美国经常账户逆差为 4 909.77 亿美元，同比增加约 11.7%。显然，美国贸易逆差持续恶化与美元汇率的震荡异常密切相关。

其次，口头干预替代直接干预成为汇率干预的主要手段。自1995年后，美国已很少采用买卖美元的直接干预方式，只在极特殊时期，如2008年全球金融危机时曾通过货币互换进行过大规模的直接干预，取而代之的是简单易行且成本低的口头干预方式。从小布什看似放任自由的弱势美元政策，到奥巴马的先弱势后强势政策，再到特朗普的弱势政策，以美国财政部部长为代表的美国相关官员均对美元汇率变动进行过公开市场表态，以此引导市场预期，稳定美元汇率波动。

最后，均通过频频指责其他国家为"汇率操纵国"进行美元汇率干预。早在20世纪80年代和90年代，美国就多次将韩国和中国列为"汇率操纵国"，2010年奥巴马执政时期，美国财政部就多次提议将中国列为"汇率操纵国"，以此来向中国政府施压，干预人民币兑美元汇率变动。2016年后更是变本加厉，曾多次将中国、日本、韩国和德国等列为"汇率操纵观察国"，并在2019年5月将意大利、爱尔兰、新加坡、马来西亚和越南加入观察国名单中。美国财政部甚至于2019年8月5日，在中国显然不符合"汇率操纵国"认定标准的情况下，直接给中国贴上"汇率操纵国"的标签。

（3）特朗普执政时期美元汇率干预的不同

随着国际政治经济格局的改变，各国经济贸易政策不协调导致全球不确定性加剧，国际经济规则也在发生显著变化。始终以中国为头号敌人的特朗普政府在2018年挑起中美贸易战争，不仅严重影响中美贸易关系，更是不可避免地波及全球经济，致使全球经济贸易前景日趋暗淡。同时，对中国政府人民币汇率管理政策频频指责，企图通过将中国列为"汇率操纵国"施压中国央行，使人民币兑美元汇率下行，引导市场美元贬值预期。相较于其他政府时期的美元汇率干预政策，新形势下特朗普执政时期的汇率干预有以下不同点。

首先，各类政府官员齐上阵，对美元汇率进行口头干预。从历次美国重大汇率干预事件看，美国财政部长是实施汇率直接干预和口头干预的首席执行官。然而，特朗普政府却特立独行，特朗普总统本人更是出乎意料地直接对美元，尤其是人民币兑美元汇率进行口头干预，成为美国近代历届总统中通过口头言论实施弱势美元政策的第一个。除总统本人外，特朗普团队其他官员也曾多次公开发表美元过于强势的言论，并频频指责他国操纵汇率。

图 3-7　主要国家 10 年期国债收益率

其次，与其他国家联合汇率干预恐难成行。在 1995 年之前的历次美元汇率干预中，与其他国家的联合汇率干预对美元汇率变动的影响不容忽视。然而，进入 21 世纪后，美国与他国仅在 2008 年和 2011 年对外汇市场进行过联合干预。2008 年全球金融危机爆发后，各国央行纷纷采取降息举措，并在外汇市场上大量买入美元，促进美元升值，截止到 2009 年 3 月，美元实际有效汇率指数已升至 100.75，较 2008 年 7 月涨幅约 14.6%（见图 3-6）。在 2011 年日本东京大地震后，美国联合七国集团的其他国家在外汇市场上大量卖出日元，来抑制日元大幅升值，减少日元波动对美元的影响。然而，近年来，在全球经济持续低迷和政治经济格局持续变化的情况下，全球多国开始纷纷实行低利率甚至负利率的扩张性货币政策（见图 3-7），从而促进国内需求增加，拉动经济增长。各国已自顾不暇，恐无力采取紧缩性货币政策，或在外汇市场上卖出美元购买本币，来配合特朗普政府的弱势美元政策。

最后，美联储和财政部配合行动空间有限。从美国历次美元汇率干预措施看，美国财政部很少单独进行外汇干预，通常会要求美联储调整政策利率进行配合。然而，基于保持政策独立性和公信力的诉求，美联储相关官员多次呼吁不应向美国政府低头，要努力保持美联储独立性。美联储自 2016 年 11

月开始实施紧缩性货币政策，联邦基金利率从 0.4% 持续上调至 2019 年 7 月
的 2.4%（见图 3-8），这显然与特朗普政府的弱势美元政策相矛盾。为此，
2017 年特朗普上台后，对美联储的紧缩政策进行了多次"炮轰"，表示不赞
成美联储的加息行为，称美联储正在犯错，货币政策过于收紧。然而，美联
储面对特朗普的"唇枪舌剑"，仍然选择了持续加息，直到 2019 年 7 月才开
始降息，而且美联储主席鲍威尔表示，此次降息属周期性政策，不是长期降
息的开始。可事实上，受中美贸易冲突的影响，加上 2020 年新冠疫情的影
响，美联储为了应对快速加剧的经济衰退，不得不将持续下调利率，未来甚
至可能变为负利率。显然，相较于过去的高利率时期，在低利率或负利率时
代下，美联储配合美元汇率干预的行动空间显著缩小。

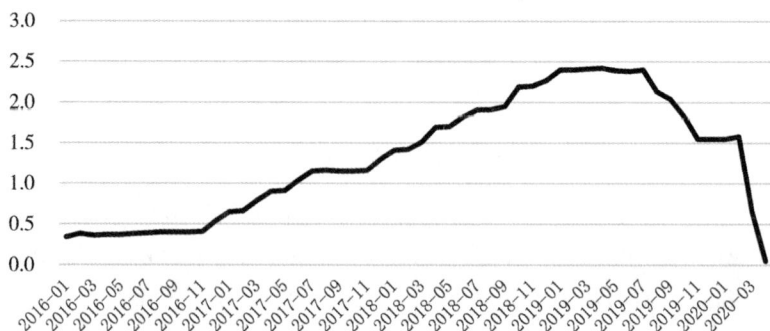

图 3-8　2016.1—2020.4 美国联邦基金利率（%）

（三）美国汇率预期管理实践总结与启示

1. 美国汇率管理政策的演变

（1）汇率管理目标由国际转向国内

在布雷顿森林体系时期，美元在整个国际货币体系占据主导地位，充当
国际储备和交易货币，是美国在政治和经济上占据世界霸主地位的基础。即
使在布雷顿森林体系瓦解后，美元的世界货币地位也并未随责任的改变而变
化。而且美国十分重视美元的国际主导地位，在克林顿政府时期的强势美元
汇率政策得到了很好的体现。然而，随着美国内部经济形势变化，尤其是对
外贸易逆差的持续恶化，美元汇率政策目标已开始发生改变，逐渐由维持国
际货币霸主地位转向刺激国内经济增长、改善贸易逆差。近代历届美国总统

的汇率管理政策，无论是强势美元政策，还是弱势美元政策，均不再提及新国际汇率制度的重进，而是将政策目标转向通过汇率干预刺激国内出口、重振制造业和提高就业率等国内自身经济发展问题。

（2）汇率管理指导思想由干预转向自由

思想是引导政府决策方向和内容的重要因素。美国经济大萧条时，主张政府干预的凯恩斯主义思想成为指导美国经济发展的金科玉律。然而，随着美国经济在20世纪70年代末陷入滞胀泥潭，政府干预开始频频失灵，上台伊始的里根政府不得不引入新的指导思想。自此，主张减少政府干预、放松管制和追求自由化发展的新自由主义思想开始兴起，并迅速占领主导地位。进入21世纪后，美国对外贸易逆差持续恶化，国内经济增长缓慢，美元贬值预期形成。此时上台的小布什政府始终坚持不干预美元汇率波动的政策，表示不会采取任何措施来抑制美元贬值，新自由经济思想在此时期得到了充分体现。随后的历届政府虽对美元汇率进行过口头干预，但金融管制已逐渐放松，金融自由化程度日趋提高。

表3-2　1990—2003年美国实际干预与口头干预情况

时期	实际干预天数			实际干预规模（百万美元）			口头干预次数	
	总计	买入外汇	卖出外汇	总计（平均）	买入外汇	卖出外汇	强势	弱势
1990—1994年	74	25	49	203	125	242	18	15
1995—1998年	9	1	8	821	833	819	31	5
1999—2003年	1	1	0	1 500	1500	–	76	10
1990—2003年	84	27	57	284	202	323	125	30

资料来源：Marcel Fratzscher. On the long-term effectiveness of exchange rate communication and interventions. Journal of International Money and Finance [J]. 2006, 25 (1), 146 – 167.

（3）汇率管理主要手段由直接干预转向预期管理

无论何时，汇率干预都是货币当局实施汇率政策的主要手段。从美国历次美元汇率干预实践看，美国汇率干预主要由财政部通过 ESF、货币互换等进行。随着新自由主义经济思想的快速发展，美国财政部开始减少使用直接干预管理汇率,而逐渐增加口头干预来影响美元汇率。通过表3-2不难发现,在1990—2003年,美国通过买卖外汇进行实际干预的天数逐渐减少,由1990—1994年的74天减少到1995—1998年的9天,再减少到1990—2003年的1天。相对地,口头干预的次数显著增加,由1990—1994年的33次,增加到1995—1998年的36次,再增加到1990—2003年的86次。其中,在1995年后强势美元口头干预次数增加尤为明显。此后,美国仅在2008年和2011年时联合他国进行过外汇直接干预,分别用来抑制次贷危机后的美元贬值和日本东京大地震后的日元升值。

2. 美国汇率预期管理成效的影响因素

(1)执政理念

执政理念的不同决定了货币当局美元汇率预期管理政策倾向的不同。当局政府的执政理念是汇率政策最根本的决定因素。一般地,共和党执政期间,如里根、小布什和特朗普政府,更重视振兴制造业、提高就业率和促进实体经济发展,因此,汇率政策更倾向于弱势美元政策。而民主党执政期间,如克林顿、奥巴马政府,更加关注科技与金融立国的发展战略,多采取强势美元的汇率预期管理战略。因此,美元汇率在某一位总统执政期间,通常会呈现单边升值或贬值的变化趋势,即美元汇率预期随执政政府的改变呈周期性变化。

(2)政府和汇率政策制定者的信誉

汇率预期管理主要通过信号渠道影响市场预期,当政府尤其是汇率政策制定者发布汇率的相关信息后,公众对信息的接收、解读将受到政府可信度的影响。研究认为,信誉越高的管理当局,实施汇率预期管理政策的效果越好,而信誉较差的管理当局,实施汇率干预政策的成本越大。

(3)市场情绪

相较于外汇市场规模,美国财政部可用于直接干预的资源微乎其微,如2019年外汇平准基金约933.22亿美元,而美国外汇市场日均交易额就达到了1.37万亿美元。在国际联合干预无法成行,美联储配合调整利率空间有限的情况下,市场情绪将对美元汇率预期管理成效产生重要影响。如果市场乐观或悲观情绪十分强烈,公众不愿被管理当局的口头干预所引导,那么即使当局能适时出台正确的汇率干预政策,也未必能获得满意的政策效果;而如果市场情绪并不是很强烈,公众预期能通过口头干预等措施所引导,那么既定的汇率预期管理目标通常可以实现。

（4）多样化的预期管理措施

从历次美元汇率管理的实际操作看，美国主要通过直接干预、口头干预、联合干预和施压他国等手段影响美元汇率。其中，近 10 年直接干预已基本被放弃，但有时仍会发挥一定的信号作用，如特朗普就曾公开表示要进行外汇市场直接干预，以此表明政府的汇率管理决心。以口头干预为代表的间接干预从 20 世纪 90 年代开始逐渐被重视。在布什政府时期，曾在 1992 年 7 月和 8 月联合他国进行了两次大规模的直接干预，抑制美元对主要欧洲货币的持续贬值，然而过分关注直接干预，而忽视市场预期引导的汇率政策，最终导致两次汇率干预均以失败告终。相对地，克林顿后期进行的强势美元干预，以及小布什团队通过细微变化的政府措辞所引导的"自由放任"的美元贬值过程，均单靠口头干预的预期引导就实现了相应的汇率干预目标。此外，通过与他国联合干预或指责他国操作汇率等手段可以在一定程度上影响汇率变动，强化汇率预期管理效果。

（5）国内宏观经济政策的配合

从历次美元汇率干预的实际操作看，财政部进行相关汇率干预时，通常要求美联储采取相应的利率调整政策，配合汇率政策的实施，强化美元汇率干预效果。当采取汇率干预来抑制美元贬值时，美联储通常上调联邦基金利率，配合实施紧缩性货币政策来回收多余的美元货币供给，缓解美元贬值预期。相对地，当采取汇率干预来抑制美元升值时，美联储则下调联邦基金利率，配合实施扩张性货币政策来提高货币供给，缓解美元升值预期。但值得注意的是，随着低利率或负利率时代的到来，在当今的特朗普政府时期，美联储的配合行动实施空间有限。

3. 美元汇率预期管理的启示

随着人民币国际化进程的加快，以及汇率市场化改革的不断深化，人民币在国际货币体系中的地位不断提升，但始终与美元的国际货币地位存在巨大差距。尽管两者存在显著差异，且具有不同的汇率形成机制和管理体制，但美元汇率预期管理实践对我国仍具有重要的借鉴意义。

（1）审慎推进外汇市场市场化改革，提高对外开放程度

20 世纪 70 年代后，政府干预显得无能为力，上台伊始的里根政府在新自

由主义经济政策的指导下，开始积极推行金融自由化改革，促使美国金融产业和虚拟经济快速发展，强化了美国的国际金融中心地位和美元的国际货币地位。然而，2007 年美国次贷危机的爆发也暴露了金融自由化带来的潜在风险。因此，我国应采取稳妥、谨慎的态度深化汇率市场化改革，循序渐进地开放资本项目的可兑换，健全金融创新的风险防范和管理机制。

（2）搭建常态化的汇率预期管理机制

在宏观审慎和微观监管的调控框架下，从预期指标体系到预期操作方式，再到预期监测、预警机制和效果评价体系等，逐步完善人民币汇率预期管理机制，有效地制定并实施有针对性的汇率预期管理政策，完美实现汇率管理由直接干预到预期管理的彻底转变。

（3）提高央行信誉

中国人民银行是我国人民币汇率管理政策的制定者和执行者。央行信誉直接影响公众对其发布信息的接收和解读，从而影响人民币汇率预期和市场交易行为，最终作用于人民币汇率变化。如果央行"言行不一致"，很可能会导致公众预期的混乱，降低汇率预期管理效果，并引发公众对央行可信度的质疑。因此，我国央行要加强对国内外经济基本面的把握，保持决策和实施的"言行一致"，提高我国央行的可信度。

（4）重视国内外政策的协调配合

从美国成功的汇率干预操作看，国内宏观经济政策的配合行为和国外其他国家的联合干预能有效强化汇率预期管理效果。因此，我国在实施汇率预期管理时，应注意国内货币政策、财政政策的协调配合。同时，在"一带一路"等发展倡议下，逐步提升人民币在国际货币体系中的地位，加强与其他国家央行的联系和协作。即使不能像美国一样联合西方发达经济体央行进行联合干预和声明，但可以建立区域性货币互换网络，加强多边汇率政策沟通，在互利互助的情况下实施联合行动。

二、日本汇率预期管理实践与启示

（一）日元国际化与日元汇率变化

1. 日元的国际化过程

日元国际化进程起始于 20 世纪 60 年代，总体上历经了起步（1964—

1980 年)、快速发展 (1980—1990 年)、停滞与倒退 (1991—2009 年)、最新发展 (2010 至今) 四个阶段。

(1) 日元国际化的起步阶段 (1960—1980 年)

第二次世界大战后,通过引进美国等西方发达国家的先进技术,积极推进产业升级和对外贸易发展,日本经济在 1955—1972 年快速增长,年均实际经济增长率达 9.3%。随着布雷顿森林体系解体后国际汇率制度逐渐转向浮动汇率制,日元开始呈现升值压力。为了抑制日元升值对本国经济,尤其是对出口贸易产生的负面影响,日本政府开始实施拉动内需的经济刺激政策,但最终却引发了严重的通货膨胀,加上 1973 年的第一次石油危机,日本经济在 1974 年陷入低迷,实际经济增长出现负增长,日本经济自此进入低速增长阶段。与此同时,凭借战后日本经济的高速增长,加上多元化国际储备的现实需要,日元开始迅速在国际货币体系中崭露头角。

1960 年 7 月,大藏省宣布允许采用日元进行对外贸易结算,标志着日本国际化进程的正式起步。1964 年日本政府接受 IMF (international monetary fund,国际金融组织) 组织协议的第八条规定,解除经常账户限制,并许诺逐步开放货币兑换,实现日元完全可自由兑换。1970 年后,日本政府推进金融自由化改革,逐步放松外资银行进入限制,进一步放宽货币兑换限制,并于 1973 年实施浮动汇率制。1978 年末提出"正视日元国际化"方针,加强日元在太平洋地区的流通。1980 年通过修订《外汇和外贸管制法》,确立外汇交易自由化,进一步放松外汇管制。

但值得注意的是,该阶段日本政府虽采取了一系列放松外汇管制的措施,但对于推行日元国际化基本持可有可无的中立态度,甚至有时持否定态度。原因主要有两个方面:一是政府担心随着日元国际化,其他国家过多的汇率干预会削弱日本央行实施金融"窗口指导"的效果;二是日本国内,尤其是出口企业担心日元国际化会对出口贸易产生负面影响。因此,在这一阶段日元的国际化进程并不突出。首先,从日本对外贸易计价货币功能看,在1970—1980 年的出口、进口贸易中,日元作为计价货币的比例分别由 0.9%和 0.3%增加至 29.4%和 2.4%。其次,从全球外汇储备构成看,日元资产所占比例由 1976 年的 2.0%增加至 1980 年的 4.5%。

（2）日元国际化的快速发展阶段（1980—1990年）

进入20世纪80年代后，日本政府开始采取各种措施加快日元国际化进程（见表3-3）。1984年日美共建"日美委员会"，针对日本金融自由化、日元国际化和境外机构准入等内容达成一致意见。同年日本财政部发布《金融自由化和日元国际化的现状和前景》报告，并实施相关政策促进金融市场发展，以此增加日元的国际使用量。1985年外汇审议局发布《关于日元的国际化》等一系列重要文件或协议，进一步加速日元国际化进程。随后，创立东京离岸金融市场，提高金融市场对外开放程度，取消外资流出限制并提高流入限额，并对发行欧洲日元债券和发放欧洲日元贷款等问题实施了一系列自由化政策，从而引发日元国际化发展高潮。

表3-3　日元国际化的主要措施（1983—1989年）

年份	措　　施
1983	允许短期欧洲日元贷款给非居民
1984	允许本国居民发行欧洲日元债券；完全货币兑换
1985	开放中长期欧洲日元贷款给非居民
1986	允许外国银行发行欧洲日元债券；创立东京离岸市场
1987	放开非居民发行欧洲日元票据
1989	放开居民欧洲日元贷款

资料来源：Tavlas 和 Ozeki（1992）。

截至1990年，在日本出口和进口贸易中，以日元作为结算货币的币种分别占37.5%和14.5%；在世界外汇储备构成中，日元资产所占份额已超过英镑，达8.0%。此外，从国际金融市场交易看，1980年到1990年期间，国际债券市场上新发现国际债券日元占比从4.8%增加至13.5%，国际借贷中日元占比由2.2%增加到11.6%，欧洲货币市场存款日元占比从1.5%增加到5.0%（见表3-4）；同时，1989年日元在全球外汇市场日均交易量中占比达28%，较1980年增长显著。显然，无论是作为外贸计价货币，还是国际储备货币、外汇市场交易货币，日元在国际经济中的地位均得到了显著提高。

该阶段日本政府热衷推进日元国际化的原因主要有四点。一是日本迅速崛起的经济实力。摆脱第三次石油危机冲击后，日本经济再次进入快速增长期，对外贸易差额由负转正，国际贸易盈余不断增加，为日元国际化奠定了经济基础。二是美国汇率政策的施压。随着日本对美国对外贸易顺差的持续扩大，日美贸易摩擦不断升级。迫于美国的政治经济压力，日本不断深化金融市场化改革，并与1985年签订《广场协议》，催生日元大幅度升值。三是全球金融自由浪潮的冲击。随着英、德、美、法等国先后实施措施放松金融监管，推进金融自由化改革。日本政府不得不出台相应政策以适应国际经济形势的改变。随着国内金融环境的变化，强化日元的国际货币地位成了自然选择。四是执政党的政治需求。出于谋求政治地位的需要，20世纪80年代竹下内阁上台后积极开展对外发展战略，其中日元国际化便是其重要的一环。

表3-4　1980—1990年日元在国际金融市场中的表现

	1980 年	1985 年	1990 年
新发现国际债券	4.8%	7.7%	13.5%
国际借贷（未偿还总额）	2.2%	5.7%	11.2%
欧洲货币市场（存款总额）	1.5%	3.7%	5.0%

数据来源：OECD 和 BIS。

（3）日元国际化的停滞与倒退阶段（1990—2009 年）

1991年，随着日本泡沫经济的破裂，日本经济陷入长达十年之久的萧条时期。风光一时的日元国际化也陷入了停滞甚至倒退的境地，尤其在东南亚金融危机后，日元的国际货币地位显著下降。首先，从日元的出口贸易结算功能看，日元比重由1992年的40.1%下降到1997年的35.8%，基本退至20世纪80年代中期的水平。其次，从日元作为外汇储备货币的地位看，日元虽然是仅次于美元和欧元的第三大储备货币，但在全球外汇储备中日元资产所占比重呈现下降趋势，从1995年的6.77%下降为1997年末的5.77%（见图3-9）。最后，从日元在外汇交易中的地位看，在全球外汇市场交易中，截至1998年日元交易占比为21.7%，较1989年下降了6.3%（图3-10）。

日元国际化进程停滞的主要原因有三个：一是美元长期的国际货币霸主

地位限制他国货币发展。布雷顿森林体系瓦解后，黄金美元脱钩并未改变美元在国际贸易、国际储备和国际金融市场的霸主地位，导致以日元为代表的他国货币没有足够的发展空间。二是日本经济的长期衰退。1991 年日本经济泡沫破裂后，开始进入了长达十年之久的衰退期，即"消失的十年"，导致市场对日元信用评价的下降。三是日本在国际市场中缺乏话语权。尽管二战后日本经济快速增长，但受日美战略协议的限制，无论是对外贸易政策还是汇率政策调整，都处处受到美国政策的影响，尤其是在欧美国际贸易中缺乏足够的话语权。

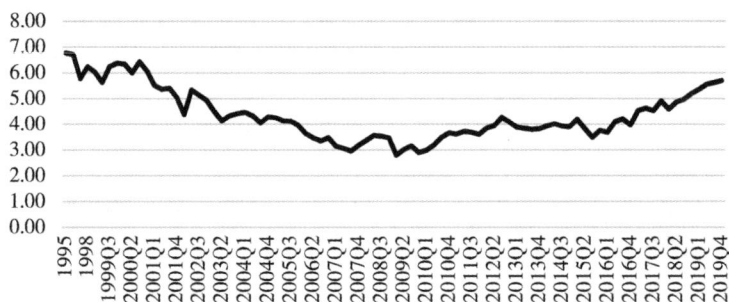

图 3-9　1995—2019 年全球外汇储备中日元资产占比（%）

数据来源：国际货币基金组织（IMF）。

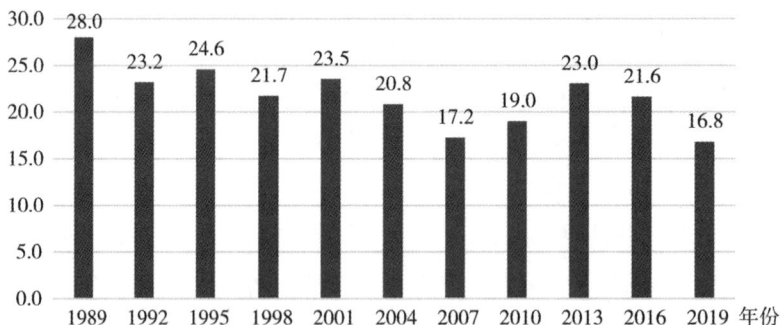

图 3-10　全球外汇市场交易日元占比（%）

数据来源：国际清算银行（BIS）。

（4）日元国际化的战略转换发展阶段（2010 年至今）

1997 年亚洲金融危机后，东南亚货币格局开始被亚洲各国政要和国际学者所关注，而作为在国际货币体系中唯一具有一定影响力的日元自然成为各界探讨的焦点。而 1999 年欧元的启动给日元国际化带来危机的同时，也给日本政府带来了启示。显然，欧元的诞生会削弱日元在国际货币体系中的地位，但也让日本政府看到了亚洲区域货币的未来可能性。因此，为了解决日元国际化进程的停滞和倒退问题，1999 年日本财政部成立了日元国际化专门研究小组，重点研究日元国际化进程不顺的原因。基于详细的研究分析，日本政府逐渐转变日元国际化战略，试图通过亚洲货币合作形成日元亚洲区域化，从而推进日元国际地位的提升。2000 年以来，日本政府积极寻求中日韩贸易合作，并与东南亚其他国家签订相关协议，加强与亚洲各国的经贸合作，稳定发展经济的同时推动日元国际化。然而，日元在东南亚金融危机时的持续贬值表现，加上人民币国际化的迅速推进，导致日本政府未能在 2000 年后迅速扭转日元国际化的停滞和倒退状态。直到 2008 年全球金融危机和 2010 年欧洲债务危机后，随着美元和欧元汇率波动加剧，投资汇率风险增加，基于多元化资产组合分散风险的需要，日元才再次得到了交易者的青睐。

从图 3-9 可见，2000 年后日元在国际外汇储备中的比重持续下降，直到 2010 年后，伴随着美元和欧元占比的相对减少，才开始了缓慢的回升。截至 2019 年末，全球外汇储备中日元资产占比升至 5.7%，较 2009 年末的 2.90% 增加了近一倍。但与美元 60% 和欧元 20% 的资产占比相比，仍存在巨大差距。同时，在国际外汇市场交易中，日元占比同样在 2010 年后有短暂的升值阶段，但 2016 年后又再次回落，2019 年下降为 16.8%，基本退回到了 2007 年左右的水平。

2. 日元国际化过程中的汇率变化

（1）日元汇率总体表现

由图 3-11 可见，在日元国际化进程中，日元整体呈现震荡升值趋势。按日元波动原因和日元变动状况，可将 1971 年后的汇率升值期划分为四个阶段：1971—1978 年经济主导下的快速升值期、1979—1985 年的双边震荡期、1985—1987 年《广场协议》下的快速升值期、1988 年后的稳定波动期。

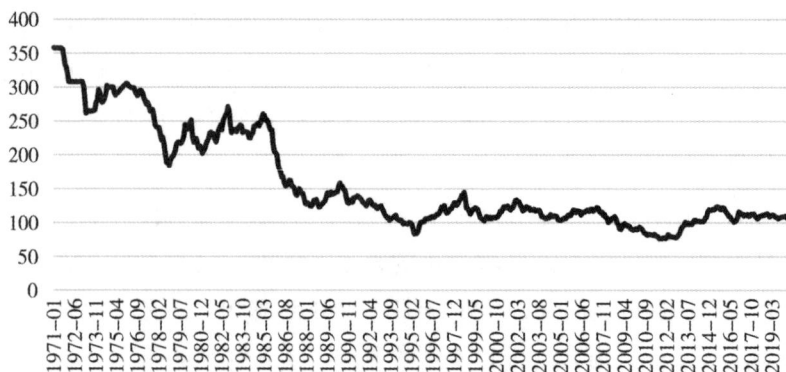

图 3-11　美元兑日元汇率平均值走势

数据来源：CEIC 数据库。

　　首先，1971—1979 年，在美国帮助下，日本快速摆脱二战战败国的影响，经济高速发展，日本对外贸易顺差大幅提高，一跃成为全球第二大经济体。加上 1973 年布雷顿森林体系的瓦解，为美元以外的其他货币提供了国际化发展契机。在此背景下，日本开始实行浮动汇率制度。经济实力的快速崛起、国际货币体系格局的变化，以及汇率制度的调整，导致市场形成日元升值预期，日元在 1976—1978 年实现了快速升值。1978 年 12 月日元汇率已升至 1 美元兑 196.13 日元，较 1971 年 1 月的 1 美元兑 358 日元，升值了约 45.2%。

　　其次，在 1979—1985 年，第二次石油危机爆发，油价在 1979 年开始暴涨，致使美国经济陷入滞胀。为了应对通货膨胀的大幅上涨，美国不得不提高联邦基金利率，而国际资本受高利差的吸引大量涌入美国，最终导致美元大幅升值。受石油冲击和美元升值影响，日本国内通货膨胀和日元贬值预期形成。对此，日本政府积极采取一系列措施，调整产业结构，加大技术开发投入，成功抵御了第二次石油危机的冲击，并将日元汇率维持在相对稳定的震荡状态。

　　再次，在 1985—1988 年，迫于美国的政治压力，日本不断深化金融市场化改革，并与美英法德签订《广场协议》，同意联合干预外汇市场，大量抛售美元购买日元，导致日元大幅度升值，美元兑日元汇率平均值从 1985 年 2 月的 260.34 快速下降至 1988 年 5 月的 124.74，日元升值了一倍多。同时，日本经济，尤其是出口贸易受到冲击，进入短暂的经济衰退期。

最后，从 1988 年至今，日元汇率再次呈现双边震荡的趋势，在升值和贬值中不断反复波动。其中，在 1990—1995 年，虽然日本经济泡沫破裂，经济进入衰退，但对外贸易差额仍持续顺差，维持日元升值预期不变，美元兑日元汇率平均值从 1990 年 4 月的 158.61 持续下降至 1995 年 6 月的 84.51，日元升值幅度较大。在 1995—2008 年，日元汇率基本围绕在 1 美元兑 115 日元的水平震荡波动。随后，全球金融危机爆发，美国开始采取量化宽松政策企图刺激经济快速复苏，导致寻求高利率投资收益的大量国际资产流出，美元开始贬值，日元相对升值，2012 年 1 月美元兑日元汇率平均值下降到 76.92。然而，为了应对金融危机冲击，日本同样采取了量化宽松政策来抑制通胀和刺激经济，因此在 2012 年后美元兑日元汇率平均值又开始呈现上升趋势，直到升至 2015 年 12 月的 121.69。

（2）日元汇率变化的特征

首先，日元整体呈波动性升值趋势，且仍在持续。自 1971 年日本经济快速崛起后，日元也开始在国际货币体系中崭露头角，并经历了 1971—1978 年经济主导下的快速升值期、1985—1987 年《广场协议》下的快速升值期、1990—1995 年的稳定升值期，成为除美元和欧元的第三大国际储备货币。同时，目前全球经济增长乏力，从目前对外贸易水平看，日元仍有继续增值的经济基础。

其次，日本对外贸易状况是日元变动的基础。由图 3-12 可见，自 1970 年至 2010 年日本进出口贸易基本保持顺差，直到 2011 年日本东京大地震后，出口贸易受挫，而化石燃料进口却大幅度提高，导致日本对外贸易状况恶化，持续近 40 年的对外贸易顺差最终转变为逆差，加大了日元贬值压力。结合日元汇率走势不难发现，在日本对外贸易持续顺差时，日元基本处于波动升值的变动状态，而在 2011—2015 年对外贸易逆差时贬值预期形成，加之量化宽松政策的实施，最终导致日元小幅度贬值。

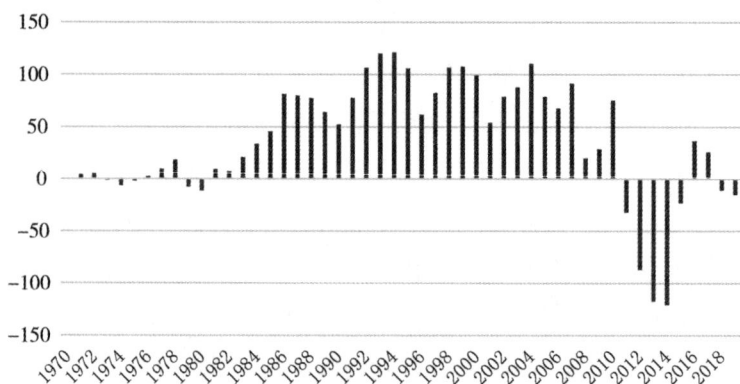

图 3-12　进出口差额（十亿美元）

数据来源：中经网统计数据库。

最后，美国宏观政策调整影响日元汇率变动。第二次世界大战后，日本作为战败国虽然得到了美国的诸多帮助，但同时也深受美国经济政策的影响，尤其是美国利率政策变化。由图 3-13 所示，当全球经济增长快速，美日两国基准利率利差处于高位或扩大时，国际资本大量流出日本涌入美国寻求高投资收益，导致美元兑日元汇率上行，日元贬值；当全球经济增长放缓，美日基准利率利差处于低位或缩小时，国际资本大量流出美国涌入日本，导致美元兑日元汇率下行，日元升值。

图 3-13　美元兑日元汇率与美日利差走势

数据来源：中经网统计数据库。

（二）日元汇率预期管理政策

日本是全球较早实施预期管理的国家之一，20世纪90年代末日本央行便开始通过政策承诺工具引导市场预期，开展预期管理。其中，汇率预期管理主要以口头干预为主要手段，有时辅以直接干预提高政策效果，旨在稳定日元汇率波动，减少汇率波动异常对金融市场和实体经济的影响。

1. 汇率口头干预主体

汇率政策由日本财务省制定，具体政策操作则由日本央行负责具体实施，因此，口头干预的实施者主要是财务省和日本央行的主要官员。Sakata和Takeda（2013）研究显示，在1995—2011年日本政府就汇率共有1 074公开表态，若将5天内的声明作为同一口头干预进行计算，则共有241次口头干预，其中，财务省大臣或主管国际事务的副大臣以外的其他财务省成员进行了122次口头干预，财务省和央行以外的日本官员进行了47次口头干预。但有研究显示，财务省大臣、央行行长或直接负责国际事务的副大臣、副行长的口头干预效果更好，而其他官员进行相关口头干预的成效并不显著。

2. 汇率口头干预时机

日本政府进行汇率预期管理主要有三种情形：一是外汇市场波动异常，尤其是日元升值压力加大时，日本当局会积极采取口头干预，甚至直接在外汇市场上大量抛售日元来扭转日元升值趋势，如2003年美元兑日元汇率下行冲破100，以及2010年日元升值到1美元兑82.88日元；二是出于发展国内经济的目的，当国内对外贸易恶化时，可以通过口头干预引导日元贬值，改善出口贸易状况，如2011—2015年日本对外贸易持续逆差，为此，日本政府主动采取口头干预和直接干预进行汇率管理，引导日元持续贬值；三是受制于美国，被迫与他国央行进行联合汇率干预，如在1985年签订《广场协议》和1987年签订《卢浮宫协议》后，日本政府都曾按协议要求进行过汇率干预，旨在稳定美元汇率波动。

3. 汇率口头预期干预频率

20世纪90年代后，汇率预期管理开始成为日本政府实施汇率政策的重要手段。日本财务省和日本银行逐渐减少了对外汇市场的直接干预，尤其是在2004年后，口头干预已基本取代直接干预成为汇率干预的主要方式。

根据Sakata和Takeda（2013）的计算结果，由表3-5可见，当包含"观察"和"开展国际协调干预"等模糊不清的表达时，1995—2011 年日本政府就汇率变动进行过 1 074 次公开表态，若将 5 天内的声明作为同一口头干预进行计算，则共开展了 241 次口头干预，其中，206 次为弱势日元干预，35 次为强势日元干预。可见，日本开展汇率口头干预的主要目的是抑制日元过度升值。从历年干预频率的变化趋势看，1996—2003 年呈增长趋势，在 2003 年达到高峰后有所减少，但 2006 年后又再次增多，2007—2010 年基本稳定在年均 15 次左右。如果排除公开表态中的不明确表达，由表 3-6 可知，1995—2011 年日本政府共进行过 756 次明确声明，214 次口头干预，其中，170 次为弱势日元干预，44 次为强势日元干预。虽然在声明次数和口头干预次数上均有所下降，但主要干预方向和干预频率变化并未发生改变，仍以抑制日元持续升值为主，且呈现先增后减再增的变化趋势。

表 3-5 1995—2011 提日本外汇市场口头干预情况（包括模糊表达）

年份	公开表态次数	口头干预次数	弱势日元	强势日元
1995	40	14	14	0
1996	21	11	11	0
1997	82	15	6	9
1998	142	13	0	13
1999	195	20	18	2
2000	75	19	18	1
2001	52	11	7	4
2002	86	22	20	2
2003	76	26	26	0
2004	80	14	14	0
2005	21	10	10	0
2006	19	9	7	2
2007	31	12	12	0
2008	38	13	13	0
2009	41	14	12	2
2010	63	16	16	0
2011	12	2	2	0
合计	1074	241	206	35

资料来源：Sakata S, Takeda F. Effects of Oral Intervention on Fluctuations in Exchange Rates: Evidence from Japan 1995—2011[J]. Journal of Reviews on Global Economics, 2013(2): 60-78.

表3-6 1995—2011年日本外汇市场口头干预情况（排除模糊表达）

年份	公开表态次数	口头干预次数	弱势日元	强势日元
1995	24	13	13	0
1996	11	6	5	1
1997	50	13	2	11
1998	119	15	0	15
1999	152	21	20	1
2000	67	19	17	2
2001	45	13	8	5
2002	71	21	19	2
2003	59	23	23	0
2004	44	16	14	2
2005	6	4	4	0
2006	5	3	0	3
2007	17	9	9	0
2008	20	9	9	0
2009	22	11	9	2
2010	34	16	16	0
2011	10	2	2	0
合计	756	214	170	44

资料来源：Sakata S，Takeda F. Effects of Oral Intervention on Fluctuations in Exchange Rates：Evidence from Japan 1995—2011 ［J］. Journal of Reviews on Global Economics，2013（2）：60-78.

4. 汇率预期干预配合政策

从日本汇率管理实践看，日本政府具有主动、频繁实施直接干预的历史，从 20 世纪 70 年代石油危机到 1997 年亚洲金融危机，再到 2011 年日本东京大地震，日本进行口头干预时多数会配合实施直接干预。

由图 3-14 和 3-15 可见，日本政府在 1992—1995 年和 2003—2004 年进行了高频率的外汇市场干预，尤其是在 2003—2004 年，无论是干预频率还是干预金额都显著强于其他年份。2003 年和 2004 年日本在外汇市场上分别抛售了 20.4 万亿日元和 14.8 万亿日元，干预天数总计达 138 天，成为日本历史上规模最大、力度最强的一次直接干预。自此之后，日本政府决定放弃汇率直接干预，而采取"放任市场"的汇率管理策略。如 2008 年全球金融危机爆发后，尽管日元持续升值，但日本也始终未再启动直接干预。直到 2010 年欧洲债务危机和 2011 年日本东京大地震后，日元大幅升值，日本对外贸易严重恶化并呈现逆差时，日本政府不得不再次启动直接干预来配合口头干预，从而扭转日元升值预期。此处干预天数虽只有 8 天，但在外汇市场上抛售的日元金额达 16.4 万亿日元，成为日本政府最后一次大规模直接干预汇率。

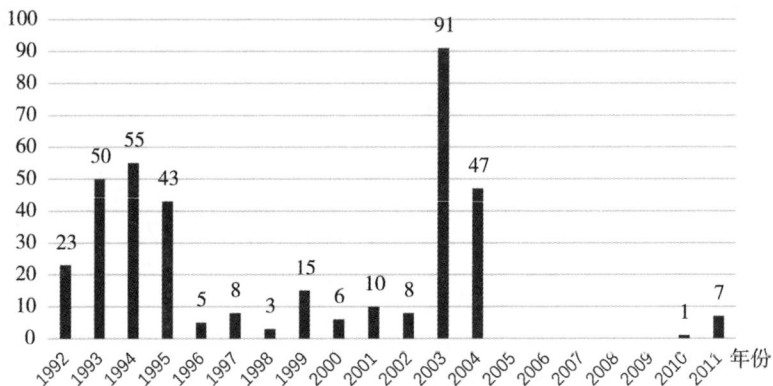

图 3-14　日本进行外汇市场直接干预的天数

数据来源：日本外务省官网。

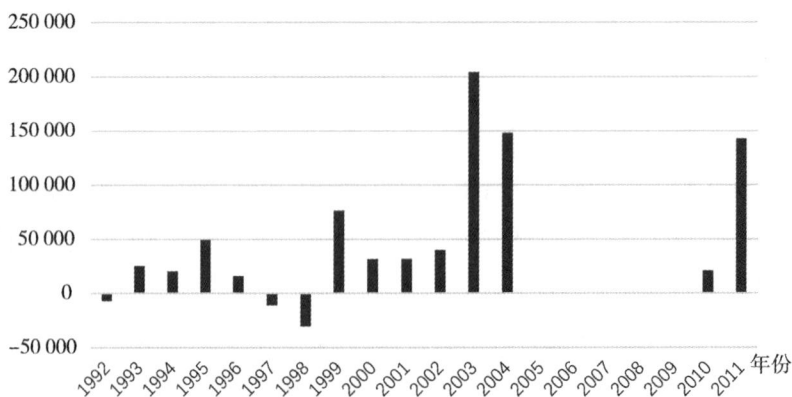

图 3-15　日本外汇市场直接干预的干预量（亿日元）

数据来源：日本外务省官网；负值表示买日元卖美元，正值表示买美元卖日元。

同时，值得注意的是，日本政府在外汇市场上主要通过卖出日元买入美元进行直接干预，只在 1992 年、1997 年和 1998 年抛售美元买入日元。而且在 1995 年后日本对外汇市场的直接干预频率逐渐减少，干预力度却相对增加。如 1994 年直接干预天数达 55 天，而干预金额却仅有 2.06 万亿日元，相对地，2002 年直接干预天数仅为 8 天，干预金额却有 4.02 万亿日元。

此外，日本财务省次官的政策取向对直接干预频率和干预强度具有不可忽视的影响。1992—1995 年中平卓马任职副部长期间，进行了高频率、低强度的外汇市场直接干预；1995—1997 年加藤隆俊负责国际事务时，则进行了低频率、高强度的外汇市场直接干预；而 2003—2004 年沟口善兵卫任职期间，则是日本外汇市场直接干预频率最高、强度最大的时期（见表 3-7）。

表 3-7 不同财务省次官任职期间的直接干预情况

财务省次官	任职时间	任职天数	干预天数	干预概率
千野忠男	1991.7.13—1992.7.13	261	19	0.073
中平卓马	1992.7.14—1995.6.20	766	143	0.187
加藤隆俊	1995.6.21—1997.7.14	539	13	0.024
神原英姿	1997.7.15—1999.7.7	517	11	0.021
黑田东彦	1999.7.8—2003.1.13	918	25	0.027
沟口善兵卫	2003.1.14—2004.7.1	383	129	0.337

参考资料：张媛媛，潘永明. 中央银行干预频率对外汇市场的影响研究——以日本为例 [J]. 南方金融，2018，No.501（05）：71-77.

5. 汇率预期干预效果

总体上，日本政府对外汇市场的口头干预短期内可缓解日元持续升值或贬值的效果，尤其是在扭转日元升值压力方面，即使没有直接干预的配合，也能在一定程度上降低汇率波动性，达到管理当局最初的预期。比如，1997 年亚洲金融危机后，日元贬值压力逐渐增大时，日本财务省和日本央行相关官员频繁进行公开表态，积极进行汇率口头干预，1998 年公开表态 142 次，同时配合加大直接干预力度，在外汇市场上抛售美元买入日元，日元汇率逐渐由 1997 年 12 月 1 美元兑 129.42 日元升值为 1999 年 12 月的 1 美元兑 102.64 日元。而在 2002 年日元持续升值压力形成时，日本再次实施高频率、高强度的口头干预和直接干预，2002—2004 年进行了 242 公开声明，抛售日元买入日元金额达 39.27 万亿日元,虽然干预效果不如 1995—2002 年显著,但美元兑日元汇率最终在 2005 年 6 月开始再次上行,日元升值趋势再次扭转。而距今最近的一次大规模日元汇率干预则是在 2011 年日本东京大地震后,日元一路升值到 1 美元兑 76.92 日元,对日本对外贸易造成了严重冲击。对此,日本政府实施量化宽松政策的同时,重启汇率干预政策,结合口头干预和直接干预,引导日元贬值,在 2012 年后美元日元汇率平均值开始上行,直到升至 2015 年 12 月的 121.69,弱势日元的汇率干预政策目标基本实现。

但值得注意的是,随着外汇市场金融自由化改革的不断加深,跨境投融资规模逐渐增加,日本在外汇市场上进行直接干预的效果开始受到限制 (Ito,2002),2003—2004 年日本历史上最大规模的直接干预就是最好的例子。如果没有口头干预政策,单纯的直接干预甚至会加大日元汇率波动幅度。而口头干预,即使没有直接干预的配合,在引导汇率预期、稳定汇率波动等方面也具较高的成功率。

(三) 日本汇率预期管理实践总结与启示

1. 日本汇率预期管理成效的影响因素

(1) 口头干预的执行者

通常,日本口头干预政策的执行者是财务省和日本银行的相关官员,他们通过公告、新闻发布会等多种渠道向市场传递管理当局对汇率走势的态度。其中,市场交易主体对高级别官员的口头干预更敏感,对其声明中所传递的信息更加信任。因此,相较于其他政府官员,以及其他的财务省、央行官员,财务省大臣、负责国际事务的次官和央行行长、副行长进行口头干预的效果更好 (Sakata and Takeda,2013)。即口头干预执行者的级别越高,弱化汇率波动的政策效果越好。

(2) 公开声明的态度

日本官员公开声明时的明确态度对口头干预效果具有重要影响。如果财务省对当前汇率波动进行公开消极评论,并明确表态汇率被高估或低估,市场交易主体很可能会认为政府将继续实施稳定汇率波动的口头干预,甚至直接干预政策,来扭转汇率走势;如果财务省对当前汇率波动进行公开积极评论,市场交易主体就很可能认为政府会继续放任汇率变动,汇率走势不会在短期内有所改变。因此,在口头干预方向明确的情况下,市场交易主体更能准确接收并解读政府所传达的信息,并进行理性的市场交易行为,从而实现口头干预引导汇率预期、稳定市场波动的目的。相对地,如果公开表态时,使用"观察""不予置评"等模棱两可的表达方式,则口头干预很可能会失败。

（3）直接干预政策的配合

通过日本历次汇率预期管理的实践看,日本政府通常会采取口头干预和直接干预相配合的政策,通过在外汇市场上会进行直接干预来提高汇率预期管理的干预效果,快速弱化甚至扭转日元汇率走势。然而,汇率变化趋势主要由经济基本面所决定,因此直接干预往往只能影响汇率的短期波动,并不会改变汇率长期走势。因此,在2004年后日本已基本放弃对外汇市场进行直接干预,但在特殊时期,仍是提高口头干预成功率、快速实现干预目标的重要辅助政策,如2011年东京大地震日元汇率大幅度升值时的汇率干预政策。

（4）其他国家的配合与支持

历史上,迫于美国的政治压力,日本曾多次与其他国际进行联合汇率干预,如1985年签订《广场协议》和1987年签订《卢浮宫协议》后,日本政府都曾按协议要求进行过汇率干预,旨在配合美国的汇率政策。尤其是在《广场协议》签订后,日元持续升值,日本国内民间消费支出明显上升,以民间消费为先导的投资热潮,有力拉动了日本国内总需求的快速扩张。此外,日本汇率干预政策受美国政府态度的影响较大。若美国容忍甚至支持日元贬值或升值,则日元汇率干预效果往往较为显著;相反地,若美国对日本的汇率干预行为持反对意见,则日本政府往往会迫于压力而放弃干预。

2. 日本汇率预期管理的启示

虽然日元国际化未能成功,我国和日本在汇率形成机制和管理体制也存在诸多不同,但从对美国际贸易长期顺差到美国频频施压,从推行货币国际化到汇率快速升值,日元和人民币具有许多惊人的相似之处。因此,日本汇率预期管理实践对中国具有重要的借鉴意义。

（1）加强自身经济实力,提高在国际社会中的话语权

从日元国际化进程看,二战后日本经济实力增强是日元能迅速在国际货币体系中崭露头角的基础。然而,作为战败国,日本政府受到美日多项战略协议的限制,无论是对外贸易政策还是汇率政策,都面临着来自美国的各种压力,在国际社会上缺乏话语权。因此,我国要以此为戒,继续稳步促进经

济发展，提升自身的经济实力和科技水平，减少中美贸易战对国内经济的冲击，同时提高自己在国际社会上的话语权，既有助于赢得国际社会的了解、认同和支持，又能维护国家利益并提升国际影响力，弱化国际舆论和国际政治压力带来的汇率波动。

（2）增加高级别官员的口头干预，避免过多的低效干预

中国人民银行负责制定汇率干预政策，中国外汇管理局负责具体操作。其中，口头干预主要由央行行长、副会长等官员执行，其他政府官员如国家主席、总理等高级别官员也会偶尔就汇率管理进行公开表态。基于日本口头干预的实践看，高级别官员的口头干预能提高市场交易主体对预期引导的可信度和敏感度，有利于提高政策有效性。因此，我国实施口头干预时尽量由高级别的央行行长、副行长执行，减少其他低级别、不相关政府官员的口头干预行为，提高口头干预的成功率。

（3）进行态度明确的预期引导，提高政策透明度

根据 Sakata 和 Takeda（2013）对日本汇率口头干预效果的研究显示，公开表态越明确越坚决，越容易成功引导市场预期，弱化汇率波动，提高口头干预有效性。因此，我国高级别官员进行口头干预时，可使用明确、强烈而鲜明的表达方式，避免"观察""不予置评"等模棱两可的词语，提高政策的可信度、透明度和冲击力，从而实现口头干预引导汇率预期、稳定市场波动的政策目的。

三、英国汇率预期管理实践与启示

（一）英镑的国际货币地位演变

1. 布雷顿森林体系前的霸主地位

17 世纪 80 年代，光荣革命后英国逐渐建立君主立宪制。18 世纪 60 年代，工业革命率先在英国打响，君主立宪制和技术革新使英国快速成为世界强国，英镑也逐渐成为世界货币。英镑的国际化与金本位制息息相关。1816 年英国确立了《金本位制度法案》，1821 年正式确立金本位制，1944 年《银行法》的通过，意味着在法律上英国实现了完全的金本位制。此外，英国是当时的贸易大国为英镑占据国际货币体系霸主地位奠定了基础。1860 年世界出口总量中，英国进口所占份额达 30%，是食品和原材料进口的主要消费国，

也是工业品和服务的主要出口国。此外，在 1860—1914 年，英镑作为国际贸易结算货币，所占比重基本维持在 60% 左右，始终处于主导地位（Eichengreen，2005）。

同时，对外贸易的快速发展为英国国际金融中心的形成提供了契机和基础。首先，多数贸易伙伴逐渐在英格兰银行开立账户，以便快捷安全地进行贸易结算。其次，快速发展的现货和期货等大宗商品交易开始逐渐使用英镑作为计价货币。此外，英国金融机构开始在部分殖民地建立分支机构，英国央行作为最后贷款人，通过发现银行票据调节各国汇率波动，英国汇票在国际贸易中被广泛使用，甚至可直接替代其他国家的货币，英镑成为了首个具有计价、支付和储藏功能的国际货币。然而，第一次世界大战期间，为了填补大量军费支出所产生的财政赤字，英国只能暂时放弃金本位制，由此导致英镑世界货币的霸主地位开始动摇。

第一次世界大战后，英国为了维持英镑的世界货币地位，在 1920—1925 年持续实行通货紧缩政策，导致英镑的货币信誉受损，大量黄金外流，最终在 1931 年发生了英镑挤兑风潮，英国不得不彻底放弃金本位，英镑与黄金脱钩，开始自由浮动，标志着传统的以英镑为主导的国际货币体系彻底瓦解。而第二次世界大战的爆发更是让英国经济雪上加霜，美国逐渐成为英国的最大债权国，英镑兑美元开始持续贬值。而 1944 年布雷顿森林体系的建立，标志着以美元为主导的国际货币体系形成，英镑作为世界货币的霸权时代彻底结束。

2. 布雷顿森林体系后的国际地位

Cohen（1971）研究显示，在国际贸易结算方面，英镑所占比例从一战前最高超过 60%，下降为二战刚结束后的 50%，随后更是持续减少，到 20 世纪 60 年代时，保守估计英镑计价所占比例已下降到 23%。而到 1980 年，英镑在世界贸易结算中的比重已降为 6%（ECU Institute，1995）。

1990 年英国加入欧洲汇率体系，该体系要求成员国货币汇率和利率围绕中心货币德国马克在一定幅度内上下波动。然而 1992 年成员国签订"马斯特里赫特条约"后，导致英镑、里拉等货币被严重高估。此外，无降息需求的德国与急需降息刺激经济复苏的英国产生了矛盾，索罗斯坚信欧洲汇率体系缺乏稳定性，因此带领量子基金在外汇市场上大量做空英镑，英镑兑德国马克汇率从 1992 年 9 月初的 2.95 下跌至 1992 年 9 月 15 日的 2.78，投机者在外汇市场大量卖出英镑买入强势货币。为了弱化和扭转英镑下跌趋势，英国于9月15日通过两次加息将利率提高至15%，并进行汇率干预，同时，宣布退出欧洲汇率体系。然而，加息无疑会使持续萧条的国内经济更加恶化，因此英镑最终崩盘。1992年英镑兑美元汇率从9月初的1.78下跌至12月末的1.51，四个月内下降了约15%。尽管在2001年到2007年期间，英镑兑美元汇率由1.46回升到2.07，但受2008年全球金融危机和2016年英国脱欧影响，英镑兑美元汇率从2008年后基本呈现震荡下行的趋势，截至2020年3月，英镑兑美元汇率下跌为1.24（见图3-16）。

图 3-16　1991.1—2020.3 英镑兑美元汇率走势

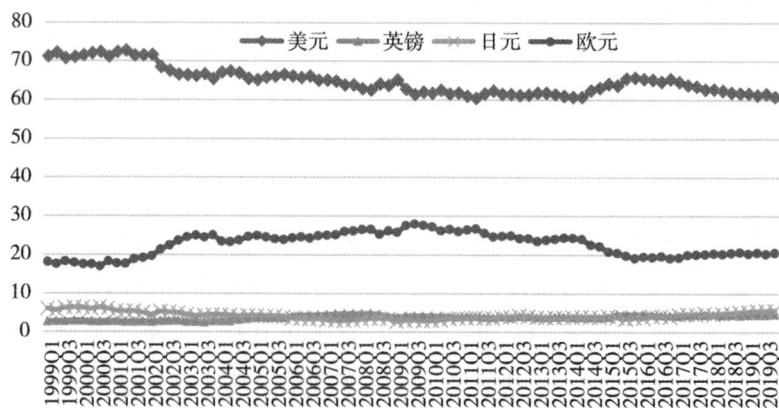

图 3-17　国际外汇储备主要构成（%）

数据来源：国际货币基金组织（IMF）。

自 1992 年英镑危机后，英镑在国际贸易结算、国际储备和外汇市场交易中的地位进一步下降，尤其是在 1999 年欧元诞生后。首先，从国际外汇储备构成看，英镑所占比重已远低于美元和欧元，甚至在一度被日元超越，直到 2003 年日本经济持续低迷、日元大幅升值后，英镑占比才再次超过日元，但总体占比仍然不高，截止到 2019 年末，英镑在国际储备中的占比约为 4.61%，明显低于美元的 60.9%、欧元的 20.5% 和日元的 5.7%（见图 3-17）。其次，从图 3-18 全球外汇市场日交易看，英镑占比基本维持在 13% 左右，明显低于美元、欧元和日元。

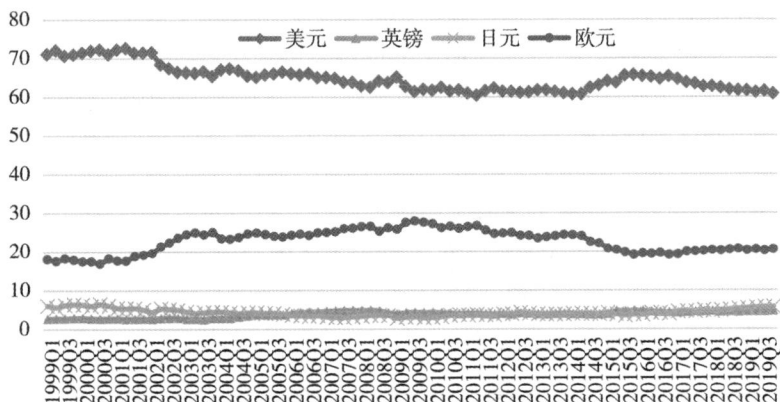

图 3-18　全球外汇市场日交易情况（%）

数据来源：BIS。

（二）英国口头干预的案例分析

1992 年索罗斯带领下的量子基金在外汇市场上大量抛售英镑买入德国马克，最终导致英镑汇率大幅下跌，被迫退出欧洲汇率体系。在此英镑危机时，时任英国首相、央行行长等高级官员都曾多次进行公开表态，声明绝不会退出欧洲汇率体系。比如，时任首相称"欧洲汇率体系是政府政策的基石"，央行行长宣称英国对欧洲汇率体系的承诺是不可动摇的，然而英国最终未能战胜投机者的做空行为，即使英国央行在外汇市场上进行了大规模的直接干预。

2013 年 1 月英国时任首相卡梅伦首次提及脱欧公投，使 2011 年欧洲主权债务危机后的英国经济再次受到冲击，对外贸易进一步恶化，许多大型企业因忧虑脱欧而推迟投资计划，导致国内外投资大幅减少，英镑兑美元汇率继续贬值。而2016年6月英国全民公投决定"脱欧"，直接导致金融市场出现大幅波动，经济增长前景急剧恶化。据英国统计局数据显示，2018年英国经济增长率仅为1.4%，是2012年以来的最低水平。因此，"脱欧"冲击下国内经济的疲软、英镑的持续下跌，导致许多国际评级机构纷纷下调英国的主权信用评级。为了稳定金融市场波荡并扭转市场预期，英格兰银行行长多次公开表态，宣称将采取一切措施促进经济增长，提高就业水平，同时会最大限度为企业和家庭提供融资。

值得注意的是，在英国提出脱欧议题后的7个月后，英格兰银行正式启用货币政策前瞻性指引，将预期管理纳入货币政策体系，通过汇率口头干预和货币政策前瞻性指引的预期管理，有效降低政策不确定性，提升市场主体对信息的接收和解读能力，有效引导市场预期，弱化金融市场波动。

（三）英国汇率预期管理实践总结与启示

1. 维持汇率稳定，经济实力是基础，核心竞争力是关键

18世纪60年代，工业革命为英国创造了巨大生产力，技术革新提升了英国商品的竞争力，拉动英国对外贸易和金融市场快速发展，促使英国逐步确定了在世界经济中的大国地位，英镑也成功占据世界货币霸主地位。然而，世界大战后，美国经济实力和科技水平的快速发展，英镑对美元大幅度贬值，美元迅速取代英镑，成为国际货币体系的主导。随后，从1992英镑危机到1999年欧元诞生，再到2016年脱欧公投，在英国经济发展前景日趋暗淡的情况下，英镑汇率继续震荡下行，英镑的国际货币地位已远低于美元和欧元，并逐步被日元所超越。尽管在危机时刻，国家首相、央行行长等高级别官员都曾进行了数次口头干预，试图引导市场预期，稳定汇率波动。然而经济增长前景黯淡、国际信誉受损和主权信用评级下降，导致汇率预期管理效果并不显著。因此，为了推进人民币国际化，缓解来自国际社会的压力，保持汇率政策的独立性，应重视经济发展，不断提升国家经济实力。其中，核心竞争力是国家经济实力提升的关键，因此要关注科技创新，依靠科技革新发展经济，提升国家经济实力和国际话语权。

2. 重视宏观经济政策预期管理，提高汇率干预效果

英格兰银行提高宏观调控有效性，于2013年8月开始实行货币政策前瞻

性指引，在低利率约束下强化预期管理。通过重视货币政策"精准发力"、注意信息披露质量和关注危机管理提高预期管理效果。从英国汇率干预和宏观经济政策实践看，预期管理已成为新时期创新和完善国家宏观经济政策调控的重要抓手，同时，汇率预期管理和宏观调控的有效配合可提高干预效果。因此，在汇率干预的同时，应保持与国内货币政策和财政政策协调一致，避免调控矛盾而弱化政策效果。同时，重视并不断完善货币政策预期管理机制，从汇率政策、货币政策等多视角进行预期管理。当经济运行过程中面临不确定性冲击，从而导致市场异常波动时，可通过多个维度的预期管理加强市场引导，促使市场参与主体形成合理的预期，提升汇率调控政策的有效性，尽量避免因信息不对称而加剧金融市场波动。同时，有助于统一政策理念和调控目标，形成发展改革新合力。

第三节 国际汇率预期管理经验总结

一、国际汇率预期管理的比较

本质上，各国的汇率预期管理都是为了促进自身经济发展或解决当时所面临的关键问题。然而，由于国家经济状况、金融市场水平和汇率制度等存在显著差异，使得各国在汇率预期管理的主体、时机、政策配合和效果等方面也有所不同。美日英三国汇率预期管理的比较可见表3-8。

表3-8 美日英三国的汇率预期管理比较

	美国	日本	英国
干预目的	"强势美元"巩固货币的国际地位；"弱势美元"改善国际贸易逆差，刺激经济复苏	稳定汇率，为对外贸易和跨境投融资活动提供保障	稳定汇率，防止经济增长前景恶化
干预主体	财政部和美联储	财务省和日本央行	英格兰银行
干预时机	美元升值有损实体经济发展、美元贬值有损国际货币地位和虚拟经济时。	日元波动异常，尤其是日元持续大幅升值时	英镑大幅波动，尤其是受到做空冲击和脱欧冲击时

	美国	日本	英国
干预政策配合	与他国联合干预；1995 年后基本放弃直接干预；美联储配合调整利率	与他国联合干预；2004 年后基本放弃直接干预；偶尔调整利率配合干预	无联合干预，甚至面临他国的负面干预；国内货币政策配合干预
干预效果	卡特、里根和克林顿时期强势美元干预效果显著；但特朗普政府的弱势美元干预效果微弱	高级别官员的确切表态能提高干预效果。2003—2004 年经济基本面恶化时的干预效果微弱	1992 年英镑危机时干预失败，2016 年脱欧冲击时的干预效果有限

二、国际汇率预期管理的总体特征

1. 口头干预已成为一国汇率管理的重要手段

从各国汇率管理实践看，汇率直接干预手段作为口头干预的配合政策已很少被使用。随着交易信息化、金融自由化的不断发展，与在外汇市场上买卖本外币进行汇率干预相比，以口头干预为主要手段的汇率预期管理效果更佳，因此，从 20 世纪 90 年代末开始，美、日、英和德等国纷纷将汇率干预政策由直接干预转为口头干预。即使是具有频繁干预历史的日本，也在 2004 年后基本放弃直接干预，仅在 2011 年国内外经济环境恶化、日元大幅升值时，采取了大规模的外汇市场直接干预。

2. 经济实力增强和货币地位提升过程中汇率呈升值趋势，过度波动时政府会主动干预汇率预期

第二次世界大战后，英镑兑美元汇率大幅下降，美元超过英镑成为国际货币霸主，随后美国多次实施"强势美元"汇率干预政策来巩固美元在国际货币体系中的主导地位。同时，从日本国际化进程来看，日本兑美元汇率总体呈现升值特征，虽然日元升值有来自美国汇率干预政策的影响，但主要还是来自日本自身经济实力的增强，以及推进日元国际化的现实需求。然而，当货币过度升值增加金融市场不确定性、恶化对外贸易时，货币当局会主动采取弱势货币干预政策，稳定汇率波动，扭转汇率升值预期。如，1985 年里

根政府与其他国家为了抑制美元升值而进行的联合汇率干预，2011年日元政府为了扭转日元升值，改善对外贸易而进行的口头干预和直接干预政策。相对地，随着美元的称霸、日元的快速国际化，英镑兑美元汇率持续贬值，英镑作为世界货币霸主的时代一去不复返。

3. 注重多样化预期管理政策的配合

在汇率预期管理的实际操作中，可以配合使用多种可能影响市场预期的手段进行汇率干预。一是通过口头汇率沟通引导市场预期。这是汇率预期管理的主要手段，主要由当局者、央行行长和财政部部长等高级别的相关官员通过声明、讲话和访谈进行公开市场表态。二是在外汇市场上实施直接干预。即使是简单地在市场上传递直接干预的信号，也可能发挥威慑作用。如，特朗普就曾多次宣传要进行直接干预来抑制美元升值。三是与他国进行联合汇率干预，形成合力。美国多个成功汇率干预实践都离不开其他国家，尤其是日本和德国的配合。而1992年英镑危机时，英国不但没有得到其他国家的配合，还遭到德国央行的多次负面口头干预，最终导致英镑退出欧洲汇率体系。四是通过"汇率操纵国"指控制造政治和舆论压力。美国近代汇率干预实践中，就多次给其他国家贴上"汇率操纵国"的标签，并通过公开市场表态进行政治抨击，制造政治和舆论压力，从而影响市场预期。五是国内宏观经济政策的协调行动。为了提高汇率预期管理的有效性，应适时配合实施相应的货币政策和财政政策，向市场传递坚定的政策信号和政府决心。

4. 经济基本面是影响货币国际地位和汇率预期管理效果的重要因素

从美元、日元和英镑的汇率波动与干预效果看，国内经济基本面，尤其是对外贸易状况是影响货币国际地位的最根本因素。二战前的英国经济实力强大，对外贸易持续顺差使该国积累巨大的财富，也促使英镑成为世界货币。然而，二战后美国成为英国最大债权国，支撑英镑世界货币地位的经济实力渐弱。相对地，随着美国经济跃居世界第一大国，美元迅速抢占国际货币霸主地位。在美国的帮助下，日本经济迅速发展，对外贸易同样持续顺差，使得日本连续多年位居世界第一大债权国，成为日元汇率持续升值的重要支撑。

同时，国内经济基本面也是制约预期管理效果的重要因素。若经济基本面向好，市场参与主体情绪稳定，对当前经济形势和货币当局充满信心，则容易甚至愿意被预期干预政策引导，从而强化预期管理有效性。若经济基本面极端恶化，市场参与主体情绪强烈，对未来市场走势充满分歧，则很难接受货币当局的引导，即使货币当局主动提高信息传递质量和政策可信性，汇率预期干预也很难取得显著成效。

第四章　人民币汇率预期特征与
形成机制检验

　　预期是市场主体决策的依据，亦是理论分析和政策调控重点关注的核心变量。明确人民币汇率预期的特征和形成机制有助于了解外汇市场参与者的市场情绪，以及人民币汇率预期形成的影响因素，为汇率预期管理的政策制定与具体实施提供一定的理论和经验指导。此外，香港离岸人民币市场自建立以来，交易规模不断提高，交易品种日益增多，虽然与在岸人民币市场在交易主体、政策监管和价格形成等方面存在诸多差异，但境内外人民币汇率联动关系日益加强。了解在岸与离岸人民币汇率预期之间的关系，有利于全面了解汇率预期形成的影响因素，为疏通离岸在岸市场预期引导渠道，加强两地的汇率预期管理互动，以及维持在岸离岸人民币汇率稳定提供指导。

　　本章将从三个方面就人民币汇率预期进行实证检验，明确人民币汇率预期特征、形成机制及与离岸人民币汇率预期的联动关系。具体地，首先，分别基于人民币远期汇率、远期汇率定价偏差和调查数据对汇率预期特征进行实证检验，了解汇率预期的波动特征和时变特征，明确远期汇率是否满足利率评价理论，明确汇率预期是否具有无偏性和正交性的理性预期特点。其次，在人民币汇率预期不具有理性预期特征的检验基础上，对回归预期、外推预期、适应性预期和套利预期四种主要的非理性预期形成机制进行理论分析和实证检验，明晰人民币汇率预期形成特点。最后，基于远期汇率定价偏差构建人民币兑美元汇率预期指数，实证检验在岸和离岸人民币汇率预期之间的关系，为加强境内外人民币汇率预期管理、有效引导市场形成合理的人民币汇率预期提出建议。

第一节 人民币汇率预期的特征检验

理解汇率预期的动态特征有助于了解市场情绪，为更加有效地开展汇率预期管理提供经验支持。本部分将从三个方面探讨并检验人民币汇率预期的动态特征。首先，采用远期汇率作为汇率预期的替代变量，通过 GARCH、TGARCH 和 EGARCH 模型分析汇率预期波动的时变特征和阶段性特征，检验汇率预期的波动集聚性，为判断市场情绪提供参考，并检验汇率预期的阶段性趋势，比较不同时期的汇率预期特征差异，为加强外汇市场的宏观审慎管理提供指导。其次，通过实证检验远期汇率定价偏差的信息含量，探讨不同期限远期汇率利率平价理论是否成立，并在理性预期假设下提取风险溢价相关信息。最后，基于调查数据进行汇率预期的无偏性和正交性检验，考察预测机构的汇率预期是否为理性预期。

一、人民币汇率预期的波动特征分析

2015 年 8 月 11 日中国再次对人民币汇率中间价形成机制进行市场化改革，随后于 2016 年将做市商报价参考依据调整为"前日收盘价 + 篮子货币"，并于 2017 年和 2018 年两次引入逆周期调节因子，对人民币汇率中间价形成机制进行调整。可见，自 2015 以来，中国不断深化人民币汇率形成机制改革，积极提高人民币汇率形成机制的市场化和规则化。此外，由于金融时间序列数据多呈现波动集聚性，较大波动之后仍会跟随大波动，具有异方差特征，因此，本部分将基于 GARCH、TGARCH 和 EGARCH 模型分析汇率预期波动特征，重点考察 2015 年"8·11 汇改"前后汇率预期波动的阶段性变化。

（一）数据选取与相关检验

本书使用到期期限为 1 月、3 月、6 月、9 月和 12 月的远期汇率作为汇率预期替代变量，样本区间为 2011 年 11 月 3 日到 2020 年 3 月 6 日，数据均来源于 wind 数据库。基于研究的稳健性和可信性考虑，在进行实证检验之前，对相关数据进行了描述性统计分析、平稳性检验和 ARCH 效应检验，具体结果见表 4-1、表 4-2、表 4-3。

首先，由图 4-1 可见，除 9 月期远期汇率①，其他数据的对数差分序列在 2015 年后的波动明显变大，且呈现波动集聚性特征，即波动性较强烈的时间往往比较集中，意味着以远期汇率为替代变量的汇率预期可能具有 ARCH 效应。其次，表 4-1 的描述性统计结果显示，1 月和 3 月期远期汇率的对数差分序列的偏度大于零，峰度显著大于 3，说明这两个序列呈现左偏、尖峰的分布特征；6 月、9 月和 12 月期远期汇率的差分序列的偏度小于零，峰度同样显著大于 3，说明这三个序列呈现左偏、尖峰的分布特征；整体上远期汇率的对数差分数据具有明显的"尖峰厚尾"特征。同时，J-B 统计量在 1% 的显著性水平下拒绝了原假设，即汇率预期序列不符合正态分布。最后，通过表 4-2 的单位根检验结果可知，各期远期汇率序列均为一阶差分平稳序列。根据均值方程残差的 ARCH 效应检验结果显示，所有序列均在 1% 的显著性水平下拒绝了原假设，即序列存在 ARCH 效应。因此，可以构建 GARCH 类模型进行汇率预期波动的阶段性特征分析。

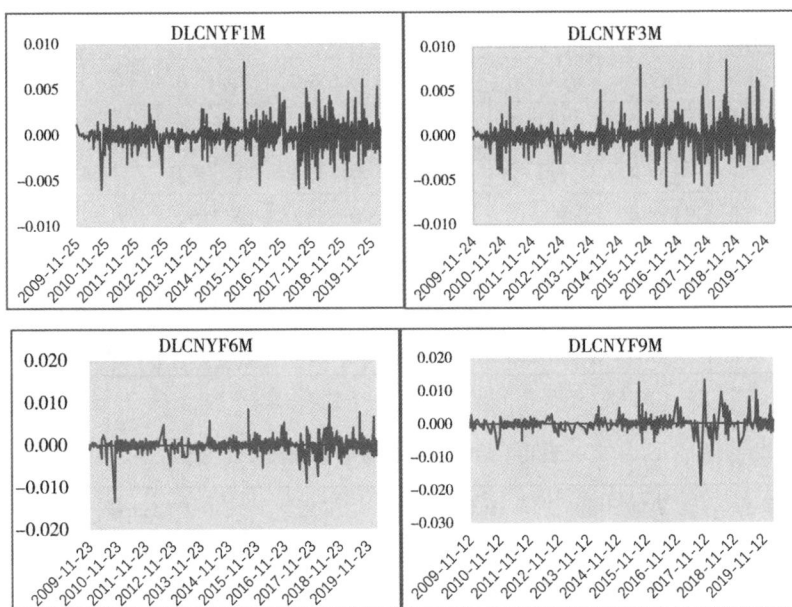

---

①相较于其他年份，2017—2019 年 9 月期远期汇率数据缺失较为严重。

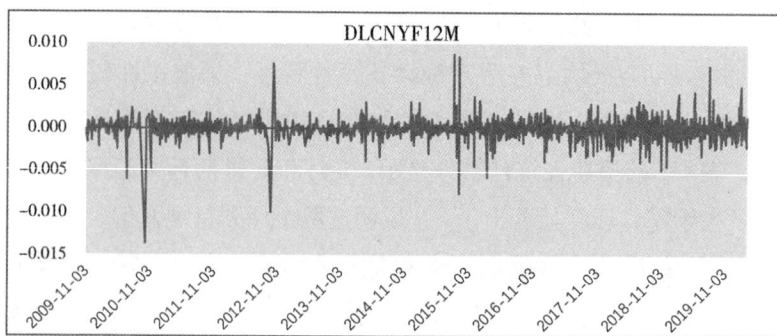

图 4-1 远期汇率的差分序列图

表 4-1 数据的描述性统计

变量	样本量	均值	标准差	偏度	峰度	J-B 统计量
CNYF1M	1 536	6. 522 6	0. 279 7	0. 367 5	2. 107 1	85. 590 2 ***
CNYF3M	138 5	6. 537 6	0. 277 5	0. 404 9	2. 129 9	81. 527 9 ***
CNYF6M	122 0	6. 550 2	0. 266 0	0. 464 4	2. 259 0	71. 770 3 ***
CNYF9M	892	6. 567 6	0. 256 5	0. 657 6	2. 515 0	73. 118 1 ***
CNYF12M	205 0	6. 592 7	0. 273 0	0. 237 6	1. 946 1	114. 174 ***
DLCNYF1M	153 5	0. 000 006	0. 001 1	0. 133 9	11. 534 0	4 662. 58 ***
DLCNYF3M	138 4	0. 000 01	0. 001 2	0. 583 0	12. 715 5	5 521. 64 ***
DLCNYF6M	121 9	0. 000 01	0. 001 3	− 0. 498 4	21. 382 7	17 610. 2 ***
DLCNYF9M	891	0. 000 02	0. 001 7	− 0. 210 0	32. 779 7	32 967. 08 ***
DLCNYF12M	204 9	0. 000 01	0. 001 1	− 0. 952 6	25. 166 7	42 260. 09 ***

表 4-2 ADF 单位根检验结果

变量	T 统计量	P 值	变量	T 统计量	P 值
CNYF1M	− 0. 861 7	0. 800 5	DLCNYF1M	− 38. 086 4	0. 000 0
CNYF3M	− 0. 923 2	0. 781 2	DLCNYF3M	− 35. 507 5	0. 000 0
CNYF6M	− 1. 011 8	0. 750 9	DLCNYF6M	− 33. 287 9	0. 000 0
CNYF9M	− 1. 102 6	0. 716 6	DLCNYF9M	− 30. 962 2	0. 000 0
CNYF12M	− 1. 008 0	0. 752 5	DLCNYF12M	− 47. 605 9	0. 000 1

表 4-3 ARCH 效应检验

变量	F 统计量	P 值	$Obs \cdot R^2$ 统计量	P 值
DLCNYF1M	63.651 7	0.000 0	61.190 8	0.000 0
DLCNYF3M	91.282 6	0.000 0	85.743 2	0.000 0
DLCNYF6M	28.266 2	0.000 0	27.669 0	0.000 0
DLCNYF9M	78.611 6	0.000 0	72.381 0	0.000 0
DLCNYF12M	66.899 7	0.000 0	64.843 8	0.000 0

（二）实证研究方法

（1）GARCH 模型

Engel 和 Bollerslev（1986）对 ARCH 模型进行了扩展，提出了如下的 GARCH（p, q）模型：

$$r_t = c_1 + \sum_{i=1}^{R} \varphi_i r_{t-i} + \sum_{j=1}^{M} \varphi_i \varepsilon_{t-j} + \varepsilon_t \quad (4.1)$$

$$\varepsilon_t = v_t h_t \quad (4.2)$$

$$h_t^2 = \alpha_0 + \sum_{i=1}^{p} \alpha_i h_{t-i}^2 + \sum_{i=1}^{q} \beta_i \varepsilon_{t-i}^2 \quad (4.3)$$

其中，r_t 表示收益序列；ε_t 为残差，其条件方差为 h_t，v_t 服从均值为 0、方差为 1 的独立同分布，h_t 和 v_t 相互独立。(4.2) 式为条件均值方差，(4.3) 式为条件方差方程，说明时间序列条件方差的变化特征。

（2）TGARCH 模型

Glosten 等（1993）对线性 GARCH 模型进行了简单的修改，提出了如下形式的 TGARCH（p, q）模型：

$$h_t^2 = \alpha_0 + \sum_{i=1}^{p} \alpha_i h_{t-i}^2 + \sum_{i=1}^{q} \beta_i \varepsilon_{t-i}^2 + \gamma \varepsilon_{t-1}^2 d_{t-1} \quad (4.4)$$

其中，d_{t-1} 为虚拟变量，当 $\varepsilon_{t-1} < 0$ 时，$d_{t-1} = 1$，残差 ε_{t-1} 对条件方差 h_t^2 的冲击效应为 $\alpha_1 + \gamma$；当 $\varepsilon_{t-1} > 0$ 时，$d_{t-1} = 0$，残差对 ε_{t-1} 对条件方差 h_t^2 的冲击效应为 α_1。在 TGARCH（1，1）的情况下，如果 $\beta_1 \geq 0$ 且 $\alpha_1 + \gamma \geq 0$，则非负条件成立。通过门限效应好消息和坏消息对条件方差会产生不同的效应。

（3）EGARCH 模型

GARCH 模型中的条件方差取决于残差值大小，与残差的正负没有关系。有的学者研究认为资产波动性与资产收益率存在负相关，即资产价格下跌与波动性高密切相关，反之亦然。为了分析好消息和坏消息的非对称影响，同时，不再受 GARCH 和 TGARCH 模型中方差为正、参数为正的限制，Nelson 和 Cao（1991）提出了如下形式的 EGARCH 模型：

$$\ln(h_t^2) = \alpha_0 + \sum_{i=1}^{p} \alpha_i \ln(h_{t-i}^2) + \sum_{i=1}^{q} \beta_i \left(\frac{|\varepsilon_{t-1}|}{\sqrt{h_{t-1}}} \right) + \lambda_1 \left(\frac{\varepsilon_{t-1}}{\sqrt{h_{t-1}}} \right) \qquad (4.5)$$

其中，$\frac{\varepsilon_{t-1}}{\sqrt{h_{t-1}}}$ 表示 ε_{t-1} 通过标准差进行了标准化处理。EGARCH 模型建立了指数形式的条件方差模型，可用于分析正负信息对波动性的不对称影响。

（三）实证检验与结果分析

虽然通过描述性统计分析和 ARCH 效应检验，各期远期汇率均呈现显著的 ARCH 效应，但通过图 4-1 显示，因数据缺失，9 月期远期汇率的波动集聚性特征相对较弱，1 月期和 3 月期波动相似。兼顾研究篇幅和工作量，本部分仅选择 1 月期、6 月和 12 月期的远期汇率作为短、中和长期汇率预期的代表进行模型估计，并根据各数据的自相关与偏自相关图形，以及 AIC 准则确定具体模型形式（p, q）。同时，为了比较分析 2015 年"8·11 汇改"对汇率预期波动产生的阶段性影响，本部分将以"8·11 汇改"为界进行分样本回归估计。

1. GARCH 模型估计

由表 4-4 GARCH 模型估计结果可得以下几点结论。首先，所有远期汇率序列的模型估计系数均显著，说明汇率预期波动确实存在明显的条件异方差，而且通过对方差方程进行残差 ARCH 效应检验显示，所有检验均在 1% 的显著性水平下接受原假设，即不存在残余 ARCH 效应。其次，从 GARCH 项和 ARCH 项系数之和，即 α_i 和 β_i 之和来看，2015 年"8·11 汇改"前，1 月期、6 月期和 12 月期远期汇率的（$\alpha_i + \beta_i$）值分别为 0.6595（0.2188 + 0.4407），0.9446（0.0676 + 0.8770）和 0.7954（α_1 不显著，无需相加，只有 β_1 的系数 0.7954），2015 年"8·11 汇改"后分别为 0.7123（0.3879 + 0.3244），0.6420（0.3761 + 0.2659）和 0.7436（0.5361 + 0.2075）。其中，

"8·11 汇改"前，6 月期的 GARCH 项和 ARCH 项系数之和接近于 1，说明 6 月期远期汇率波动具有持久性。而"8·11 汇改"后，6 月期远期汇率的波动持久性弱化较为明显，（$\alpha_i + \beta_i$）值减少了 0.3026，成为冲击后波动持续最短的汇率预期。相对地，12 月期的（$\alpha_i + \beta_i$）值仅缩小了 0.0518，汇率预期波动变化持续性与"8·11 汇改"前相差不大。不同于 6 月期和 12 月期的远期汇率，1 月期汇率预期的（α_i 和 β_i）之和在"8·11 汇改"后有所增加，但仍尚未接近于 1，即并不具备显著的汇率波动持久性。总体上，2015 年"8·11 汇改"后的各期远期汇率 $\alpha_i + \beta_i$ 值均未明显接近 1，说明条件方差面对冲击时反应并不能长久，汇率预期具有短期波动特征。

表 4-4　GARCH 模型的估计结果

	2015 年 8 月 11 日之前			2015 年 8 月 11 日之后		
	1M	6M	12M	1M	6M	12M
模型形式	(1,1)	(1,1)	(1,1)	(1,1)	(1,2)	(1,2)
α_0	0.000 0**	0.000 0***	0.000 0	0.000 0***	0.000 0**	0.000 0***
α_1	0.218 8***	0.067 6***	−0.018 4	0.387 9***	0.376 1***	0.536 1***
α_2	−	−	−	−	−	−
β_1	0.440 7**	0.877 0***	0.795 4***	0.324 4***	0.265 9**	0.207 5***
β_2	−	−	−	−	0.168 4	−
对数似然	4 526.584	3 399.228	5 293.283	3 993.456	3 111.236	5 964.32
AIC	−11.598 9	−10.920 3	−11.267 9	−10.570 7	−10.409 5	−10.741 2
DW	1.949 8	1.870 9	2.094 5	1.931 5	1.921 3	2.086 7
ARCH LM	0.002 3***	0.038 9***	0.006 12***	0.737 6***	0.031 8***	0.615 5***

注：***代表 1% 水平显著，**代表 5% 水平显著，*代表 10% 水平显著。

2. TGARCH 模型估计

通过 TGARCH 模型可以分析不同新息对条件方差的作用差异，并根据回归系数决定不对称效应是否存在。由表 4-5 的估计结果可知，首先，除 12 月期远期汇率（汇改前阶段）的残差平方项的估计结果不显著外，其他均显著为正，即 $\beta_1 \geqslant 0$，而且回归系数（$\alpha_1 + \gamma$）$\geqslant 0$，表明模型的非负设定成立。其次，同 GARCH 模型一样，所有残差的 ARCH 效应检验均在 1% 的显著性水平下接受原假设，即不存在残余 ARCH 效应。最后，从 γ 的回归系数看，

2015 年"8·11 汇改"前估计结果均显著为负，即存在门限效应。则当残差小于零时，虚拟变量为 1，1 月、3 月和 12 月期的残差 ε_{t-1} 对条件方差 h_t^2 的冲击效应分别为 0.3 777（0.5 000 − 0.1 223）、0.5 881（0.8 488 − 0.2 607）和 0.5 557（1.0 102 − 0.4 545）；当残差大于零时，虚拟变量为 0，各期的残差 ε_{t-1} 对条件方差 h_t^2 的冲击效应为 α_1，明显要大于残差为负时的冲击，表明正向冲击对汇率预期波动的影响要大于负向冲击的影响。也就是说，在间接标价法下，相较于人民币升值预期，"8·11 汇改"前人民币贬值预期冲击对汇率预期波动的影响效应更大。相对地，2015 年"8·11 汇改"后的 γ 回归系数虽为负但均不显著，即不存在显著的门限效应，说明该阶段人民币升贬值预期冲击对汇率预期波动的影响不存在显著的不对称性。

表 4-5　TGARCH 模型的估计结果

	2015 年 8 月 11 日之前			2015 年 8 月 11 日之后		
	1M	6M	12M	1M	6M	12M
模型形式	(1, 2)	(1, 1)	(1, 1)	(1, 1)	(1, 2)	(2, 1)
α_0	0.000 0***	0.000 0*	0.000 0***	0.000 0***	0.000 0***	0.000 0***
γ	− 0.122 3**	− 0.260 7**	− 0.454 5***	− 0.003 6	− 0.020 2	− 0.035 6
α_1	0.500 0***	0.848 8***	1.010 2***	0.360 7	0.371 8***	0.282 6***
α_2	−	−	−	−	−	0.202 1**
β_1	0.267 9***	0.263 3***	− 0.019 2	0.338 9***	0.277 9***	0.248 5***
β_2	−	−	−	−	0.169 3***	
对数似然	4 527.537	3 412.473	5 296.752	3 995.840	3 111.254	5 965.425
AIC	− 11.598 8	− 10.959 7	− 11.273 1	− 10.560 4	− 10.406 2	− 10.739 5
DW	1.949 8	1.870 9	2.094 5	1.850 2	1.921 3	2.086 7
ARCH LM	0.026 5***	0.011 2***	0.112 6***	0.801 4***	0.030 4***	0.332 4***

注：***代表 1% 水平显著，**代表 5% 水平显著，*代表 10% 水平显著。

3. EGARCH 模型估计

TGARCH 模型需要满足 $\beta_1 \geq 0$ 且（$\alpha_1 + \gamma \geq 0$）的非负条件，但模型并不能始终保证一定满足该条件。因此，通过引入残差标准化后的 EGARCH 模型进一步分析正负冲击的不对称特性。表 4-6 的估计结果显示，首先，EARCH 模型均在 1% 的显著性水平下接受没有 ARCH 效应的原假设，即不存在残余 ARCH 效应。其次，从 2015 年"8·11 汇改"前的回归结果看，λ 的估计系数均在 1% 的水平上显著为正，故存在新息的不对称影响。当 $\varepsilon_{t-1} < 0$ 时，各期的残差 ε_{t-1} 对条件方差 $\ln(h_t^2)$ 的冲击效应为 $(\beta_i - \lambda)$，而当 $\varepsilon_{t-1} > 0$ 时，各期的残差 ε_{t-1} 对条件方差 $\ln(h_t^2)$ 的冲击效应为 $(\beta_i + \lambda)$。因 λ 的回归系数显著大于零，故 $(\beta_i + \lambda) > (\beta_i - \lambda)$，表明正的新息冲击对汇率预期波动的影响更强烈，即在间接标价法下，此阶段人民币贬值预期冲击对汇率预期波动的影响更大，这显然佐证了 TGARCH 模型的估计结果。最后，与 TGARCH 模型估计结果相同，2015 年"8·11 汇改"后的 λ 回归系数均不显著，进一步证明该阶段人民币升贬值预期冲击对汇率预期波动不存在显著的不对称性影响。

表 4-6　EGARCH 模型的估计结果

	2015 年 8 月 11 日之前			2015 年 8 月 11 日之后		
	1M	6M	12M	1M	6M	12M
模型形式	(1, 2)	(1, 2)	(2, 1)	(1, 2)	(1, 1)	(1, 2)
α_0	−0.134 6***	17.535 8***	15.742 9***	10.376 9***	−4.098 0***	−0.219 8
α_1	0.989 2***	−0.251 9***	0.143 7***	0.262 8***	0.720 0***	0.986 2***
α_2			−0.219 9***			
β_1	0.331 4***	0.201 5***	0.911 6***	0.458 6***	0.578 0***	0.410 7***
β_2	0.360 3***	0.307 0*		0.269 5***		−0.366 9***
λ	0.021 2***	0.382 8***	0.148 6***	0.015 2	−0.009 5	0.005 0
对数似然	4 547.393	3 397.614	5 291.162	3 986.444	3 105.743	5 977.393
AIC	−11.647 1	−10.908 7	−11.259 1	−10.546 8	−10.391 1	−10.761 1
DW	1.949 8	1.871 0	2.094 5	1.931 5	1.921 3	2.086 7
ARCH LM	0.035 3***	0.026 0***	0.070 8***	0.095 8***	0.094 5***	0.222 0***

注：*** 代表 1% 水平显著，** 代表 5% 水平显著，* 代表 10% 水平显著。

综合上述实证检验结果可见，人民币汇率预期具有显著的 ARCH 效应，即呈现波动集聚性特征。除 1 月期远期汇率，面对新息冲击，2015 年"8·11 汇改"后汇率预期波动的持续性有所下降，且人民币升贬值冲击对汇率预期波动的不对称效应消失。这可能源于以下三个主要原因：一是 2015 年前市场主体长期持有强烈的汇率升值预期，从而使人民币汇率预期呈现出波动集聚性和持久性，并导致较小的人民币贬值预期可能会带来较大的影响；二是2015 年后人民币汇率形成机制改革不断深化，汇率形成更加市场化和透明性，一定程度上减弱了人民币汇率预期波动集聚性；三是 2015 年后全球经济不确定性增强，人民币兑美元汇率开始呈现双边震荡的波动特征，人民币汇率升值预期减弱，从而使汇率波动的持久性下降，同时导致升、贬值预期冲击的不对称效应消失。

二、基于远期汇率定价偏差的特征检验

在实际外汇交易中，市场交易者对未来汇率进行预期时，往往会将所面临的风险因素考虑进去，从而在远期汇率中得到最终体现。虽然多数研究显示发达经济体金融市场中的远期或期货定价偏差通常表现为方差为零的均值回归过程，即远期或期货定价基本合理（Yadave and Pope，1990，1994；Strickland and Xu，1990；Lim，1992）。但中国外汇市场起步较晚，汇率定价机制不够完善，远期汇率的理论价格和实际价格往往存在偏差（陈蓉和郑振龙，2009）。因此本部分将通过对远期汇率定价偏差的信息含量的检验，探讨不同期限远期汇率利率平价理论和理性预期是否成立。

（一）汇率定价偏差的理论分解

根据远期汇率决定理论和持有成本定价法，远期汇率和即期汇率存在如下关系：

$$G_t = S_t \mathrm{e}^{(r_d - r_f)(T-t)} \tag{4.6}$$

其中，S_t 代表 t 期直接标价法下的外币即期汇率，G_t 代表 t 期理论外币远期汇率；r_d 和 r_f 分别代表 $T-t$ 期间本币与外币的无风险利率。由（4.6）式可见，远期汇率的贴水或升水应与两国利率的差距相等，即满足利率平价理论，否则无风险套利就会发生，直到达到均衡状态。

所谓"汇率定价偏差"，即实际远期汇率和理论远期汇率之差，可被表示为

$$\begin{aligned} B_t &= \ln(F_t) - \ln(G_t) \\ &= \ln(F_t) - \ln(S_t) - (r_d - r_f)(T-t) \end{aligned} \tag{4.7}$$

其中，F_t 代表 t 期的实际远期汇率。由（4.7）式可见，若远期汇率满足利率平价理论，B_t 应该为零。

理论上，远期市场投机者需要合理的风险溢价作为自身承担风险的补偿。因此，只要远期汇率由市场自发决定，没有其他因素影响，那么即期汇率预期、远期汇率与预期风险溢价就存在下列关系：

$$\ln(E(S_t)) - \ln(F_t) = \rho_t(T - t) \tag{4.8}$$

如果市场是有效的，则

$$\ln(E(S_t)) = \ln(S_t) + \nu_t(T - t) \tag{4.9}$$

其中，ρ_t（$T - t$）为相应期限内的本外币汇率预期风险溢价；$\nu_t = (r_t - q_t) + \rho_t$；$q$ 代表相应期限内货币的连续复利收益率。

由（4.8）式和（4.9）式可得利率评价理论，即

$$\ln(F_t) = \ln(S_t) + (r_t - q_t)(T - t) \tag{4.10}$$

其中，r_t 和 q_t 是本外币无风险利率。如果外汇市场并非有效，那么当前的远期价格将无法满足（4.10）式的利率平价关系，从而将产生远期汇率定价偏差。但值得注意的是，我国央行自建立远期外汇市场以来，从未对远期汇率定价机制进行过干涉，始终秉持放任自由的精神，因此远期汇率仍由市场决定，远期交易者必会索求风险溢价补偿，因而（4.8）式依然成立。

由此，远期汇率定价偏差可以按照如下方式进行分解：

$$\begin{aligned}
B_t &= \ln(F_t) - \ln(S_t) - (r_d - r_f)(T - t) \\
&= \ln(E(S_T)) - \rho_t(T - t) - \ln(S_t) - (r_d - r_f)(T - t) \\
&= [\ln(E(S_T)) - \ln(S_t)] - [(r_d - r_f)(T - t) + \rho_t(T - t)]
\end{aligned} \tag{4.11}$$

通过分析（4.11）式不难发现以下三点。

第一，在直接标价法下，汇率定价偏差的本质是本币升贬值预期同外币预期收益之差。（4.11）式右边第一个方括号代表本币升贬值幅度预期，第二个方括号则代表作为资产的外币预期收益率。两者差异越小，定价偏差便越小。

第二，汇率预期和风险溢价之间存在一定关系。对于汇率预期 $[\ln(E(S_t)) - \ln(S_t)]$ 和外币资产的风险溢价率 ρ_t，给定二者中的任意一个，就可以通过（4.11）式从定价偏差信息量中分离出另外一个。

第三，有关汇率预期的形成机制。传统金融学理论的发展一般基于理性预期假说，然而其本质上是一个难以被证实或者证伪的无解命题。目前，针

对理性预期和非理性预期形成机制的研究始终是学界关注的焦点。（4.11）式右边第一个方括号内包含汇率预期信息，因此本部分将尝试探讨汇率预期偏差对汇率预期的影响。

（二）数据描述性分析

基于实证检验需要，以在岸市场美元兑人民币汇率为研究对象，因缺失 9 月期的美元无风险利率的代理指标 Libor 利率，无法测算 9 月期的远期汇率定价偏差，故仅选取 NDF 市场上到期期限为 1 周、1 月、3 月、6 月和 12 月的远期汇率用于测算汇率定价偏差。同时，人民币和美元无风险利率分别使用 Shibor 和 Libor 利率，样本区间为 2010 年 11 月 10 日—2020 年 3 月 6 日。所有数据均来自 wind 数据库，所有检验结果均通过 R 语言获得。为了顺利测算汇率定价偏差，所有变量均通过 R 语言剔除了时间不一致和缺失数据组。同时，由于样本区间段期间涉及 2015 年的"8·11 汇改"。因此，分别就"8·11 汇改"前后进行了分样本统计分析。

表 4-7　即期汇率与远期汇率的描述性统计

期限		样本量	均值	最大值	最小值	标准差
1. 美元兑人民币即期汇率（CNY）						
"8.11 汇"改前		286	6.3 729	6.6 745	6.0 412	0.1 566
"8.11 汇"改后		330	6.6 793	7.1 327	6.3 231	0.2 470
2. 美元兑人民币远期汇率						
1W	"8.11 汇"改前	286	6.3 744	6.6 717	6.0 434	0.1 551
	"8.11 汇"改后	330	6.6 817	7.1 475	6.3 260	0.2 461
1M	"8.11 汇"改前	286	6.3 762	6.6 648	6.0 494	0.1 488
	"8.11 汇"改后	330	6.6 888	7.1 508	6.3 365	0.2 438
3M	"8.11 汇"改前	286	6.3 783	6.6 510	6.0 570	0.1 337
	"8.11 汇"改后	330	6.7 042	7.1 583	6.3 525	0.2 382
6M	"8.11 汇"改前	286	6.3 748	6.6 225	6.0 678	0.1 115
	"8.11 汇"改后	330	6.7 231	7.1 662	6.3 928	0.2 313
12M	"8.11 汇"改前	286	6.3 729	6.5 779	6.0 822	0.0 893
	"8.11 汇"改后	330	6.7 563	7.1 837	6.3 778	0.2 222
3. 美元兑人民币汇率定价偏差						
1W	"8.11 汇"改前	286	− 0.0 689	− 0.0 270	− 0.1 704	0.0 273
	"8.11 汇"改后	330	− 0.0 314	− 0.0 083	− 0.0 464	0.0 105

期限		样本量	均值	最大值	最小值	标准差
1M	"8.11汇"改前	286	−0.3721	−0.1716	−0.6922	0.1085
	"8.11汇"改后	330	−0.1645	−0.0515	−0.2500	0.0587
3M	"8.11汇"改前	286	−1.0940	−0.6379	−1.5545	0.2412
	"8.11汇"改后	330	−0.4795	−0.1345	−0.7749	0.1713
6M	"8.11汇"改前	286	−2.0021	−1.2313	−2.4526	0.4045
	"8.11汇"改后	330	−0.9096	−0.3528	−1.4515	0.3073
12M	"8.11汇"改前	286	−3.7402	−2.2074	−4.4802	0.7312
	"8.11汇"改后	330	−1.7194	−0.9666	−2.5807	0.5033

表4-7为相关数据的描述性统计结果。首先，从即期和远期汇率的均值和标准差结果看，2015年"8·11汇改"后人民币汇率出现贬值，且波动幅度明显变大。其次，从不同期限的远期汇率定价偏差看，所有期限的汇率定价偏差均为负值，而且偏差幅度和偏差波动性随着期限的增加而扩大。如，2015年"8·11汇改"前，12月期的远期汇率定价偏差的均值和标准差分别为−3.7402和0.7312，而1周期的偏差仅为−0.0689和0.0273，该特征在汇改后同样十分明显。最后，对于同一期限的远期汇率定价偏差，汇改前的负向偏差均大于汇改后的负向偏差。如2015年"8·11汇改"后，6月期汇率定价的负向偏差均值为0.9096，比汇改前缩小了1.0925。同时，汇率定价偏差波动性也在汇改后呈现缩小特征。可见，2015年汇改对即期、远期与汇率定价偏差的水平值和波动性均产生了一定程度的影响。

（三）汇率定价偏差的信息量检验：利率平价关系是否成立？

理论分析表明，如果汇率定价偏差等于零，那么远期汇率将满足利率平价关系。大量国际研究表明，在多数发达国家金融市场上，汇率定价偏差多表现为均值为零的均值回归过程。换言之，在一个定价合理的外汇市场，定价偏差序列应当是平稳的。这为检验利率平价关系提供了思路。

图4-2显示了5个不同期限的银行间外汇市场美元兑人民币汇率定价偏差。由此图可见，首先，所有样本期内，美元兑人民币汇率定价偏差始终为负，但在2015年"8·11汇改"后，汇率定价偏差呈现渐小的变化趋势；其次，不同期限定价偏差动态具有相似性；最后，从相同时点的定价偏差绝对

值上看，12月、6月、3月、1月和1周的汇率定价偏差值依次递减，即到期期限越长的远期汇率定价偏差往往越大。

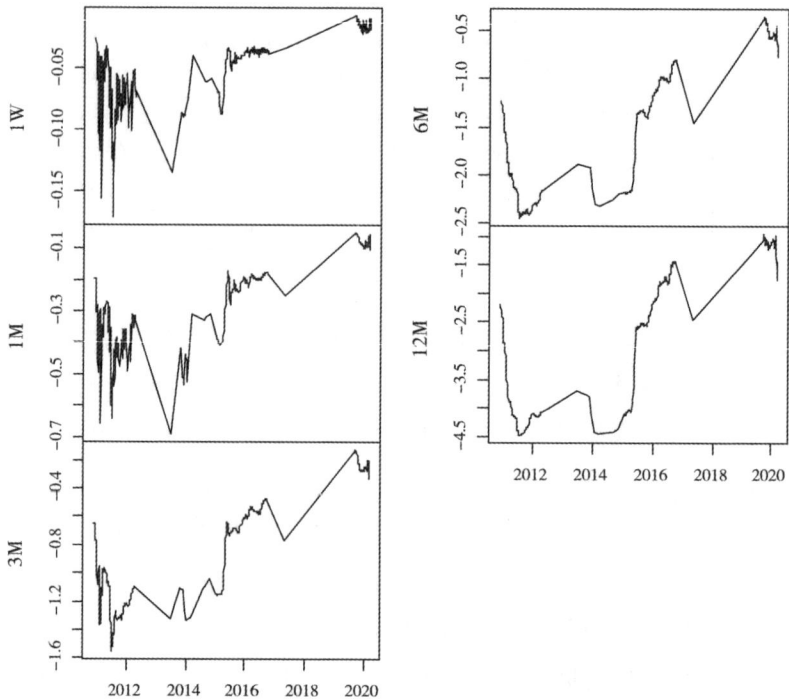

图4-2 在岸市场美元兑人民币汇率定价偏差

为确定利率平价关系是否成立，我们使用 Elliott 等（1996）发展的可行点最优检验（a feasible point optimal test）对五组不同期限远期汇率的定价偏差进行单位根检验。从表4-8来看，全样本下，1周期的远期汇率定价偏差在1%水平上是平稳的，1月期远期汇率定价偏差在5%水平上是平稳的，而更长期限的远期汇率定价偏差均是非平稳序列。说明银行间外汇市场在短期基本是有效的，即利率平价关系对于短期到期期限远期汇率是成立的；但对长期到期期限的远期汇率，利率平价不成立。而从分样本检验结果可看，2015年"8·11汇改"前检验结果与全样本的相似，但2015年"8·11汇改"后所有不同期限的远期汇率定价偏差均为非平稳系列，即人民币远期汇率不满足利率平价理论。这可能源于近年全球经济不确定性增加、中美经济政治关系有进一步恶化趋势、人民币汇率预期和美国资产收益率频繁变动。

表4-8 在岸市场美元兑人民币定价偏差单位根检验

变量	形式	检验统计量		
		全样本	2015.8.11 之前	2015.8.11 之后
1 周定价偏差 B_{1W}	（截距，趋势）	1.1810***	2.1732**	7.4991
1 月定价偏差 B_{1M}	（截距，趋势）	2.4886**	4.1807*	10.7725
3 月定价偏差 B_{3M}	（截距，趋势）	13.0523	15.4204	17.1124
6 月定价偏差 B_{6M}	（截距，趋势）	23.9640	35.3175	29.8046
12 月定价偏差 B_{12M}	（截距，趋势）	31.9020	45.1023	49.1768

注：***代表1%水平显著，**代表5%水平显著。

（四）汇率定价偏差的信息量检验二：理性预期与风险溢价

作为金融学领域研究的两大难题，预期和风险溢价都是不可观测的。规避类似问题的有益尝试是，假设市场预期是理性的，即 $E(S_T)$ 是未来真实汇率 S_T 的无偏估计。在理性预期假设下，可以用 $[\ln(S_T) - \ln(S_t)]$ 替代 $[\ln(E(S_T)) - \ln(S_t)]$，进而分离出风险溢价等重要信息。如果理性预期假设成立，则

$$\ln(S_T) = E(\ln(S_T)) + v_T \tag{4.12}$$

其中，v_T 为服从标准正态的随机扰动项。在理性预期下，定价偏差（4.7）式可变换为如下计量模型：

$$\ln(S_T) - \ln(S_t) = \beta_0 + \beta_1 E[\ln(F_t) - \ln(S_T)] + \mu_T \tag{4.13}$$

其中，β_1 考察了远期汇率 $\ln(F_t)$ 是否是实际汇率的无偏估计；β_0 反映了风险溢价中的不变部分；μ_T 表示可变风险溢价和随机扰动。

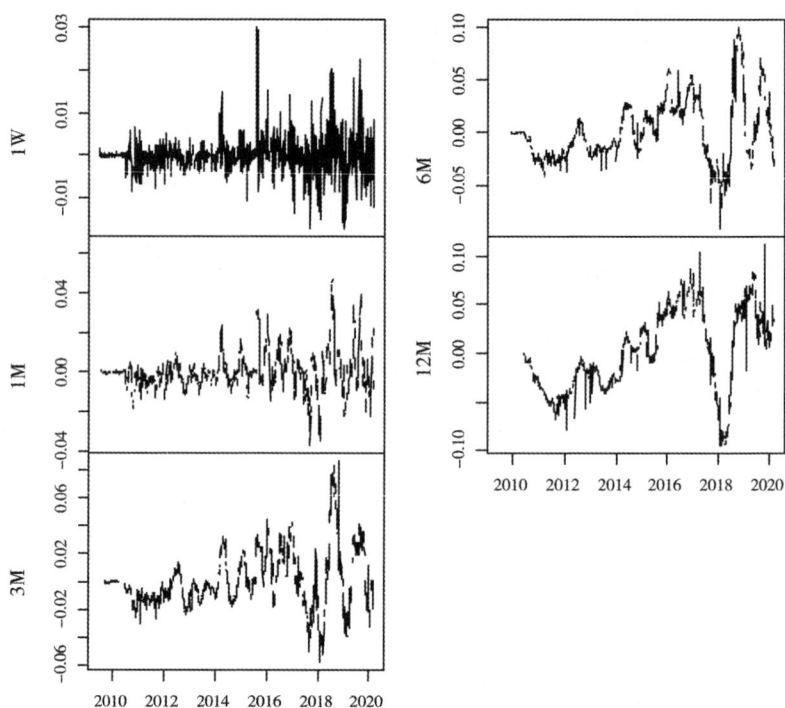

图4-3 在岸市场美元兑人民币汇率未来值与即期值之差 $[\ln(S_T) - \ln(S_t)]$

由图4-3显示了银行间外汇市场美元兑人民币未来值和即期值之差 $[\ln(S_T) - \ln(S_t)]$。不难发现，随着未来值与即期值时间间隔的变长，未来值与即期值之差的波动范围逐渐变大；2015年"8·11汇改"以来，银行间外汇市场上美元兑人民币未来值和即期值之差 $[\ln(S_T) - \ln(S_t)]$ 的波动显著增强；6个月和12个月美元兑人民币未来值和即期值之差的动态，存在明显相似的变化趋势。

表4-9　平稳性检验

	全样本		2015.8.11 之前		2015.8.11 之后	
	$\ln(S_T) - \ln(S_t)$	$\ln(F_t) - \ln(S_t)$	$\ln(S_T) - \ln(S_t)$	$\ln(F_t) - \ln(S_t)$	$\ln(S_T) - \ln(S_t)$	$\ln(F_t) - \ln(S_t)$
1W	0.0876***	0.1512***	4.8343	0.8319***	0.7151***	0.1836***
1M	0.2958***	5.6084	1.3725***	5.0429	0.8401***	1.7398***
3M	0.9776***	18.3379	8.12	29.3909	6.9556	1.6483***
6M	1.9518***	31.2772	12.0514	40.8832	5.5339	13.4977
12M	4.1793*	29.7667	98.9466	56.5908	9.1947	12.7579

注：***代表1%水平下显著，**代表5%水平下显著。

由表 4-9 平稳性检验结果可知，首先，全样本下，仅 1 周期的 [ln（S_T）－ln（St）] 和 [ln（Ft）－ln（St）] 在 1% 的显著性水平下拒绝了原假设，即数据是平稳序列，可以直接对（4.13）式进行回归；其次，子样本下，2015 年"8·11 汇改"前的数据短期期限的单位根一个显著一个不显著，长期期限的均不显著，因此无法直接进行回归检验；而"8·11 汇改"后的检验结果显示，只有 1 周和 1 月期的 [ln（S_T）－ln（St）] 和 [ln（Ft）－ln（St）] 在 1% 的显著性水平下拒绝了原假设，数据为平稳序列。这可能主要源于短期到期期限的人民币兑美元远期汇率可预见性更强，风险相对较小。此外，2015 年"8·11 汇改"后我国人民币汇率中间价形成机制更加市场化和透明化，提高了远期外汇市场运行效率，尤其是短期到期期限的远期交易。

基于数据平稳性的检验结果，选择 1 周和 1 月期的远期汇率对（4.13）式的进行回归检验，表 4-10 报告了美元兑人民币汇率未来值与即期值之差对远期汇率与即期值之差的回归结果。全样本和 2015 年"8·11 汇改"后样本的回归系数 β_1 在 1% 水平下显著，远期汇率对未来汇率预期有显著作用，但并不意味着 1 周和 1 月期远期汇率实现了无偏估计。无法说明在 1 周和 1 月期的人民币兑美元远期外汇市场不存在"远期汇率折价之谜"，

同时，全样本下的 1 月期远期汇率的常数项估计值在 1% 水平上显著为

负，即对美元资产稳定的风险溢价为负，说明1月期远期汇率预测未来即期汇率并非完全无偏，存在风险溢价。同时，回归的残差序列为均值为零的平稳序列，说明1月期美元资产的时变风险溢价较弱，不存在显著的时变风险溢价，主要体现为不变风险溢价，即系统性风险。相对地，1周期远期汇率和"8·11汇改"后的1周、1月期远期汇率的常数项系数不显著，即不变风险溢价不显著。可见，随着人民币汇率形成机制市场化改革的不断深化，以1周期为代表的短期远期汇率预测未来即期汇率的功能增强。即在1周和1月内的短期外汇市场上，人民币汇率的未来变化趋势可预测性较强，远期汇率作为未来汇率的替代变量是可以理解的。

表4-10 理性预期与风险溢价的回归结果

		1W	1M
全样本	β_0	− 0.0000 (− 0.202)	− 0.00095** (− 1.729)
	β_1	0.6810*** (3.163)	1.5605*** (5.121)
	调整 R^2	0.0155	0.0657
	F 统计量	10.01***	26.23***
	残差平稳性检验	0.3584***	0.5088***
	残差均值	0.0000	0.0000
2015.8.11 之前	β_0	− 0.0001 (− 0.697)	− 0.0023** (− 6.754)
	β_1	− 0.5190** (− 2.039)	0.7249*** (3.710)
	调整 R^2	0.01362	0.06872
	F 统计量	4.299**	13.77***
	残差平稳性检验	1.589***	0.6615***
	残差均值	0.0000	0.0000

2015. 8. 11 之后		1W	1M
	β_0	0.0005 (1.559)	0.0000 (−0.019)
	β_1	1.0387*** (3.175)	2.1800*** (3.127)
	调整 R^2	0.03208	0.04346
	F 统计量	10.08***	9.405***
	残差平稳性检验	0.3584***	1.2205***
	残差均值	0.0000	0.0000

注：括号内 t 统计量，***代表 1% 水平下显著，**代表 5% 水平下显著。

三、基于调查数据的人民币汇率预期特征检验

理性预期假设市场参与者能充分利用所拥有的新息进行合理预测。本部分将基于调查数据进行汇率预期的理性检验，主要包括无偏性和正交性检验。只有同时满足这两个特征才能证明预测机构的汇率预期是理性预期，若有一个特征未通过检验，则认为机构的汇率预期为非理性的。

（一）基于调查数据的研究优势[①]

在没有调查数据的情况下，研究人员如何检验金融市场相关特征，如汇率等市场价格的信息效率，或是预测偏误行为？对于这个问题，多数研究人员通常会使用即期价格 s_t 和相关远期或期货价格 f_t^{t+k} 进行研究。我们定义远期溢价可表示为

$$f_t - s_t = fp_t = \Delta s_{t+k}^e + \lambda_t \tag{4.14}$$

其中，即期汇率的预期变化 $\Delta s_{t+k}^e = s_{t+k}^e - s_t$，$s_{t+k}^e$ 为基于调查的即期汇率的"真实"主观预期。λ_t 为持有远期头寸的预期超额回报，即风险溢价。可见，远期溢价由即期汇率的预期变化和持有远期头寸的预期超额回报两部分构成。

在缺乏独立的汇率预期指标时，有效市场假说对理性预期和风险溢价进

---

① Macdonald R. Expectations Formation and Risk in Three Financial Markets：Surveying What the Surveys Say ［J］. Journal of Economic Surveys，2000，14（1）：69 – 100.

行联合假设检验，假设理性形成主观预期，风险溢价为零，或至少为常数 a_0。对于风险溢价为零的假设可以表示为

$$\Delta s_{t+k} = \Delta s^e_{t+k} - \eta_{t+k} , \Delta s^e_{t+k} = E[\Delta s_{t+k} \mid I_t] \qquad (4.15)$$

其中，I_t 代表信息集；而 η_{t+k} 是与信息集正交的随机预测误差。

假设 $\lambda_t = a_0$，表示不存在时变风险溢价，通常采用如下的回归方程进行联合假设检验：

$$\Delta s_{t+k} = a_0 + \beta_0 fp_t - \mu_{t+k} \qquad (4.16)$$

其中，μ_{t+k} 表示随机误差项。β_0 的概率极限的标准表达式为

$$\beta_0 = \frac{\text{Cov}(fp_t, \Delta s_{t+k})}{\text{Var}(fp_t)} \qquad (4.17)$$

然而，经验结果显示：β_0 的估计值并非显著为 1。存在两个可能的潜在原因：一是预期形成机制，学习过程的存在、"peso" 效应或仅仅是不合理的信息解读都有可能产生这一实证结果；二是风险溢价并非恒定，而是时变的，从而导致 β_0 的估计值小于 1，结合（4.15）式的理性预期形式，得到如下的概率极限表达式：

$$\beta_0 = \frac{\text{Cov}(s^e_{t+k} - s_t, fp_t) + \text{Cov}(\eta_{t+k}, fp_t)}{\text{Var}(fp_t)} \qquad (4.18)$$

其中，分子中的两个协方差反映了 β_0 不等于 1 的两个可能潜在原因。结合（4.14）式中的溢价项 λ_t，（4.18）式可以变形为

$$\beta_0 = 1 - \beta_\lambda - \beta_e \qquad (4.19)$$

其中：

$$\beta_\lambda = \frac{\text{Var}(\lambda_t) + \text{Cov}(\lambda_t, s^e_{t+k} - s_t)}{\text{Var}(fp_t)} \qquad (4.20)$$

$$\beta_e = \frac{\text{Cov}(\eta_{t+k}, s^e_{t+k} - s_t) + \text{Cov}(\eta_{t+k}, fp_t)}{\text{Var}(fp_t)} \qquad (4.21)$$

表达式（4.20）和（4.21）清楚地显示了通过调查数据获得独立预期值的好处，基于此，便可计算得到预期汇率变化和 λ_t 值。然而调查答复中的不完全同步以及仅基于部分市场参与者获取的预期均值，都会导致调查预期值与真实预期值 $\Delta \widetilde{s^e_{t+k}}$ 无法完全一致，因此假设调查汇率预期值等于真实预期值加上随机测量误差 φ_{j+k}，即

$$\Delta s_{t+k}^{e} = \Delta \widetilde{s_{t+k}^{e}} + \varphi_{j+k} \tag{4.22}$$

值得注意的是，尽管调查数据有助于（4.19）式的分解，但对于调查数据也存在部分争议。比如，部分经济学家认为代理人受实际交易影响，预期更多反映在实际市场价格中，即市场交易者提供的数据并不能准确描述他们的真实预期。对此，部分调查机构如伦敦共识经济（Consensus Economics of London）会发布预测者名单，基于名誉等目的，预测机构可能会提高预测真实性。此外，即使预测机构不能始终提供他们的真实预期，但调查数据仍被认为包含着具有一定研究价值的有用信息。

（二）数据选取与变量描述性分析

基于调查数据可能包含的有用新息，我们将采用民生银行研究院和北大国民经济研究中心的预测数据作为汇率预期的替代变量，样本区间为2009年9月到2020年3月，数据来源于wind数据库。同时选择流动性好、期限相对较长的1年期远期汇率进行比较分析。此外，以2015年"8·11汇改"为分界点，进行分样本检验。由图4-4可见，汇率预期序列和即期汇率基本呈现相似的走势。但从表4-11描述性统计结果看，预测机构的汇率预期序列的波动性要稍微大于即期汇率，最大值和最小值的绝对值都比即期汇率要大。

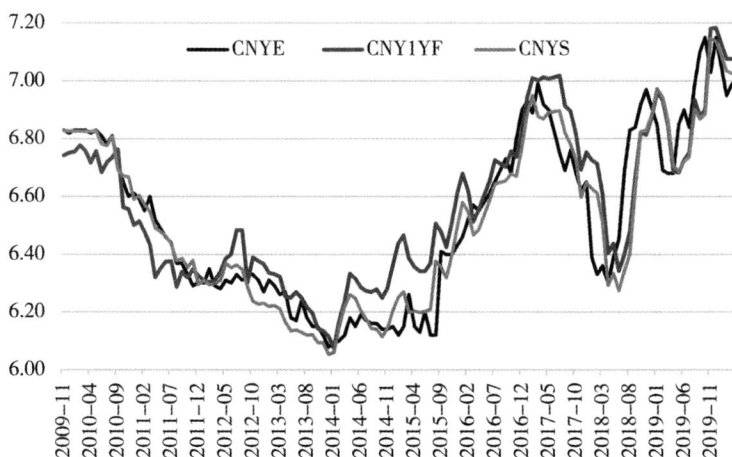

图4-4　美元兑人民币汇率预期与汇率即期序列走势图

（三）人民币汇率预期的无偏性检验

对预测机构预期汇率的无偏性假设进行正式而简单的检验，可以通过下面传统的汇率预期无偏性检验公式进行回归获得：

$$\ln(s_{t+1}) - \ln(s_t) = \alpha + \beta(\ln[E_t(s_{t+1})] - \ln(s_t)) + \varepsilon_{t+i} \qquad (4.23)$$

其中，$\ln(s_{t+1})$ 和 $\ln(s_t)$ 分别为 $t+1$ 时刻和 t 时刻的人民币兑美元即期汇率；$\ln[E_t(s_{t+1})]$ 表示预测机构的预期汇率；ε_{t+1} 代表随机误差项。

表 4-11　相关变量的描述性统计与平稳性检验

变量	CNYS	CNYE	CNY1YF	$\ln(s_{t+1})$ $-\ln(s_t)$	$\ln(E_t(s_{t+1}))$ $-\ln(s_t)$	$\ln(f_{t,t+1})$ $-\ln(s_t)$
均值	6.5060	6.5148	6.5521	0.0001	0.0007	0.0033
标准差	0.2857	0.2972	0.2637	0.0044	0.0083	0.0072
最大值	7.1452	7.1500	7.1830	0.0161	0.0321	0.0203
最小值	6.0539	6.0800	6.0758	-0.0149	-0.0199	-0.0154
偏度	0.2436	0.2585	0.4114	0.6668	-0.7877	-0.2054
峰度	1.8370	1.7970	2.1651	5.8617	5.9813	2.5742
ADF	-1.4320	-1.1110	-1.3676	-8.1855***	-5.4733***	-4.7572***

注：***代表 1% 水平下显著，**代表 5% 水平下显著。

表 4-11 报告了无偏性检验相关变量的描述性统计结果和单位根检验结果，不难发现，相较于远期汇率，预测机构的预期汇率与即期汇率之差的均值和标准差更大一些。同时，[$\ln(s_{t+1})$ $-\ln(s_t)$]、[$\ln(E_t(s_{t+1}))$] $-\ln(s_t)$、$\ln(f_{t,t+1})$ $-\ln(s_t)$ 序列的 ADF 检验均在 1% 的显著性水平下拒绝了原假设，即数据为平稳序列，可以直接进行式（4.23）的回归。

表 4-12　汇率预期无偏性检验的回归结果

	$\ln(E_t(s_{t+1}))$ $-\ln(s_t)$			$\ln(f_{t,t+1})$ $-\ln(s_t)$		
	全样本	2015.8 前	2015.8 后	全样本	2015.8 前	2015.8 后
α	-0.0001	-0.0004	0.0000	-0.0012***	-0.0008***	-0.0033***
β	0.2966***	0.0372	0.3196***	0.4016***	0.1846***	0.8422***
调整 R^2	0.3061	0.0019	0.4119	0.4210	0.2531	0.7753

续表

	ln $(E_t(s_{t+1}))$ $-$ ln (s_t)			ln $(f_{t,t+1})$ $-$ ln (s_t)		
	全样本	2015.8 前	2015.8 后	全样本	2015.8 前	2015.8 后
F 统计量	52.0565***	0.1288	34.3212***	85.8168***	22.7012***	169.0291***
联合检验：$\alpha=0$，且 $\beta=1$	147.697***	43.343***	81.230***	159.281***	259.798***	55.565***

注：***代表 1% 水平下显著。

如果式（4.23）的回归结果，能显著通过 $\alpha=0$，且 $\beta=1$ 的假设检验，则表示汇率预期是无偏的。表 4-12 报告了人民币即期汇率未来值与即期值之差对预期汇率与即期汇率之差的回归结果。结果显示，首先，从预测机构汇率预期数据的回归结果看，所有常数项的估计结果均不显著，2015 年 8 月前的模型拟合不显著，同时，在 1% 的显著性水平下拒绝了 $\alpha=0$，且 $\beta=1$ 的原假设，说明预测机构的预期汇率并非未来即期汇率的无偏估计，即预测机构无法提供准确、无偏的汇率预期数据。其次，从远期汇率作为汇率预期的回归结果看，全样本和 2015 年"8·11 汇改"前后样本的回归系数 β 在 1% 水平下显著，预期汇率包含关于未来汇率预期的重要作用。虽然 α 的估计结果接近于 0，但 β 的估计数值与 1 存在明显差距，且在 1% 的显著性水平下拒绝了 $\alpha=0$，且 $\beta=1$ 的原假设，说明远期汇率不是未来汇率的无偏估计，但远期汇率对未来汇率走势判断具有显著影响。尤其是在 2015 年"8·11 汇改"后，β 系数估计值由汇改前的 0.1846 增加到 0.8422，表明远期汇率对即期汇率的预测能力显著增强。最后，比较分析预测机构的预期汇率和远期汇率的回归系数，不难发现，无论是全样本，还是分样本，远期汇率 β 的估计值都明显大于预测机构的预期汇率，表明远期汇率作为未来即期汇率的有偏估计，所包含的信息更多，对未来汇率具有更强的预测能力。

风险溢价的存在被认为是远期汇率无偏检验不成立的重要原因。由式（4.14）可知，远期溢价由即期汇率的预期变化和风险溢价两部分构成，使用远期汇率作为未来即期汇率期望值的替代变量显然忽略了风险溢价的存在。作为拒绝无偏性假设的主要原因的风险溢价的存在，可以基于汇率预期变化

率（调查数据）进行下列回归进行检验，即

$$\ln(s_{t,t+1}^e) - \ln(s_t) = \alpha_1 + \beta_1 [(\ln(f_{t,t+1}) - \ln(s_t))] + \mu_t \quad (4.24)$$

其中，$\ln(s_{t,t+1}^e)$ 代表调查基础上未知的市场预期的代理变量的自然对数。这里用 $\ln(E_t(s_{t+1}))$ 代替进行回归检验。

表 4-13　风险溢价检验结果

	全样本	2015.8 前	2015.8 后
α_1	-0.0006	-0.0008	-0.0024
β_1	0.3835***	0.0368	1.0066***
调整 R^2	0.1101	0.0073	0.2746
F 统计量	14.6440***	0.4904	18.5475***
联合假设检验：$\alpha_1 = 0$，且 $\beta_1 = 1$	25.8057***	193.7505***	1.3862

注：***代表 1% 水平下显著。

表 4-13 报告了远期汇率风险溢价的检验结果，因 2015 年 8 月前的模型拟合不显著，仅对全样本和 2015 年 8 月后的回归结果进行分析。当采用预测机构的汇率预期作为市场未来的"真实"预期时，全样本下，远期汇率的风险溢价检验拒绝了 $\alpha_1 = 0$，且 $\beta_1 = 1$ 的原假设，即存在时变的风险溢价。但 2015 年 8 月后的回归检验却通过了 $\alpha_1 = 0$，且 $\beta_1 = 1$ 的原假设，说明并不存在显著的时变风险溢价。可见，在 2015 年"8·11 汇改"后，远期汇率无偏性假设不成立的原因并非时变风险溢价的存在，可能源于预期非理性。从整体结果来看，与已存在的调查数据研究的基本共识一样，远期汇率无偏性检验的失败可主要归因为非理性预期以及时变风险溢价的存在。

（四）人民币汇率预期的正交性检验

如果汇率预期误差与汇率预期的所有影响变量不相关，便可称为汇率预期满足正交性。有研究认为，误差正交性可以通过预测误差对其自身的滞后进行回归来检验，即

$$\ln(s_{t+1}) - \ln(E_t(s_{t+1})) = \alpha + \beta[\ln(s_t) - \ln(E_{t-1}(s_t))] + \varepsilon_t \quad (4.25)$$

同时，误差正交性检验还可以通过分析预测误差和远期贴水之间的关系进行检验，即

$$\ln(s_{t+1}) - \ln(E_t(s_{t+1})) = \alpha + \gamma[\ln(f_{t,t+1}) - \ln(s_t)] + \varepsilon_t \qquad (4.26)$$

为了兼顾影响汇率预期的多种因素，本部分将参考王轶群（2018）的研究方法，结合（4.25）式和（4.26）式，并引入信息变量：即期汇率变动 $[\ln(s_t) - \ln(s_{t-1})]$、即期汇率与均衡汇率的偏离 $[\ln(s_{t-1}) - \ln(\bar{s}_{t-1})]$[①]。使用即期汇率12个月的移动平均值作为均衡汇率 $\bar{s}_{t-1}$ 的替代变量。因此，建立如下的汇率预期正交性检验方程：

$$\ln(s_{t+1}) - \ln(E_t(s_{t+1})) = \alpha + \beta[\ln(s_t) - \ln(E_{t-1}(s_t))] + \gamma[\ln(f_{t,t+1})$$
$$- \ln(s_t)] + \delta[\ln(s_t) - \ln(s_{t-1})] + \theta[\ln(s_{t-1}) - \ln(\bar{s}_{t-1})] + \varepsilon_t \qquad (4.27)$$

如果回归结果 $\alpha = \beta = \gamma = \delta = \theta = 0$，则说明影响汇率预期的各因素不相关，即汇率预期具有正交性。因此可通过对估计系数进行联合假设检验，考察预测机构的汇率预期是否满足正交性。基于无偏性检验过程中，2015年8月前的子样本回归方程拟合不显著，本部分将仅对全样本进行回归分析。同时，为了便于比较分析，将依次递增待估系数。

表4-14的估计结果显示：首先，所有回归方程的常数项虽然接近于0，但均不显著。其次，在1%的显著性水平下，汇率预期误差的滞后项对其自身具有显著的正向影响，即期汇率变动以及即期汇率与均衡汇率的偏差同样对汇率预期误差产生了显著影响，但预测误差与远期贴水影响并非始终显著；最后，$\alpha = \beta = \gamma = \delta = \theta = 0$ 的联合假设检验没有通过，即相应的 F 统计量在1%的显著性水平上拒绝了原假设，说明预测机构的汇率预期不具有正交性，汇率预期会受到其他相关信息变量的影响。

通过无偏性和正交性的检验结果可知，预测机构做出的美元兑人民币的汇率预期不满足理性预期。这一结果和目前绝大多数研究成果一致，尤其是在发展中国家的实证检验中，多数检验结果均拒绝了汇率预期无偏和正交性假设，认为汇率预期形成具有非理性特征。

---

①因 $[\ln(s_t) - \ln(s_{t-1})]$ 与 $[\ln(s_t) - \ln(\bar{s}_t)]$ 具有强相关性，因此，采用即期汇率与均衡汇率偏离程度的滞后一期作为信息变量进行回归。

表 4-14　汇率预期正交性检验的回归结果

	（1）	（2）	（3）	（4）
α	0.0 002	0.0 008	0.0 000	0.0 003
β	0.6 299***	0.6 910***	0.8 662***	0.7 784***
γ	——	-0.2 106***	0.0 363	-0.0 950
δ	——	——	-0.7 132***	-0.7 803***
θ	——	——	——	-0.2 643***
调整 R^2	0.391 1	0.434 2	0.528 2	0.619 6
F 统计量	80.304 1***	47.576 5***	45.895 8***	49.688 1***
联合假设检验： $\alpha = \beta = \gamma$ $= \delta = \theta = 01$	40.812 0***	48.261 2***	46.415 2***	37.867 1***

第二节　人民币汇率预期形成机制及其检验

研究汇率预期管理，首先要明确汇率预期形成机制。一般认为，主要存在理性和非理性预期，但随着"理性预期"假设面临越来越多的挑战，有限理性基础上经济主体预期开始成为当前研究主流。基于基本面分析者、技术分析者和套利分析者三类市场参与者的不同，非理性预期主要包括回归预期、外推预期、适应性预期和套利预期四种形成机制。本节将基于汇率预期形成机制的理论分析，对各类汇率预期形成机制进行实证检验。

一、汇率预期的形成机制

（一）理性预期形成模型

美国经济学家 J. F. Muth 于 1961 年最先提出理性预期概念，随后卢卡斯、萨金特等人进行了深入拓展，逐渐形成理性预期学派。理性预期假设人们是理性的，可以最大限度地充分利用所获得的信息对某一经济现象进行最佳预测。即市场参与者基于自身所掌握的所有信息，通过最佳的经济模型得出关于某一经济变量的合理预测，且不会出现系统性错误，即使预期出现偏误，也会立即得到纠正。因此，基于预期是合乎理性和供求均衡的理论前提，理性预期下市场参与者对某一经济变量 S 的预期值会与实际值相一致，即该变量概率分布的主观期望值等于客观值，市场参与者预期不会犯系统性错误。假设某时间点 t，市场参与者 i 基于所有可获得的信息集 Ω_t 对 T 期即期汇率变量进行预期，根据理性预期假设下，存在如下等式：

$$E_{i,t}(S_T) = E_{i,t}(S_T \mid \Omega_t) = S_T \tag{4.28}$$

其中，S_T 代表 T 期观测到的即期汇率；$E_{i,t}(S_T)$ 为市场参与者 i 在 t 期对即期汇率 S_T 的预期值。令 $k = T - t$，表示预期间隔时间。

然而，值得注意的是，理论预期假设信息获取没有成本支出且无个体差别，但实际中往往需要花费一定的成本才能获得相应的信息，而且因市场参与者获取信息的能力存在差异，因此信息成本支出也会存在高低不同。一旦收集信息的边际成本超过边际收益时，理性的市场参与者就不会再继续收集信息，导致市场参与者因拥有的信息不同而产生预期差异。此外，理性预期要求市场参与者能利用自身所拥有的信息，通过最佳经济模型进行均衡调整和最佳预测，即满足预期无偏性和有效性，然而，现实经济很难满足理性预期的这些假设。因此，诸多学者开始对理性预期提出质疑，研究热点逐渐向有限理性基础上经济主体预期转变，即非理性预期开始成为汇率预期理论研究的新热点。

（二）基本面分析者的回归预期形成模型

基本面分析者通过对汇率交易产品的内在价值进行分析，认为价格是由价值所决定的，但价格会偏离价值，即汇率交易产品存在被高估或低估的可能。基本面分析者通过对决定内在价值和影响汇率波动的宏观经济形势、行业状况、公司经营状况等经济基本面进行分析，并基于购买力平价理论、利率平价理论和国际收支理论等进行价值评估，认为被高估的汇率交易产品价格会逐渐下降，而被低估的汇率交易产品价格会慢慢上升，最终都会回归到基本面汇率。

基本面分析者的回归预期关注的是基本面均衡汇率对预期的影响，假定预期会回归基本面，通过对实际汇率与基本面汇率的偏离调整来进行汇率预期。基本的回归预期形成模型可以表示为

$$E_{i,t}(S_T) - S_t = \beta(S_t^* - S_t) \qquad (4.29)$$

其中,S_t^* 为基本面汇率;β($0 \leqslant \beta \leqslant 1$)为回归系数,数值越大,说明即期汇率回复到基本面汇率的速度越快。若数值为负,则说明汇率预期不稳定,即期汇率将不会回归到基本面汇率。若 $\beta > 0$,$S_t^* > S_t$,基本面分析者将做出未来汇率上升的预期;若 $\beta > 0$,$S_t^* < S_t$,基本面分析者则会做出未来汇率下降的预期。

基本面分析能较全面地把握汇率长期变化趋势,应用相对规范和简单,具有提前性。当市场所有交易者只根据基本面进行分析,即市场只有基本面交易者时,回归预期可等价于理性预期。然而,基本面分析者无法获得汇率涨跌的变化时点,短期操作缺乏指导,此外,汇率并非完全遵从基本面变化而波动。因此,在外汇市场交易中,技术分析者、套利者等多种交易者并存,故回归预期只能属于有限理性预期。

(三)技术分析者的预期形成模型

1. 外推预期形成模型

如果说基本面分析解决了"购买什么"的问题,那么技术分析便主要用于解决"何时购买"的问题。技术分析假定所有信息都能反映在汇率波动中,且汇率波动存在趋势并会保持趋势惯性,同时认为历史会重现。因而技术分析者可以利用过去的变动信息推断未来的汇率变动,探寻汇率波动规律,从而进行交易活动。当预测汇率会贬值时,将进行卖出交易;当预测汇率会升值时,将进行买入交易。

技术分析者根据过去的汇率变动而形成的汇率预期为外推预期。外汇市场上的技术交易者利用外推预期进行汇率预测时,即依赖过去的汇率水平,又考虑了汇率变动所呈现出来的趋势或方向。基本的外推预期形成模型可以表示为

$$E_{i,t}(S_T) - S_t = \gamma(S_t - S_{t-1}) \qquad (4.30)$$

其中,S_{t-1} 代表($t-1$)期的即期汇率;γ 为外推系数,表示技术交易者对未来汇率变动趋势的预期。当 $0 < \gamma < 1$ 时,表明市场交易者预测未来汇率将继续保持过去的变动趋势,即过去汇率若呈现贬值(升值)状态,则预测未来汇率将会持续贬值(升值);当 $-1 < \gamma < 0$ 时,则表示市场交易者预期未来汇

率变动趋势会发生转变，不再延续过去的变动趋势，即持续贬值（升值）的汇率变动趋势很可能会发生升值（贬值）。

为了区分正向外推预期（动量预期）和负向外推预期（反转预期），将基本的外推预期形成模型变形为下列形式：

$$E_{i,t}(S_T) - S_t = \gamma_1 w^b (S_t - S_{t-1}) + \gamma_2 (1 - w^b)(S_t - S_{t-1}) \qquad (4.31)$$

其中，γ_1（$0 \leq \gamma_1 \leq 1$）和 γ_2（$-1 \leq \gamma_2 \leq 0$）分别表示正向外推系数和负向外推系数；w^b 表示技术分析者赋予正向外推预期的权重；（$1 - w^b$）则为技术分析者赋予负向外推预期的权重。通常，市场参与者的情绪会对正、负外推系数及相应的权重产生重要影响。因此，外推预期下的汇率预测会因技术交易者的市场情绪不同而产生差异。

2. 适应性预期形成模型

外推预期是技术分析者基于汇率历史走势而形成的预期，只包含过去的汇率水平和汇率变动趋势，并未考虑预期误差的影响。因此，Cagan（1956）提出了适应性预期，认为市场参与者以过去的预期为基础，根据过去的预期误差对未来的汇率预期进行修正，即根据过去的预期与实际值之间的差异调整形成汇率预期。适应性预期下，市场参与者对汇率变动规律具有不完全认知，虽无法获知实际汇率的理性预期均衡点，但可以通过过去的预测误差修正未来预期。因此，适应性预期相当于一个学习过程，可以基于不断获取的新信息形成对未来汇率变化的新预期，是一种反馈型的汇率预期形成机制。基本的适应性预期形成模型可以表示为

$$E_{i,t}(S_T) - E_{i,t-k}(S_t) = \delta(S_t - E_{i,t-k}(S_t)) \qquad (4.32)$$

其中，$E_{i,t-k}(S_t)$ 为市场参与者 i 在（$t-k$）期对即期汇率 S_t 的预期值；$[S_t - E_{i,t-k}(S_t)]$ 表示预期误差；δ 为修正因子（$\delta > 0$），代表市场参与者形成新预期过程中校正预期误差的速度，δ 越大，预期修正速度越快。当 $S_t > E_{i,t-k}(S_t)$ 时，市场参与者的新预期将向上调整，即提高新的汇率预期；当 $S_t < E_{i,t-k}(S_t)$ 时，则市场参与者的新预期将向下调整，即减小新的汇率预期。当 $\delta = 1$ 时，预期形成机制退化为静态预期，即 T 期的汇率预期值等于 t 期的观察到的即期汇率。

适应性预期与回归预期的形成理念相似，均是通过偏离程度调整未来预

期，但前者强调过去的预期误差，而后者则强调基本面汇率。此外，根据适应性预期形成模型，新的汇率预期由过去的汇率水平和过去的汇率预期所决定，而过去的汇率预期又由过去的信息所决定。显然，相较于汇率外推预期形成模型，适应性预期包含更多的信息量，市场参与者可利用更多的信息进行汇率预测和调整，更加切合实际。

（四）套利分析者的预期形成模型

在资本具有充分国际流动性的前提下，根据抛补利率平价理论与无抛补利率平价理论可知，如果本国利率高于外国利率，预期本币将会贬值，反之，则升值。市场参与者通过套利交易可以获取利差，甚至获取汇差收益。套利分析者的预期形成模型可以表示为

$$E_{i,t}(S_T) - S_t = \varphi(i_t - i_t^*) \tag{4.33}$$

其中，i_t 和 i_t^* 分别代表 t 期本国和外国利率水平；φ 代表市场参与者遵循的原则，当 $\varphi > 0$ 时，汇率预期遵循无抛补利率平价，当 $\varphi < 0$ 时，市场参与者将按照套利原则进行交易，汇率预期不再遵循无抛补利率平价。

（五）汇率预期形成机制的比较

理性预期假定市场参与主体为理性人，具有追求利益最大化的欲望和能力，不仅为预期形成研究提供了新方向，还通过完备的概率分布引入预期变量。同时，理性预期理论在信息处理方面避免了预期形成的随意性，汇率预期是市场参与者最大限度地充分利用所获得的信息对某一经济现象进行的最佳预测，信息不会浪费也不会产生差异。然而，现实却无法满足理性预期的诸多假设，并非所有的市场参与者都有能力获取所有信息，并正确解读。因此，相较于理性预期，有限理性下的预期形成机制更切合实际。

回归预期强调基本面汇率对预期的影响，假定基本面分析者会根据即期汇率与基本面汇率的偏差进行预期修正，这是基于均衡长期回归理念的预期形成机制。然而，由宏观经济决定的基本面汇率很难被准确估算，不同市场参与者对宏观经济基本面的认知差异会导致长期均衡汇率估测有所不同，最终影响回归预期结果。

基于基本面分析的缺点，技术分析者依赖历史数据和变化趋势进行汇率预期，形成了外推预期和适应性预期形成机制。外推预期依赖过去的汇率水平，以及汇率变动趋势，但并未考虑预期误差的影响。因此，Cagan（1956）

提出了适应性预期，认为市场参与者是根据过去的预期误差修正形成新的汇率预期，适应性预期理论简单，包含更多的信息量，并且统计估计方便易行。但与外推预期一样，适应性预期同样只依靠过去信息形成预期，并未考虑当前新信息对预期形成的影响。

而套利交易者的预期形成机制基于过去的即期汇率水平，仅考虑了国内外利差对汇率预期的影响，既没有考虑利率外的其他宏观经济基本面的影响，也没有关注过去的汇率波动趋势与汇率预期误差。

表 4-15　各类汇率预期形成机制的比较

	优点	不足
理性预期	预期不会出现系统性错误	假设过于理想，缺乏现实性
回归预期	强调汇率预期向长期均衡汇率回归	基本面汇率估算差异大
外推预期	考虑了过去汇率水平和波动趋势	过于依赖市场状态
适应性预期	理论简单，包含信息量相对较多，系数估计方便易行	仅考虑过去信息，忽略新信息的影响
套利预期	理论简明	信息含量过少

二、人民币汇率预期形成机制检验

通过第一节人民币汇率预期特征检验可知，无论是以远期汇率作为汇率预期的替代变量，还是使用预测机构的汇率预期数据，都不满足理性预期假设的条件。因此，本节采用包含更多未来即期汇率信息的美元兑人民币远期汇率作为预期汇率，对回归预期、外推预期、适应性预期和套利预期等非理性预期模型进行实证检验，探讨人民币汇率预期的形成机制。

所有实证检验中的预期汇率均采用 1 月期和 12 月期的美元兑人民币远期汇率作为替代变量。通过 R 语言剔除远期汇率和即期汇率彼此缺失的数据，将样本区间统一为 2010 年 1 月 29 日到 2020 年 3 月 9 日，样本量为 1 392。除全样本检验外，将以 2015 年 8 月 11 日为分界点，分别就样本 1（2010.1.29—2015.8.11）和样本 2（2015.8.12—2020.3.9）进行分段回归，考察"8·11 汇改"对汇率预期形成机制的影响。所有数据均来自 wind 数据库。

（一）人民币汇率预期形成机制检验

1. 回归预期模型检验

回归预期模型关注的是基本面均衡汇率对预期的影响，假定预期最终会回归基本面，通过对实际汇率与基本面汇率的偏离调整来进行汇率预期。根据式（4.29）构建如下回归预期的计量模型：

$$\ln(E_t(S_{t+1})) - \ln(S_t) = \alpha + \beta[\ln(S_t^*) - \ln(S_t)] + \varepsilon_t \qquad (4.34)$$

其中，S_t^* 为基本面均衡汇率；β（$0 \leq \beta \leq 1$）为回归系数，数值越大，说明即期汇率回复到基本面汇率的速度越快。若数值为负，则说明汇率预期不稳定，即期汇率将不会回归到基本面汇率。基本面均衡汇率 S_t^* 采用即期汇率 90 天的移动平均值作为代理变量。

表 4-16 人民币汇率回归预期模型的估计结果

	1 月期远期汇率			12 月远期汇率		
	全样本	子样本 1	子样本 2	全样本	子样本 1	子样本 2
α	0.0005 ***	0.0005 ***	0.0005 ***	0.0028 ***	0.0024 ***	0.0042 ***
β	0.0102 ***	0.0580 ***	− 0.0036	0.1707 ***	0.7370 ***	− 0.0173
调整 R^2	0.1148	0.1571	0.1034	0.1605	0.2836	0.1003
F 统计量	21.0180 ***	118.5387 ***	2.5925	89.5539 ***	251.7167 ***	2.2783

注：** 代表 1% 水平显著，* 代表 5% 水平显著。

由表 4-16 的回归结果可知，首先，从全样本看，无论是 1 月期还是 12 月期远期汇率，β 系数的估计结果均显著大于零小于 1，说明人民币即期汇率会向均衡汇率回复，汇率预期稳定。其次，从分样本回归结果看，β 系数在子样本 1 下的估计结果均显著大于零小于 1，说明 2015 年"8·11 汇改"前人民币汇率预期稳定，即期汇率会向均衡汇率回复；但在子样本 2 下的估计结果却为负且不显著，说明 2015 年"8·11 汇改"后人民币汇率预期不稳定，即期汇率并没有向均衡汇率回复。这一结果与当时的人民币汇率波动相符，2014 年末之前，美元兑人民币汇率已连续近十年下行，市场形成了长期的人民币升值预期，汇率预期相对稳定。然而，2014 年末之后，受国际经济形势、国内汇率政策改革等影响，美元兑人民币汇率开始呈现双边震荡、螺旋式上行的趋势，人民币开始贬值，汇率波动明显变大，汇率预期波动也随之增加（见表 4-7）。最后，值得注意的是，无论是在全样本还是子样本下，以 12 月期远期汇率作为预期汇率的 β 系数更大，说明在 12 个月的汇率预期水平下，人民币汇率向基本面汇率回复速度更快。这可能主要源于市场交易者很难在短期内确定基本面均衡汇率，导致无法快速通过对实际汇率与基本面汇率的偏离调整形成准确的汇率预期。

综上可见，2015 年"8·11 汇改"前，人民币汇率预期符合回归预期形成机制，即市场交易者可以通过对实际汇率与基本面汇率的偏离调整形成汇率预期。但 2015 年"8·11 汇改"后，人民币汇率预期不符合回归预期形成机制，市场交易者无法通过对实际汇率与基本面汇率的偏离调整形成汇率预期。同时，较长期的汇率预期更符合回归预期形成机制。

2. 外推预期模型检验

外推预期是市场交易者根据过去的汇率变动形成汇率预期。汇率预期既依赖过去的汇率水平，又将汇率变动所呈现出来的趋势或方向考虑在内。基于外推汇率预期模型构建如下的回归方程：

$$\ln(E_t(S_{t+1})) - \ln(S_t) = \alpha + \gamma[\ln(S_t) - \ln(S_{t-1})] + \varepsilon_t \qquad (4.35)$$

其中，γ 为外推系数，表示交易者对未来汇率变动趋势的预期。若 γ 系数为正，说明市场预期人民币汇率将保持当前变动趋势；若 γ 系数为负，说明市场预期人民币汇率变动趋势将发生逆转。

表 4-17　人民币汇率外推预期模型的估计结果

	1 月期远期汇率			12 月远期汇率		
	全样本	子样本 1	子样本 2	全样本	子样本 1	子样本 2
α	0.0005 ***	0.0004 ***	0.0005 ***	0.0029 ***	0.0015 ***	0.0042 ***
γ	0.9499 ***	1.0126 ***	0.9235 ***	1.1194 ***	1.5237 ***	0.9135 ***
调整 R^2	0.7180	0.5639	0.8199	0.0490	0.0330	0.1392
F 统计量	3536.459 ***	821.2456 ***	3422.264 ***	71.5350 ***	21.7324 ***	121.6535 ***

注：*** 代表 1% 水平下显著。

表4-17 的估计结果显示：首先，无论是在全样本下还是子样本下，无论是1月期远期汇率还是12月远期汇率作为预期汇率，所有方程的回归系数均在1%的水平下显著，说明人民币汇率预期符合外推预期形成机制，即市场交易者对未来人民币汇率进行预测时考虑了过去的汇率变动趋势；其次，所有回归的 γ 系数均显著大于零，说明市场交易者预期未来美元兑人民币汇率将继续保持过去的变动趋势，即汇率变动在预期期限内将保持连续性，如果过去美元兑人民币汇率呈现下行趋势，则市场交易者会形成未来人民币持续升值的预期，最后，从1月期和12月远期汇率回归方程拟合情况看，在1个月的汇率预期水平下，方程拟合程度更好，市场交易者形成预期时可能会更依赖于过去的汇率变动趋势，即较短期的汇率预期更符合外推预期形成机制。但值得注意的是，各方程 γ 系数的估计值较大，几乎接近于1，甚至在子样本1下的估计值已超过1，表明人民币即期汇率变动对预期具有重要影响，尤其是在2015年"8·11汇改"前，市场交易者过分强调汇率变动趋势的持久性，很可能会形成加剧外汇市场不稳定的"攀比"效应（bandwagon effect）。

综上可见，在2015年"8·11汇改"前后，过去的人民币汇率变动都是影响市场预期的重要因素，人民币汇率预期符合外推预期形成机制，尤其是较短期的汇率预期。

3. 适应性预期模型检验

适应性预期是一种反馈型的汇率预期形成机制，基于不断获取的新信息形成对未来汇率变化的新预期。与回归预期形成理念相似，适应性预期同样根据偏差调整形成对未来汇率的预期。但不同于强调基本面均衡汇率的回归预期，适应性预期根据对过去的预期误差调整形成汇率预期。基于适应性预期模型构建如下的回归方程：

$$\ln(E_t(S_{t+1})) - \ln(E_{t-1}(S_t)) = \alpha + \delta[\ln(S_t) - \ln(E_{t-1}(S_t))] + \varepsilon_t \quad (4.36)$$

其中，δ 为修正因子（$\delta > 0$），代表市场参与者形成新预期过程中校正预期误差的速度，数值越大，表明预期修正速度越快。

表4-18　人民币汇率适应性预期模型的估计结果

	1 月期远期汇率			12 月远期汇率		
	全样本	子样本 1	子样本 2	全样本	子样本 1	子样本 2
α	0.0003***	0.0002***	0.0004***	0.0001***	0.0000	0.0008***
δ	0.7683***	0.6050***	0.8589***	0.0400***	0.0114***	0.1821***
调整 R^2	0.7257	0.5420	0.8314	0.0302	0.0058	0.1673
F 统计量	3675.680***	751.471***	3707.371***	43.301***	3.707*	11.1388***

注：***代表1%水平下显著，**代表5%水平下显著，*代表10%水平下显著。

表4-18 中的回归结果显示：首先，无论是在全样本下还是子样本下，无论是 1 月期远期汇率还是 12 月远期汇率作为预期汇率，所有方程的回归系数均在 1% 的水平下显著为正，说明汇率预期具有适应性预期特点，即市场交易者根据过去的预期误差调整形成人民币汇率预期，当实际即期汇率大于预期汇率时，市场交易者将形成更高的人民币升值预期，当实际即期汇率小于预期汇率时，市场交易者将向下调整人民币升值预期；其次，无论是 1 月期远期汇率还是 12 月远期汇率作为预期汇率，2015 年"8·11 汇改"后的 δ 估计值均大于汇改前的估计值，即"8·11 汇改"后的预期修正速度更快，表明人民币汇率形成机制市场化改革有利于汇率预期修正；最后，从回归方程拟合情况看，在 1 个月的汇率预期水平下，方程拟合更加显著，即较短期的汇率预期更具有适应性预期形成机制特点。

4. 套利交易者的预期模型检验

根据汇率定价偏差的信息量检验结果，在 1% 的显著性水平下，1 月期远期汇率和 12 月远期汇率均不满足利率平价理论，即市场交易者将按照套利原则进行外汇交易。为了进一步检验该实证结果，我们将基于套利交易的汇率预期模型建立如下的回归模型：

$$\ln(E_t(S_{t+1})) - \ln(S_t) = \alpha + \varphi(i_t - i_t^*) + \varepsilon_t \quad (4.37)$$

其中，i_t 和 i_t^* 分别代表 t 期本国和美国利率水平，分别采用相应期限的 shibor 和 libor 作为代理变量。

表4-19 套利交易者的汇率预期模型的估计结果

	1 月期远期汇率			12 月远期汇率		
	全样本	子样本 1	子样本 2	全样本	子样本 1	子样本 2
α	0.0006***	0.0048**	0.0002***	0.0069***	0.0247***	0.0016**
φ	0.0005***	0.0043***	0.0020***	−0.0363***	−0.0359***	−0.0387***
调整 R^2	0.0243	0.1274	0.2887	0.2026	0.1641	0.7647
F 统计量	32.811***	88.469***	288.184***	30.07***	41.472*	2306.975***

注:***代表 1% 水平下显著,**代表 5% 水平下显著,*代表 10% 水平下显著。

表4-19 中的回归结果显示:在 1 月的远期汇率水平下,无论是在全样本下还是子样本下,套利系数均显著为正,说明汇率预期遵循无抛补利率平价,但在 12 月的远期汇率水平下,套利系数均显著为负,说明市场参与者进行汇率预期时会考虑套利规则,即套利交易影响汇率预期,无抛补利率平价理论不成立。这一结果基本与远期定价偏差信息检验的结果一致,即短期远期利率符合无抛补利率平价理论,但长期汇率预期会受套利交易影响,不再遵循无抛补利率平价理论。

5. 混合预期模型检验

基于上述实证检验结果可知,在全样本下,包含更多未来汇率信息的 1 月期远汇率具有显著的回归预期、外推预期、适应性预期和套利预期形成机制特点,这可能主要源于市场交易者异质。为了降低因某类模型缺失而导致的估计误差,假定市场参与者会同时采用基本面分析、技术分析和套利分析对未来人民币汇率进行预期,综合三种类型的汇率预期模型①,建立如下形式的混合预期回归模型:

$$\ln(E_t(S_{t+1})) - \ln(S_t) = \alpha + \beta[\ln(S_t^*) - \ln(S_t)] + \gamma[\ln(S_t) - \ln(S_{t-1})]$$
$$+ \varphi(i_t - i_t^*) + \varepsilon_t \tag{4.38}$$

通过前面实证检验结果,不难发现 12 月期远期汇率的回归方程拟合结果有时会不显著,因此,混合预期模型仅对采用 1 月期远期汇率作为预期汇率

①因适应性预期被解释变量有所差异,技术分析者的汇率预期形成模型选择外推预期。

进行回归检验，估计结果如表 4-20 所示。从实证检验结果看，在不同时期，估计结果存在明显差异。首先，从套利系数看，无论是全样本还是子样本回归，套利系数均显著为正，说明短期内无抛补利率平价理论成立，这与前面单独的套利预期模型检验结果一致。其次，从回归系数看，在子样本 1 的回归结果中，β 系数的估计值显著为正，说明 2015 年"8·11 汇改"前人民币汇率预期稳定，即期汇率会向均衡汇率回复；但在子样本 2 下的估计结果却为负且不显著，说明 2015 年"8·11 汇改"后人民币汇率预期不稳定，即期汇率并没有向均衡汇率回复。这一结果与前面单独的回归预期模型检验结果基本一致。最后，从外推系数看，在全样本和子样本 2 下外推系数 γ 的估计值均显著为负，说明市场预期人民币汇率变动趋势将发生逆转。

但值得注意的是，子样本 1 下的外推系数 γ 的估计值并不显著，即 2015 年"8·11 汇改"前的人民币汇率预期并不符合负向外推预期，即反转预期。而 2015 年"8·11 汇改"后人民币汇率预期呈现负向外推预期特征，这也符合对应时期的人民币汇率变化趋势。2014 年末之前，美元兑人民币汇率已连续近 10 年下行，市场形成了长期的人民币升值预期，汇率预期很难发生反转。然而，2015 年后，受国际经济不确定性、美国货币政策和国内汇率制度改革等因素的影响，美元兑人民币汇率开始呈现双边震荡、螺旋式上行的趋势，人民币开始贬值，汇率波动明显变大，汇率由升值预期反转为贬值预期的可能性增强。可见，混合回归的 γ 估计值显著不同于单独的外推预期模型检验结果，这很可能是因为缺少基本面分析者的回归预期或技术分析者的适应性预期而导致的估计误差。

综上可见，在市场交易者异质性的作用下，短期汇率预期满足无抛补利率平价理论，在 2015 年"8·11 汇改"前，人民币汇率预期符合回归预期形成机制，即市场交易者可以通过对实际汇率与基本面汇率的偏离调整形成汇率预期。而在 2015 年"8·11 汇改"后，人民币汇率预期符合外推预期形成机制，且呈现负向外推预期特征，即市场主体预期人民币汇率变动趋势将发生逆转。值得注意的是，因混合模型中未考虑适应性预期，但不能否认适应性预期作用机制对汇率预期的影响，基于单独的适应性预期的估计结果，我们认为短期汇率预期在 2015 年"8·11 汇改"前后均具有适应性预期特点，汇率预期是一种学习反馈的过程，即市场交易者会根据过去的预期误差调整形成人民币汇率预期。

表 4-20　套利交易者的汇率预期模型的估计结果

	1 月期远期汇率		
	全样本	子样本 1	子样本 2
α	0.0006***	−0.0034***	0.0004***
β	0.0133***	0.0487***	−0.0038
γ	−0.0486***	−0.0046	−0.0747***
φ	0.0005***	0.0033***	0.0020***
调整 R^2	0.1554	0.2366	0.3238
F 统计量	25.7068***	62.216***	113.024***

注:***代表 1% 水平下显著。

第三节　在岸与离岸人民币汇率预期的互动关系检验

虽然在岸人民币(CNY)与离岸人民币(CNH)市场在交易主体、政策监管和价格形成等方面存在诸多差异,但随着境内外人民币外汇市场的不断发展,境内外人民币汇率联动关系日益加强。许多学者也从实证方面多角度验证了CNY 和 CNH 联动关系的存在(Funke and Gronwald,2008;伍戈和裴诚,2012;李标等,2015;朱孟楠和张雪鹿,2015)。但针对在岸和离岸人民币汇率预期联动关系的研究却并不多。张笑梅和郭凯(2018)基于向量误差修正模型研究显示,CNY 和 CNH 汇率预期之间的互动关系显著,且在 2014 年"3.17 汇改"和 2015 年"8·11 汇改"前后发生了显著变化。

自 2012 年以来,中国货币当局数次对人民币汇率形成机制进行市场化改革,并逐渐重视汇率预期管理。基于在岸和离岸人民币外汇市场之间的联动关系,央行通过加强两地的汇率预期管理互动,疏通离岸和在岸市场预期引导渠道,对于维持在岸和离岸人民币汇率稳定至关重要。因此,本节将参考郭凯和张笑梅(2014)、张笑梅和郭凯(2018)的研究,通过远期汇率定价偏差构建人民币兑美元汇率预期指数,实证检验 CNY 和 CNH 汇率预期之间的关系。

一、汇率预期指数构建与数据选择

1. 汇率预期指数构建

汇率预期中通常包含投资者对风险因素的考虑，通过远期汇率定价偏差的理论分析显示，远期汇率实际值与理论值间的差异内含市场参与者对汇率升贬值幅度的预期。因此，基于汇率定价偏差理论构建汇率预期指数如下：

$$E = \frac{S}{F} - \left(\frac{1 + r_{\mathrm{f}}}{1 + r_{\mathrm{d}}}\right)^t \tag{4.39}$$

其中，S 和 F 分别为人民币对美元的即期和远期汇率；r_{f} 和 r_{d} 分别代表美元和人民币利率；t 为远期期限。当人民币汇率预期指数 E 大于零时，人民币存在升值预期，且升值预期会随预期指数绝对值的增大而增强，反之亦然。

2. 相关数据选择

计算人民币汇率预期指数时，选取在岸、离岸人民币外汇市场上到期期限为 1 月、3 月、6 月和 12 月的远期汇率，美元利率使用相应期限的 libor，在岸和离岸人民币利率分别使用相应期限的 shibor 和 hibor，所有数据均为每日收盘价。此外，基于 2014 年和 2015 年两次汇改对我国人民币汇率市场产生的重要影响，本节以"3.17 汇改"和"8·11 汇改"后的数据为主要研究对象，同时兼顾远期汇率的可获得性，总样本区间为 2014 年 11 月 4 日—2020 年 3 月 6 日，所有数据均来自 wind 数据库。同时，对在岸和离岸数据进行了数据剔除，仅保留各市场同时期数据齐全的样本，所有计量结果均通过 R 语言实现。汇率预期变量的描述性统计结果见表 4-21。

表 4-21 人民币兑美元汇率预期指数的描述性统计

变量	符号	样本量	均值	最大值	最小值	标准差
在岸人民币预期	CNYE1M	485	0.0706	0.1247	0.0141	0.0296
	CNYE3M	485	0.1809	0.3125	0.0374	0.0740
	CNYE6M	485	0.2952	0.5066	0.0963	0.1103
	CNYE12M	485	0.4468	0.7160	0.2358	0.1294

变量	符号	样本量	均值	最大值	最小值	标准差
离岸人民币预期	CNHE1M	1235	0.0647	0.1757	− 0.0108	0.0368
	CNHE3M	1235	0.1706	0.3672	0.0060	0.0852
	CNHE6M	1235	0.2840	0.5110	0.0431	0.1227
	CNHE12M	1235	0.0437	0.6769	0.1111	0.1511

根据描述性统计结果可见，所有期限的在岸人民币汇率预期指数均为正，说明存在长期升值预期，而且随着期限的增加，均值和标准差明显变大。说明汇率预期水平和波动性随着期限的增加而增大。离岸人民币汇率预期指数及其波动性同样呈现随期限增加而增大的特征，但并非所有期限的汇率预期指数都长期为正。1 月期汇率预期中，人民币出现了贬值预期，但 3 月、6 月和 12 月到期期限的人民币仍长期呈现升值预期。

根据图 4-5 报告的在岸人民币对美元汇率预期指数可知，虽然人民币长期呈现升值预期，然而受全球经济不确定程度加剧、美国加息政策和英国脱欧等世界经济基本面的影响，2015 年至 2016 年末期间人民币升值预期逐渐弱化，2017 年期间人民币升值预期加强，但已远低于 2014 年末的预期强度。而且，受中美贸易战影响，2018 年后人民币升值预期指数再次呈现减小趋势，在 2019 年初达到最低点。然而，随着中美贸易战的缓和，以及 2020 年初中国在抗击疫情中凸显的强大国力和政治体制优势，兼顾美国疫情的日趋严重，人民币升值预期自 2019 年末有所强化，并在 2020 年初开始快速增强。此外，从不同期限的汇率预期指数看，与描述性统计结果一样，到期期限越长，人民币汇率预期指数越大。

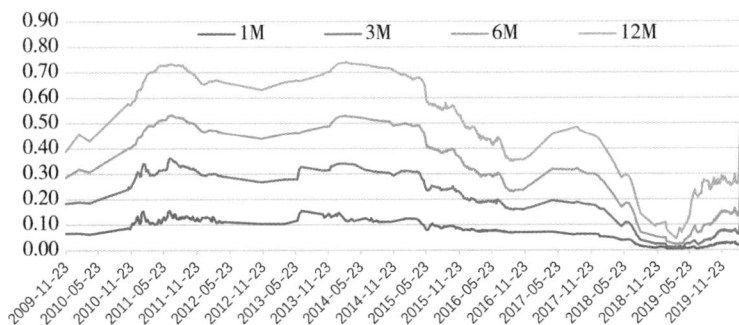

图4-5　在岸人民币兑美元汇率预期指数

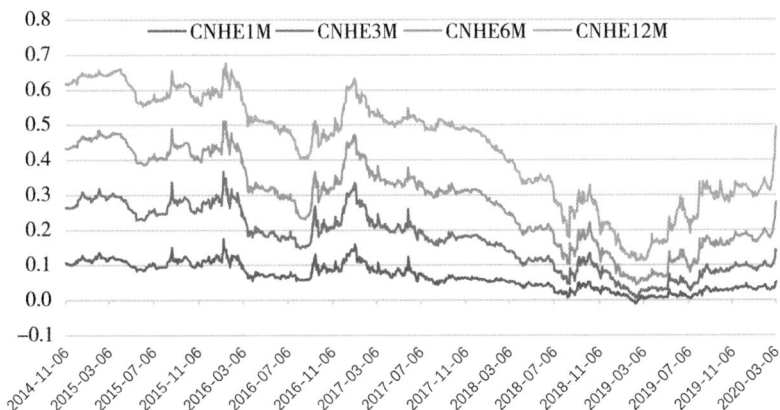

图4-6　离岸人民币兑美元汇率预期指数

由图4-6不难发现，离岸人民币兑美元汇率预期与在岸人民币兑美元汇率预期呈现相似特征，基本表现为长期升值预期。但汇率预期指数变化趋势和波动强度稍有差异，在岸人民币汇率升值预期从2015年便表现出明显的减弱趋势，离岸市场的汇率预期在2016年才呈现显著的减弱趋势，1月期人民币汇率预期指数甚至在2019年初出现负值，形成了短暂的人民币贬值预期。此外，离岸人民币汇率预期同样自2019年初就开始呈现加强的趋势，同一时间汇率预期指数呈现期限越长、预期指数越大的特征。

二、实证检验与结果分析

1. 平稳性检验

为了统一在岸和离岸人民币外汇市场相关数据，将再次通过 R 语言对两个市场的人民币汇率预期指数进行数据剔除，仅保留同一时期数据齐全的样本。随后，使用 Elliott et al. (1996) 发展的可行点最优检验 (a feasible point optimal test) 对人民币汇率预期原始数据和一阶差分数据进行单位根检验，且均采用含趋势项和截距项的检验形式。检验结果如表4-22 所示。

表 4-22　人民币对美元汇率预期指数的单位根检验结果

变量	检验统计量	变量	检验统计量
CNYE1M	6.4238	ΔCNYE1M	0.1062***
CNYE3M	19.9791	ΔCNYE3M	0.1429***
CNYE6M	27.6844	ΔCNYE6M	0.1021***
CNYE12M	28.2121	ΔCNYE12M	0.1331***
CNHE1M	5.5145	ΔCNHE1M	0.0383***
CNHE3M	14.0684	ΔCNHE3M	0.0413***
CNHE6M	23.055	ΔCNHE6M	0.0643***
CNHE12M	25.7334	ΔCNHE12M	0.1069***

注：***代表1%水平显著，**代表5%水平显著。

单位根检验结果显示，所有期限的在岸和离岸人民币对美元汇率预期的水平数据均无法拒绝原假设，即为非平稳序列。而所有变量的一阶差分数据均在1%的显著性水平下拒绝了原假设，即为平稳序列。

2. 协整检验

在单位根检验结果的基础上，我们将进行 Johansen 协整检验，考察相同期限的在岸和离岸人民币汇率预期是否存在长期均衡关系。

由表4-23 协整检验结果可见，1 月期在岸、离岸人民币汇率预期在1%水平下显著拒绝了原假设 $r=0$，但无法拒绝原假设 $r \leqslant 1$。因此，1 月期在岸、离岸人民币汇率预期之间存在协整关系且只有一个。类似地，在 10% 的显著性水平下，12 月期的在岸与离岸人民币汇率预期之间也仅存一个协整关系。但 3 月期和 6 月期的人民币汇率预期的协整检验却无法拒绝原假设 $r=0$，即在岸和离岸人民币汇率预期序列之间不存在协整关系。因此，1 月期和 12 期的在岸、离岸人民币汇率预期之间存在显著的长期均衡关系，而 3 月期和 6 月期的在岸、离岸汇率预期之间不存在长期均衡关系。

表 4-23　在岸与离岸人民币兑美元汇率预期的协整检验结果

变量	原假设	迹检验统计量	特征值
CNYE1M 和 CNHE1M	$r=0$	17.28**	0.0363
	$r <= 1$	3.53	
CNYE3M 和 CNHE3M	$r<0$	13.46	0.0208
	$r=1$	3.36	
CNYE6M 和 CNHE6M	$r=0$	13.58	0.0287
	$r <= 1$	2.85	
CNYE12M 和 CNHE12M	$r=0$	14.69*	0.0310
	$r <= 1$	2.59	

注：*** 代表 1% 水平显著，** 代表 5% 水平显著，* 代表 10% 水平显著。

表 4-24　在岸与离岸人民币兑美元汇率预期的协整向量

E1M 和 EH1M			E12M 和 EH12M		
常数项	E1M	EH1M	常数项	E12M	EH12M
−0.0072	1.0000	−0.9792	0.0637	1.0000	−1.0199

3. granger 因果关系检验

在协整检验的基础上，对存在长期均衡关系的 E1M 和 EH1M，以及 E12M 和 EH12M 进行格兰杰因果关系检验，考察变量之间的实际因果关系。格兰杰检验结果见表 4-25。

表 4-25   在岸与离岸人民币兑美元汇率预期的 granger 因果关系检验结果

原假设	F 统计量	P 值	结论
E1M 不是 EH1M 的 granger 原因	5.9890	0.0027	拒绝原假设
EH1M 不是 E1M 的 granger 原因	7.1859	0.0008	拒绝原假设
E12M 不是 EH12M 的 granger 原因	3.6958	0.0256	拒绝原假设
EH12M 不是 E12M 的 granger 原因	3.9049	0.0208	拒绝原假设

通过表 4-25 中的检验结果可知，1 月期在岸和离岸人民币汇率预期在 1% 的显著性水平下存在双向的 granger 因果关系。结合表 4-24 协整向量的各系数值可知，1 月期离岸人民币汇率预期变动 1% 将引发在岸人民币汇率预期变动 0.9792%，或在岸汇率预期变动 1% 引发离岸汇率预期变动 1.0207%。同时，在 5% 的显著性水平下，12 月期的在岸和离岸人民币汇率预期同样互为 granger 原因。12 月期离岸人民币汇率预期变动 1% 将引发在岸人民币汇率预期变动 1.0199%，或在岸汇率预期变动 1% 引发离岸汇率预期变动 0.9805%。

4. 脉冲响应函数分析

为了进一步分析在岸和离岸人民币汇率预期之间的相互作用，在协整检验和 granger 因果关系检验的基础上，进行一般脉冲响应分析，考察在岸和离岸人民币汇率预期受到来自彼此的一个标准差冲击后的反应。图 4-7 给出了在岸和离岸人民币汇率预期面对正向冲击所呈现的反应路径。

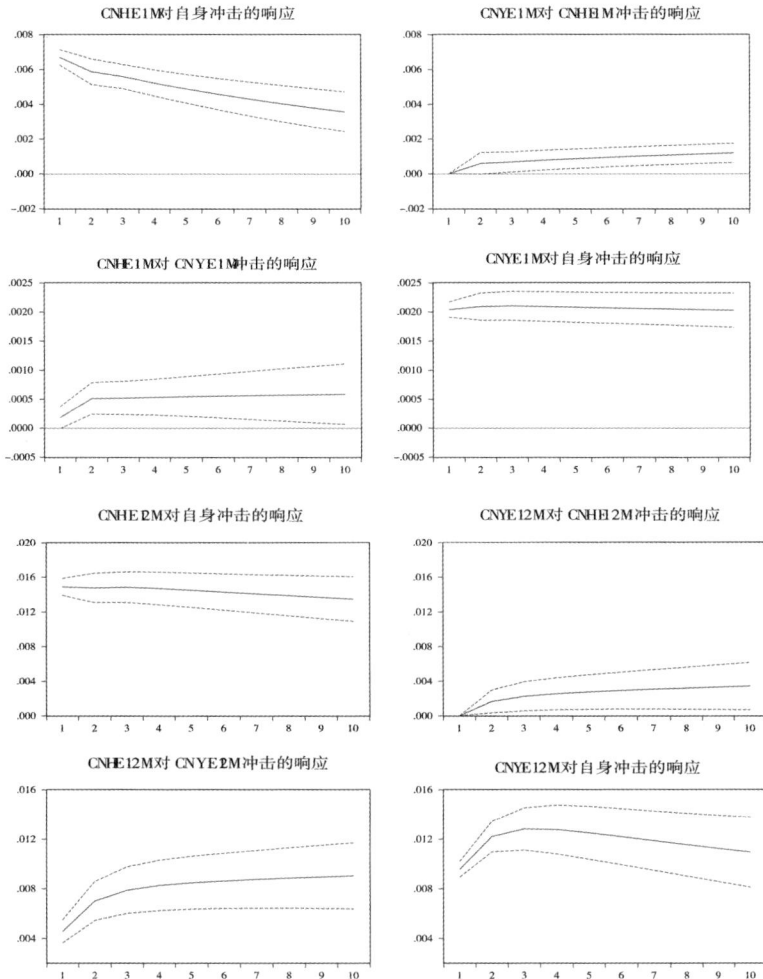

图4-7　在岸和离岸人民币汇率预期的脉冲响应函数

由上述脉冲响应函数可得到以下结论。

第一，对于1月期在岸人民币汇率预期的冲击，离岸汇率预期在当期产生了显著的正向反应，随后呈现缓慢的上升趋势。反之，受到1月期离岸人民币汇率预期正向冲击后，在岸汇率预期当期虽未产生强烈反应，但随后快速形成显著的正向反应，并快速处于平稳，直到第七期后正向反应转变为不显著。

第二，12 月期的离岸汇率预期对相应期限的在岸汇率预期的冲击在当期产生了显著的正向反应，随后逐渐上升并在第三期后趋于平稳。同时，对于12 月期离岸人民币汇率预期冲击，在岸汇率预期当期并未产生反应，随后缓慢形成显著的正向反应并稳步上升。

第三，无论是 1 月期还是 12 月期，在岸汇率预期对于自身冲击在当期内就有强烈的正向反应，且后期基本呈现稳定或极其缓慢的下降趋势。而离岸汇率预期对于自身冲击虽同样在当期就产生了显著的正向反应，但随后却呈现明显的下降趋势。此外，无论是在岸市场还是离岸市场，汇率预期对自身冲击的反应，明显强于其他市场冲击。

第四，受到离岸汇率预期冲击后，无论是 1 月期还是 12 月期，在岸汇率预期均未能在当期产生反应，即在岸人民币汇率预期面对冲击存在反应时滞。相对地，离岸汇率预期对在岸汇率预期冲击反应快速，当期便会形成显著的正向反应。

上述实证分析结果表明，虽然 3 月期和 6 月期的在岸、离岸汇率预期之间并未被证实存在协整关系，但作为短期和长期预期的代表，1 月期和 12 月期的在岸、离岸人民币汇率预期之间却存在一个协整关系。同时，无论是 1 月期还是 12 月期，在岸、离岸人民币汇率预期之间均存在双向的 granger 因果关系。但值得注意的是，离岸对在岸汇率预期冲击反应迅速且随期数增加而缓慢上升，长期反应强于短期反应。而在岸对离岸汇率预期冲击反应存在时滞，而且 1 月期的在岸汇率预期反应在第 7 期后已由显著转变为不显著，长期反应弱于短期反应。可见，自 2014 年"3.17 汇改"和 2015 年"8·11 汇改"以来，随着人民币汇率形成机制日趋市场化和透明化，在岸、离岸人民币汇率预期之间的互动关系日趋密切，尤其是在岸汇率预期对离岸汇率预期的影响效率和作用时间明显增强。因此，从人民币汇率预期形成机制上，上述研究结果为加强汇率预期管理提供了重要的指导意义。

首先，通过加强在岸汇率预期管理实现对离岸人民币汇率预期的有效管理。基于在岸和离岸汇率预期之间的互动关系，加强境内市场预期管理，有效引导市场形成合理的在岸人民币汇率预期，从而间接影响离岸人民币汇率预期，促进汇率利差保持稳定。事实上，在 2015 年到 2017 年末期间，受人民币汇改、美联储加息和英国脱欧等因素的影响，在岸离岸汇价差异出现大幅增加，甚至在 2016 年 1 月 6 日突破 1 600 点。为此，中国央行采取多种政策措施，积极干预市场稳定离岸在岸汇差，最终两地汇差大幅缩小，甚至出现倒挂，短期内有效缓解了人民币汇率贬值预期。类似地，在 2018 年 1 月和 8 月央行退出和再引入逆周期因子进行人民币汇率中间价调整后，两地汇差均出现收窄趋势，汇价差异得到有效稳定。

其次，疏通境内外汇市场信息传递渠道，提高信息透明度。基于在岸对离岸汇率预期冲击反应存在时滞的问题，货币当局应该采取多种汇率预期管理措施，加强疏通信息传递途径，并提高传递效率，减少信息不对称问题，避免信息混淆导致市场形成错误的信息解读，从而影响合理汇率预期的有效形成。

最后，重视宏观审慎管理，提高汇率管理效率。基于在岸、离岸人民币外汇市场互动关系日趋紧密，防范金融风险传递是汇率管理的一个重要方面。应继续完善人民币汇率预期形成机制，提高汇率波动弹性，间接增加外汇市场投机者的交易成本，从而抑制市场套利行为，减少汇率波动，防止系统性金融风险的产出和传递。同时，提高汇率波动幅度也可以减弱人民币长期升值预期，有利于提高汇率预期管理效率。

第五章 人民币汇率预期管理工具的种类及其作用机制

为了主动适应、把握和引领经济"新常态",中国宏观经济管理当局不断加快创新和完善宏观调控体系。在 2015 年底召开的中国中央经济工作会议上明确提出了"实施宏观调控,要更加注重引导市场行为和社会心理预期"的指示。通过主动加强信息沟通引导公众预期,进而提高宏观经济政策效率的预期管理开始引起货币当局的高度重视。2018 年 8 月,国务院金融委办公室召开预期管理专家座谈会,将预期管理推到了更重要的位置。十九大以后,完善货币政策和宏观审慎政策的双支柱框架,防范和化解系统性金融风险,已成为宏观金融调控任务的重心。预期管理是引导市场预期、提高政策透明度,以及完善货币政策和宏观审慎政策双支柱体系的新推力,是未来央行宏观调控政策实践的重要方向。

作为目前人民币汇率预期管理的主要手段,汇率沟通是指央行通过口头或书面公开表态向市场传递汇率政策意图和政策取向,引导市场主体形成央行合意的汇率预期,从而实现干预汇率、稳定外汇市场的管理目的。本章首先对中央银行信息沟通、前瞻性指引这两种主要的预期管理工具进行阐述,分析各预期管理工具的内涵、作用机理与主要形式;基于此,剖析人民币汇率沟通的内涵、度量与作用机制,尤其是人民币汇率预期作用于异质性市场主体的影响机制。

第一节 预期管理工具

2008 年全球金融危机后,常规性货币政策的失效使预期管理在央行宏观经济政策调控体系中的地位不断提升，已成为各国央行宏观经济政策实践的中心。美联储、英格兰银行和日本银行等主要西方发达经济体央行纷纷通过信息沟通、前瞻性指引等预期管理工具，传递宏观经济政策调控立场或具体路径，引导市场主体对未来经济形成合理预期，从而有效降低金融市场波动、刺激经济快速复苏。

目前，在世界经济环境不确定性日益增加的背景下，中国经济开始进入新的发展阶段，经济增速放缓，国际资本外流增加，供给侧结构性改革不断深化，国内外经济环境的改变对宏观经济政策制定提出了更高要求，相关政策的具体实施工具、力度和节奏都需要继续完善。为了应对宏观调控面临的新要求和新挑战，央行开始不断加强预期管理，基于自身拥有的信息优势主动加强信息沟通，从而引导公众预期，实现最终的政策调控目标。

一、信息沟通

1. 信息沟通的内涵

信息沟通作为预期管理的重要工具之一，通常指货币当局通过信息披露传递政策调控信号，与市场参与者进行信息交流的过程。信息沟通强调的是信息的传递，如果没有信息被传递，所谓的信息沟通就没有发生。同时，信息沟通不仅仅只是信息的传递，成功的信息沟通还应被公众所接受与理解。从货币当局的角度看，成功的信息沟通有利于提高政策的透明度、可信度和有效性，尤其是在公众无法理解货币当局的政策调控意图时。从市场参与者角度看，信息沟通可以引导公众形成理性预期，避免非理性预期带来的市场波动。可见，货币当局通过成功的信息沟通，可以有效引导市场预期，提高政策有效性，实现政策调控目标。

值得注意的是，虽然信息沟通几乎不存在成本，但存在严重的政策信度问题：如果市场参与者对货币当局的政策执行能力缺乏信心，那么信息沟通就无法发挥作用。因此，货币当局必须关注过去的政策执行效果，同时审慎选择信息沟通的时机和方式。货币当局根据调控目标进行信息沟通，传递影响未来利率、汇率等宏观经济基本面的信息，释放是否进行重大政策变更的信号，并根据市场预期和政策目标之间的偏差修正预期管理的时机和方式；市场参与者根据公开信息预测未来相关经济变量走势，并根据宣告的政策行为同实际干预行为之间的偏差，调整市场交易行为。从长期来看，预期管理行为是否有效，取决于市场参与者对货币当局所传递信息的信任程度和理解程度。中央银行的独立性、政策透明度、市场主体对利率的敏感性等因素在一定程度上都影响着公众对央行前瞻性指引政策的理解和信任。

2. 信息沟通的主要形式

央行通过信息沟通向市场传递未来汇率调控信号，可以减少信息不对称引发的预测误差，引导市场参与者形成合理预期。根据主要经济体央行的国际实践看，主要通过以下方式进行信息沟通。

一是发布政策报告进行书面沟通。各国央行通常会定期发布货币政策执行报告、金融运行报告等书面文件，向市场传达政策信号，让市场参与者获取更多的信息。例如，欧洲央行按月发布《欧洲中央银行月报》，对货币政策决策、制定原则和经济评估等进行信息披露。中国人民银行按季度定期发布《中国货币政策执行报告》，对货币信贷概况、货币政策操作、金融市场和宏观经济进行阐释和深入分析，并通过预测和展望披露下一步的货币政策取向。

二是召开新闻发布会传达官方声明。一般由各国央行召开新闻发布会，通过新闻媒体对经济形势、政策倾向等发表官方声明和看法，引导市场预期向其合意的方向变动。例如，欧洲央行管理委员会在定期召开例会后，通过新闻发布会向公众传递相关政策信息，每年召开的新闻发布会次数不少于10次。中国人民银行通常会在重大经济金融决策后、执行报告或金融统计数据发布后召开新闻发布会，就相关内容进行阐释，提高政策透明度和可信度，避免公众对政策意图产生误解，从而导致预期无法向货币当局合意的方向发展。

三是通过高层讲话等进行多渠道的口头沟通。一般情况下，主要由央行行长、副行长等高级官员通过公开讲座、高端论坛演讲和新闻访谈等多种方式进行公开市场表态，通过明确的或隐晦的表达传递政府和货币当局的看法或立场。特殊时期，国家领导人也会就宏观经济或政策调控进行公开表态，比如美国总统就频繁对美元汇率进行口头干预，甚至会明确地进行美元升值或贬值的口头沟通。特朗普在上任初期，为了重振美国制造业并提高就业率，通过口头干预实施弱势美元政策，宣称"强势美元正在将我们推入深渊"。在2014年末人民币兑美元汇率呈现贬值趋势后，为了避免人民币汇率过度波动引发外汇市场震荡，中国国务院总理李克强在2015—2016年曾多次就人民币汇率问题进行了口头沟通，向市场传递政府对汇率波动的看法和立场，引导市场形成合理预期，保障金融市场稳定运行。此外，货币当局有时会对市场中的负面舆论进行正面回应或隐蔽性删除，从而消除负面舆情可能导致的市场波动。比如在2019年8月，美国财政部在中国显然不符合"汇率操纵国"认定标准的情况下，给中国贴上"汇率操纵国"的标签后，中国央行调查统计司司长阮健弘就公开表示"把中国定为人民币汇率操纵国，毫无道理和依据"，向国内外表达了中国政府和货币当局的立场，避免外汇市场发生剧烈波动。

表5-1　中国央行信息沟通的主要形式

	沟通方式	频率	沟通内容	沟通目的
书面沟通	中国货币政策执行报告	季度	阐释货币政策相关操作，提供最新的宏观经济金融信息，并对未来的政策取向进行披露	为市场参与者提供政策信息和宏观经济基本面信息
	货币政策委员会例会报告	季度	传递货币当局对货币政策、人民币汇率管理、国际收支等问题的立场和看法	为市场参与者提供更多的政策信息
	政策和数据解读（中国人民银行、外汇管理局官网）	常年	对最新的经济金融政策、货币政策执行报告或金融统计数据等相关内容进行总结和解读	提高政策透明度和可信度，促进市场参与者对政策的正确理解
口头沟通	新闻发布会	不定时	对最新的经济金融决策、货币政策执行报告或金融统计数据等相关内容进行阐释和答疑	提高政策透明度和可信度，消除政策误解，引导市场预期向央行合意的方向发展
	演讲、访谈、研讨等	不定时	相关政策信息，根据具体的活动主体而定	向市场传递政策信号，并接受公众的反馈信息
	其他各类汇率、货币政策出版物	年度	如工作白皮书，就最新的政策效果和市场运行情况进行总结，提供相关政策信息	促进学术研究，提高政策的可预测性

3. 信息沟通的作用机理

成功的信息沟通主要体现在两个关键方面：一是能否有效引导公众对未来汇率的预测，提高货币政策可预测性和有效性；二是能否降低未来汇率变动不确定性，有效引导外汇市场金融资产价格形成，减少外汇市场波动。通常，主要通过信号渠道和协作渠道发挥作用①。一国的货币当局具有信息优势，基于沟通的信息传递会对私人信息下的公众决策产生较强的挤出效应（Morris and Shin，2002）。由于市场参与者的私人信息具有不完备性，对未来汇率进行预测时可能会产生从众心理，导致市场波动加剧，无法实现理性预期。而央行通过信息沟通向市场传递更多、更准确的政策信息，尤其是在适应性学习理论的作用下，市场参与者基于新获取的信息进行预测调整，对央行政策的制定和实施进行信息反馈。在央行信息发布和公众信息反馈的动态博弈过程中，形成合理的市场预期。央行的信息沟通不能只片面地强调政策信息的发布，更应该关注市场参与者的信息反馈，主动加强信息的沟通，让市场对货币当局的政策意图有更清晰的认识和理解，提升政策的透明度和有效性。

二、前瞻性指引

1. 前瞻性指引的内涵

2008 年金融危机后，全球经济不确定性增加，资本市场和实体经济都遭到巨大冲击，为应对金融环境恶化、突破零利率约束引发的传统货币政策瓶颈，"前瞻性指引"作为零利率限制下的预期管理工具，开始被欧美发达国家的中央银行所采用。

前瞻性指引最初起源于 Woodford（1999）提出的"货币政策惯性"理论，是央行沟通和预期管理的重要方式（Carney，2013；万志宏，2015）。在经济不确定性增加、流动性不足和政策利率接近零下限的特殊时期，中央银行基于自身宏观调控地位和信息优势，在政策公布或新闻发布会上就未来政策取向或通货膨胀、产出等宏观经济前景展望进行信息公布，帮助公众缩短信息搜集和学习时间，更准确地了解货币当局的政策意图，引导预期形成，有效

---

①具体作用过程将在下一节人民币汇率沟通中进行阐述。

实现政策调控目的。然而，各国中央银行因政策制度、宏观经济环境的不同而采取的前瞻性指引存在显著差异，导致许多学者对前瞻性指引的内涵及作用机制产生了不同理解。

前瞻性指引最先由 Eggertsson 和 Woodford（2003）引入货币政策，认为狭义的前瞻性指引是中央银行就未来政策立场和路径与公众进行的信息沟通，但并非只是利率触及下限时的政策选择。而 Andersson 和 Hofmann（2009）则认为中央银行可通过新闻发布会、公告等沟通渠道发布对宏观经济目标变量的预测，从而实施前瞻性指引。IMF 指出广义的前瞻性指引不仅包括未来政策立场和利率路径指引，还包括公布经济预测指标。目前，从内涵上看，虽并没有形成统一的定义，但多数学者更倾向于狭义的前瞻性指引，即认为前瞻性指引是中央银行就未来政策调整立场和路径与公众进行的信息沟通，而包含公布经济预测的更一般意义上的前瞻性指引并未得到普遍认同。

2. 前瞻性指引的主要形式

在前瞻性指引的实践过程中，西方发达经济体央行根据本国各自经济、政治等情况采取了不同的前瞻性指引策略。对此，经济学者根据各国实践过程、承诺性质和具体内容等对前瞻性指引进行了分类。Winkelmann（2016）根据是否定量，将前瞻性指引分为定量前瞻性指引（quantitative forward guidance）和定性前瞻性指引（qualitative gorward guidance）。然而，在研究中经常涉及的则是奥德赛式指引（odyssean forward guidance）和德尔斐式指引（delphic forward guidance），由 Campbell 等（2012）根据中央银行是否做出明确承诺进行的分类。前者包含了央行对未来利率调整路径的承诺，而后者央行不会对任何目标做出承诺。此外，在国际实践和学术研究上被采用较多的还有 Carney（2013）根据不同国家前瞻性指引的实践过程进行的分类，即开放式指引（open-ended guidance）、基于时间的指引（time-contingent guidance）和基于状态的指引（state-contingent guidance）。开放式指引是指央行对未来政策调整路径不进行时间或条件上的明确承诺，仅提供定性描述；在基于时间的指引下，央行会向公众有条件地承诺未来政策可能在何时发生变化；若央行承诺当经济条件达到某个阈值时，政策才会发生改变，表明央行实施了基于状态的指引。

3. 前瞻性指引的作用机制

在具体的作用机制研究方面，多数学者从信息不对称假设下的信号渠道展开研究，普遍认为前瞻性指引存在信号渠道并显著影响最优前瞻性指引策略（Bauer and Rudebusc，2012；Ferrero et al.，2014；Tang，2013），但在不同时期，信号渠道发挥的效果可能存在差异（Melosi，2017）。同时，研究显示央行独立性、货币政策可信度与透明度、公众对宏观经济的信息和市场主体的利率敏感性等因素对央行信号渠道发挥作用产生了重要影响。基于中央银行自身的宏观调控地位和信息优势，前瞻性指引通过发布未来政策调控信息，影响公众对指引变量的预期，从而引起长期相关变量、资产价格的变动，最终作用于市场总需求和总供给。近年来，由于多数先前信号渠道研究无法动态刻画公众预期的形成过程，少数学者开始引入适应性学习机制进行前瞻性指引作用机制研究，通过对预期形成过程和调整机制的参数刻画，强调公众通过不断获取信息更新决策形成预期的动态过程。

由图 5-1 所示，当外汇市场资产价格波动剧烈时，货币当局通过口头沟通和书面沟通实施前瞻性指引，向市场传递汇率调控意图，引导市场和公众预期，基于理性人假设，外汇市场参与者调整自身的市场交易行为，从而影响外汇市场交易产品价格。如果央行发布前瞻性指引相关政策信息后，外汇市场形成一致的、稳定的预期，并向央行合意的方向发展，有效提高了汇率政策的可预测性和透明度，同时外汇市场不确定性降低、福利损失减少，则可认为中央银行前瞻性指引是有效的。

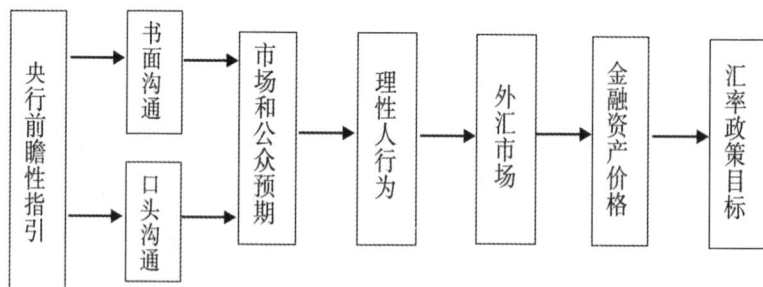

图 5-1　央行前瞻性指引、预期与外汇市场的作用关系

目前，多数理论研究结果显示前瞻性指引确实能提高货币政策效率（Reifschneider and Williams，2000；Eggertsson and Woodford，2003；Woodford，2012），但借用经济数据对前瞻性引导有效性进行实证检验的结果尚且存在差异。多数实证检验证明了前瞻性指引能有效引导预期（Andrade et al.，2015；Swanson，2017；Jain and Sutherland，2018）、稳定金融市场（Filardo and Hofmann，2014；Sinha，2015；Moessner，2015）、拉动经济增长（Katagiri，2016；Bundick and Smith，2016），但也有部分学者提出不同意见，Lustenberger 和 Rossi（2020）指出，中央银行官员过多的演讲会降低公众对金融经济预测的准确性。Bulir 等（2018）研究显示，更清晰的货币政策报告并不能显著减少危机时期的市场波动。

第二节　人民币口头汇率沟通的内涵与作用机制

当前，我国外汇市场已进入多重均衡，人民币汇率具有了越来越多的资产价格属性。2015 年"8·11 汇改"以后，人民币汇率市场化程度被进一步提高，但我国资本外流状况并未就此缓解。资本外流既有国内经济偏弱、美元走强等基本面原因，同时也有预期自我强化、自我实现的集中购汇的影响。

随着退出外汇市场常态化干预，中国人民银行开始在汇率管理实践中运用汇率沟通等市场化政策工具引导汇率向合意的方向发展。通过加强市场沟通和预期引导，进一步完善汇率形成机制以及广义外汇管理政策调整，是深化汇率改革、完善宏观审慎管理和稳定人民币汇率的重要使命。

一、人民币汇率沟通的内涵

1. 汇率沟通的定义

汇率沟通是指央行通过公开表态等多种渠道向市场传递汇率政策意图和政策取向，引导市场主体形成央行合意的汇率预期，从而实现干预汇率、稳定外汇市场的政策目标，是汇率预期管理的重要手段。汇率沟通加强了货币当局与市场主体之间的信息交流，本意在于缓解信息不对称，使公众真正了解相关政策的出台背景及目的，引导市场形成理性判断和预期，以达到期望的政策目标。比索危机表明，缺乏沟通的汇率政策冲击使本来就悲观的市场情绪雪上加霜。近年来，为了稳定人民币汇率，防止因汇率剧烈波动增加金融市场不确定性，从而引发系统性金融危机。以中国外汇储备管理局、中国人民银行高级官员为代表的相关负责人曾多次公开表态、进行口头汇率沟通（见表5-2）。同时，借助货币政策执行报告、区域金融运行报告等书面沟通向市场传递货币当局的政策立场和观点。

根据汇率沟通的含义，口头沟通主要指汇率管理部门的高级官员就汇率进行的公开表态。在美国和日本，汇率管理主要由财政部负责相关政策的制定，并联合央行进行政策执行，因此，多数学者对美国和日本的汇率沟通有效性进行研究时，主要关注财政部部长和副部长等相关高级官员的公开表态，由于央行和国家领导人，尤其是美国总统偶尔也会就汇率问题公开发表自己的看法和意见，因此，进行具体汇率沟通度量时，除了汇率管理部门高级官员的公开表态，还包括国家领导人以及其他相关部门官员的主要言论。

中国人民银行是中国汇率政策制定和实施的直接负责部门，央行高级官员就人民币汇率发表的相关言论对汇率波动和汇率预期具有至关重要的影响。同时，外汇管理局作为外汇收支、买卖、借贷、转移以及国际间的结算、外汇汇率和外汇市场等管制措施的主要管理者和实施者，除负责提出外汇管理体制改革和防范国际收支风险、促进国际收支平衡的政策建议外，还会向中国人民银行提供制订人民币汇率政策的建议和依据，承办国务院及中国人民银行交办的其他事宜。因此，中国外汇管理局高级官员就汇率进行的口头沟通同样对汇率走势具有重要影响。因此，在本书中，将人民币口头汇率沟通事件定义为中国人民银行、中国外汇储备管理局等相关高级官员，或者具有社会影响力的新华社对人民币汇率变动或预期的公开表态。

表5-2　2018.1—2020.1人民币口头汇率沟通的主要内容

沟通时间	沟通执行者	沟通内容
2018-01-06	央行盛松成	未来一段时间，人民币汇率会回调，但幅度不会太大
2018-01-18	外汇管理局	双向波动成为常态

续表

沟通时间	沟通执行者	沟通内容
2018-02-26	外汇管理局	人民币双向波动成为常态
2018-03-07	外汇管理局	人民币汇率双向波动、总体平衡的发展趋势已初步形成
2018-03-09	外汇管理局潘功胜	汇率预期比较稳定
2018-03-29	央行盛松成	汇率基本稳定
2018-04-11	央行易纲	不会干预长期汇率
2018-06-14	外汇管理局潘功胜	将保持人民币汇率在合理均衡水平上的基本稳定
2018-07-03	央行易纲	保持人民币汇率在合理均衡水平上的基本稳定
2018-07-19	外汇管理局王春英	人民币汇率双向波动，汇率预期基本稳定
2018-07-26	新华社	未来经济基本面因素将在人民币汇率走势中发挥主导作用
2018-08-10	央行	不会将人民币汇率作为工具应对贸易争端
2018-08-11	周小川	人民币汇率波动是正常的，固定不一定是好事
2018-08-17	外管局新闻发言人	人民币汇率弹性进一步增强
2018-08-21	央行朱鹤新	不会把人民币汇率作为工具应对外部贸易摩擦
2018-09-07	外汇管理局	外汇市场平稳，人民币汇率弹性进一步增强
2018-09-16	银保监国际部范文仲	浮动的汇率制并不是追求的目标
2018-09-19	国务院李克强	中国坚持市场化的汇率改革方向，不搞竞争性贬值
2018-09-27	央行盛松成	美联储加息，人民币汇率承压有限
2018-10-08	央行刘世锦	坚持人民币汇率市场化导向不变
2018-10-13	央行易纲	深化汇率市场化改革
2018-10-18	外交部	中国将坚定不移深化汇率市场化改革
2018-10-26	外汇管理局潘功胜	有信心保持汇率在合理均衡水平上的基本稳定
2018-11-6	国务院李克强	人民币汇率将保持在合理均衡水平上的基本稳定
2018-10-30	央行盛松成	央行应在必要时用外储来稳定汇率
2018-11-14	央行盛松成	目前，"稳汇率"比"汇改"更重要

续表

沟通时间	沟通执行者	沟通内容
2018-12-13	外管局副局长陆磊	人民币汇率将保持基本稳定
2018-12-30	全国政协经济委员会刘世锦	人民币汇率总体将保持稳定，中期有一定上升潜力
2019-01-05	央行盛松成	今年人民币汇率总体存在升值可能
2019-02-20	外交部	不会将人民币汇率作为工具应对贸易争端
2019-03-10	央行易纲	不会把汇率作为贸易摩擦的工具
2019-03-25	外汇管理局潘功胜	要更好发挥市场在汇率形成中的决定性作用，保持人民币汇率弹性
2019-03-29	周小川	人民币汇率浮动范围会更大
2019-04-18	外汇管理局王春英	通过继续完善人民币汇率形成机制，增强人民币汇率弹性
2019-05-14	央行主管金融时报	短期承压，人民币汇率不会出现持续大幅贬值
2019-05-25	央行郭树清	深化改革，增强汇率弹性
2019-05-30	央行孙国峰	保持人民币汇率在合理均衡水平上的基本稳定
2019-06-09	央行易纲	保持人民币汇率在合理均衡水平上的基本稳定
2019-07-18	外汇管理局王春英	上半年人民币汇率呈现双向波动，预期相对平稳
2019-08-05	央行易纲	不搞竞争性贬值，有能力、有经验维护外汇市场平稳
2019-08-06	新华社评论	中国保持人民币汇率在合理水平上基本稳定
2019-08-08	央行阮健弘	把中国定为"汇率操纵国"，毫无道理和依据
2019-08-20	央行孙国峰	目前人民币汇率预期平稳，新的 LPR 机制对人民币汇率没有直接影响
2019-10-21	央行易纲	当前人民币汇率处于合适水平
2019-12-01	央行易纲	不将汇率工具化，绝不搞"以邻为壑"的竞争性贬值
2020-01-12	外汇管理局潘功胜	人民币在合理均衡水平上保持了基本稳定
2020-1-17	外汇管理局王春英	人民币汇率在全球非美货币中的走势表现是总体稳定的。

资料来源：由作者根据"人民币汇率""央行""易纲"等关键词，从 wind、央行官网 t 新闻网等网页上搜索整理所得。

由表5-2可见，在2018年1月6日到2020年1月17日期间约发生了47次口头沟通事件，其中，2018年和2019年分别发生了28次和17次，基本延续了2015—2016年高频率的汇率沟通特征[①]，并在2018年人民币汇率因中美贸易战爆发而持续贬值时，进一步加强了人民币口头汇率沟通。

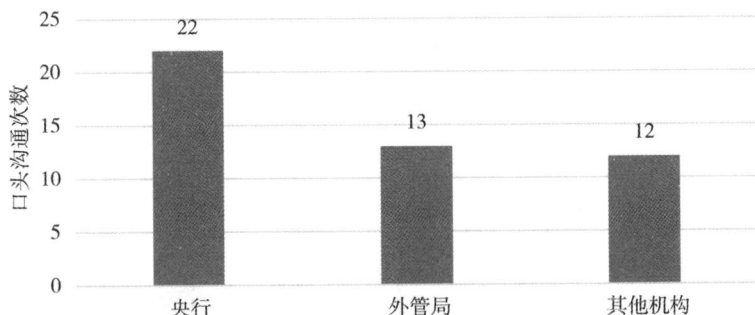

图5-2　口头汇率沟通事件机构分类

图5-2报告了人民币口头汇率沟通的执行机构情况，从中不难发现，在所有口头汇率沟通事件中，中央银行汇率沟通事件22次，中国外汇储备管理局汇率沟通事件13次，其他机构的汇率沟通事件12次[②]。可见，人民币汇率沟通主要由中国人民银行进行。同时，由图5-3的具体执行人情况可知，近两年央行行长易纲公开表态次数最多，达10次，央行参事盛松成和外管局局长、央行副行长潘功胜的公开表态次数为6次，也是口头汇率沟通的主要执行人。但值得注意的是，随着人民币汇率双边波动日趋常态化，2015—2016年频繁进行口头汇率沟通的国务院总理李克强已很少就汇率进行公开表态，仅在

[①]谢建国和贾珊山（2019）对2014年2月—2017年3月的人民币汇率公开市场表态事件进行搜索整理显示，2014年、2015年和2016年官方层面分别就人民币汇率走势进行了9次、28次和27次公开表态。虽然该研究的搜索关键词和新闻来源和本研究可能存在差异，但基于事件执行者均主要涉及国务院总理、央行行长和副行长、外管局局长等主要官员。因此，假设本研究的口头汇率沟通事件数与谢建国和贾珊山（2019）整理的公开表态事件数具有一定的可比性。

[②]外管局局长潘功胜同时担任中国人民银行副行长，若将其进行的口头汇率沟通归为央行干预，则央行干预事件达28次。

2018 年就汇率改革和汇率稳定进行过两次公开表态。这些数据表明，相较于央行在 2015 年人民币刚刚呈现震荡贬值趋势时的干预态度，2018 年人民币汇率双边波动日趋常态化后的汇率干预明显减弱，中央政府已基本不再就汇率问题进行过多干预，主要由货币当局进行汇率沟通，说明 2018 年后的人民币汇率变动问题可控，并未超过央行的权责范围。

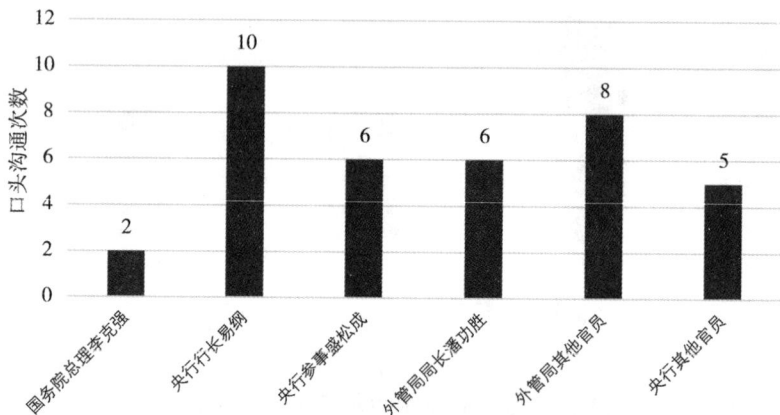

图 5-3　口头汇率沟通事件的具体执行人情况

二、人民币汇率沟通的度量

作为实证检验的核心变量，汇率沟通的判断和度量对研究结果具有至关重要的影响。依据传统研究方法，参照 Fratzscher（2008）的度量方法根据汇率沟通意向进行赋值，汇率沟通中暗含强化人民币信息的赋值为 1，暗含弱化人民币信息的赋值为 -1，当汇率沟通呈中性，即意在促进人民币汇率稳定或沟通信息模糊不清时，赋值为 0。

然而，央行高级官员进行汇率沟通时，多数情况下不会直接发表促进人民币贬值或升值的信息，而是采用含蓄的、隐晦的表达方式对汇率水平或未来走势进行表态。因此，对相关人员的口头汇率沟通进行研究时，不能仅看字面意思，应结合汇率沟通当时的经济社会背景进行综合判断，准确把握央行的沟通意图，从而进行正确赋值。例如，2018 年 4 月 11 日，央行行长易纲在博鳌亚洲论坛上表示，中国央行不会干预长期汇率，汇率机制是一个市场决定的机制，它运行良好，也会继续良好地的运行下去。如果从字面意思我们无法判断货币当局的沟通意图，但结合当时人民币汇率因美联储加息和中美贸易战而持续贬值的背景，可以推断货币当局对汇率的态度，短期内人民币汇率可能持续贬值，但长期人民币仍会走强，延续之前的人民币升值趋势，央行此次汇率沟通从长期看有利于市场形成人民币升值预期，因此将其赋值为1，即包含强化本币的汇率沟通信息。再比如汇率沟通中经常提到的汇率波动幅度问题，2013年11月19日，时任央行行长周小川曾表示央行接下来会适当提高人民币汇率浮动区间，考虑当时人民币连续升值走势，可以推断央行的汇率沟通暗含人民币未来可能继续升值的预期，即包含强化本币信息。然而，在2019年3月到5月期间，博鳌亚洲论坛副理事长周小川、外管局总经济师王春英和央行党委数据郭树清等官员都曾公开表示人民币汇率波动范围或弹性会增强，结合当时人民币震荡贬值的背景，可以推动此阶段的汇率沟通包含人民币会持续贬值的信息，因此将其赋值为−1。针对表5-1中的汇率沟通事件具体赋值情况见表5-3。

表5-3　人民币汇率沟通赋值情况

序号	口头沟通类型	赋值	开始时间	结束时间	天数
1	弱势本币	−1	2018-01-06	2018-01-17	11
2	弱势本币	−1	2018-01-18	2018-02-25	38
3	弱势本币	−1	2018-02-26	2018-03-06	8
4	弱势本币	−1	2018-03-07	2018-03-08	1
5	稳定本币	0	2018-03-09	2018-03-28	19
6	稳定本币	0	2018-03-29	2018-04-10	12
7	强势本币	1	2018-04-11	2018-06-13	63
8	强势本币	1	2018-06-14	2018-07-02	18
9	强势本币	1	2018-07-03	2018-07-18	15
10	强势本币	1	2018-07-19	2018-07-25	6
11	强势本币	1	2018-07-26	2018-08-09	14
12	强势本币	1	2018-08-10	2018-08-10	0

续表

序号	口头沟通类型	赋值	开始时间	结束时间	天数
13	强势本币	1	2018-08-11	2018-08-16	5
14	强势本币	1	2018-08-17	2018-08-20	3
15	强势本币	1	2018-08-21	2018-09-06	16
16	稳定本币	0	2018-09-07	2018-09-15	8
17	稳定本币	0	2018-09-16	2018-09-26	10
18	强势本币	1	2018-09-27	2018-10-06	9
19	强势本币	1	2018-10-07	2018-10-07	0
20	稳定本币	0	2018-10-08	2018-10-12	4
21	稳定本币	0	2018-10-13	2018-10-17	4
22	强势本币	1	2018-10-18	2018-10-24	6
23	强势本币	1	2018-10-25	2018-10-25	0
24	强势本币	1	2018-10-26	2018-10-29	3
25	强势本币	1	2018-10-30	2018-11-13	14
26	强势本币	1	2018-11-14	2018-12-12	28
27	稳定本币	0	2018-12-13	2018-12-29	16
28	强势本币	1	2018-12-30	2019-01-04	5
29	强势本币	1	2019-01-05	2019-02-19	45
30	强势本币	1	2019-02-20	2019-03-09	17
31	强势本币	1	2019-03-10	2019-03-24	14
32	稳定本币	0	2019-03-25	2019-03-28	3
33	弱势本币	−1	2019-03-29	2019-04-17	19
34	弱势本币	−1	2019-04-18	2019-05-13	25
35	弱势本币	−1	2019-05-14	2019-05-24	10
36	弱势本币	−1	2019-05-25	2019-05-29	4
37	稳定本币	0	2019-05-30	2019-06-08	9

序号	口头沟通类型	赋值	开始时间	结束时间	天数
38	稳定本币	0	2019-06-09	2019-07-17	38
39	弱势本币	− 1	2019-07-18	2019-08-04	17
40	强势本币	1	2019-08-05	2019-08-05	0
41	稳定本币	0	2019-08-06	2019-08-07	1
42	强势本币	1	2019-08-08	2019-08-19	11
43	稳定本币	0	2019-08-20	2019-10-20	61
44	稳定本币	0	2019-10-21	2019-11-30	40
45	强势本币	1	2019-12-01	2020-01-11	41
46	稳定本币	0	2020-01-12	2020-01-16	4
47	稳定本币	0	2020-01-17	2020-05-18	122

注：由作者根据经济基本面信息、政策信息和汇率走势等进行赋值所得。

由图5-4可知，在47次的口头汇率沟通中，强势人民币的汇率沟通有23次，占汇率沟通事件的48.9%；稳定人民币的汇率沟通有15次，占汇率沟通事件的31.9%；而弱势人民币的汇率沟通有9次，占汇率沟通事件的19.1%。由此可见，我国自2018年以来的汇率沟通主要以促进人民币升值的强势沟通和稳定人民币币值的中性沟通为主，两者占比达80.9%。

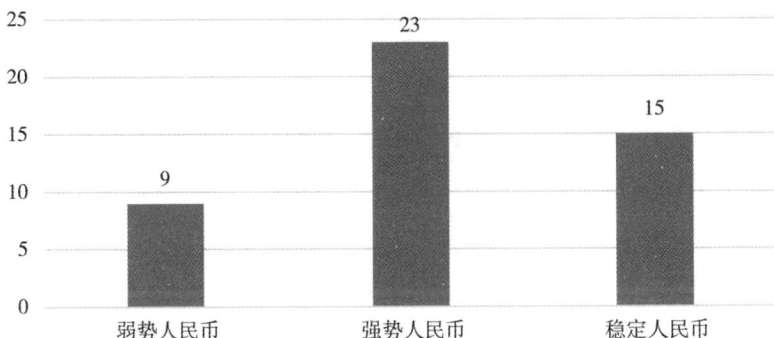

图5-4　口头汇率沟通方向

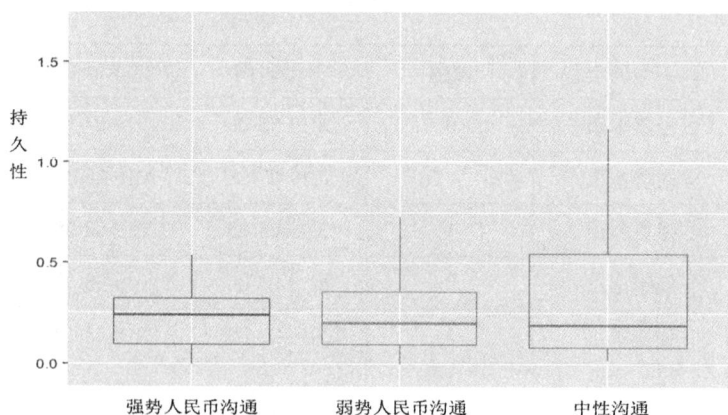

图 5-5　口头汇率沟通的持久性

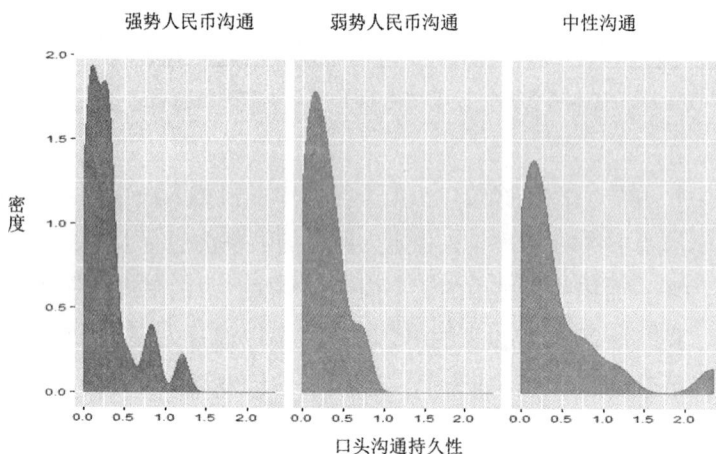

图 5-6　口头汇率沟通的分布密度图

　　将本次口头沟通与下一次口头沟通之间的时间差定为本次汇率沟通的持续时间。根据表 5-3 和图 5-5 可见，稳定人民币的汇率沟通持续性最强，其次是弱势人民币汇率沟通和强势人民币汇率沟通，说明货币当局更加重视维持人民币汇率稳定。同时，虽然从汇率沟通次数看，强势人民币沟通占比最大，但沟通持续时间短，即促进人民币升值的汇率沟通具有高频率低强度的特点。

　　此外，从图 5-6 汇率沟通的密度图可见，贬值沟通持续时间短暂且致密，升值沟通持续时间分布更为宽泛，中性沟通持续时间缝补最为平滑，由此可见，在进行升值沟通时，多部门、多主体联合向市场传递信息的方式更为常见。

三、人民币汇率沟通的作用机制

从货币当局来看，汇率沟通实际上是一个信息传递过程；从市场主体来看，汇率沟通是信息接收及再加工从而修正预期的过程。汇率沟通主要通过信号渠道（Mussa, 1981）和协作渠道（Peiers, 1997；Evans and Lyons, 2002）两种方式发挥作用。

1. 信号渠道

中央银行所拥有的信号优势和自身的调控地位，使信号渠道成为可能。央行汇率沟通的信号渠道研究最早始于穆萨（Mussa, 1981），在构建新闻模型的基础上，研究认为货币当局通过汇率沟通向市场传递的相关汇率政策信息，会影响市场交易者对未来汇率的最初看法，引导其形成符合货币当局政策意图的市场预期，从而导致市场主体改变其交易行为，最终影响实际汇率变动。

一般情况下，须满足以下四个前提条件，信号渠道才能发挥有效引导市场预期的作用。第一，央行透明度和可信度高。货币当局进行汇率沟通时，良好的信誉可以使其更容易获得市场主体的信任，从而有效引导市场主体按照政策调控方向进行市场交易。第二，央行传递的信息真实有效。随着全球经济不确定性增强，国内外经济金融环境复杂多变，公众对央行货币政策取向预测及理解变得困难。此时，中央银行能否掌握足够的且准确的公共信息，是否具有引导公众预期的能力成为政策效果实现的关键。货币当局应确保不会向市场发布虚假或错误信息，从而导致市场交易者形成错误的汇率预期，增加市场不确定性。第三，市场交易者可以根据自身拥有的信息进行理性预期。即市场交易者为理性经济人，为了实现自身利益最大化，会充分利用汇率沟通信息对未来汇率走势进行理性预测。第四，市场是充分竞争的。市场交易者间不存在信息差异，都可以获得相同的汇率沟通信息。上述四个前提条件相辅相成，共同决定汇率沟通能否通过信号渠道有效引导市场预期，实现央行的政策意图。其中，央行良好的信誉是信号渠道能否发挥作用的前提，而市场交易者获取信息、解读信息和形成理性预期是信号渠道能否发挥作用的关键。

关于信号渠道，以往研究多集中于中央银行对公众预期影响的单方面静态传导分析上。然而，如图 5-7 所示，汇率市场沟通的信号渠道本质上是一个不对称信息下的动态博弈过程：具有信息优势的中央银行，根据汇率调控目标发布未来汇率沟通信号，与市场参与者就汇率变动进行沟通和预期引导，并及时结合公众的反馈信息调整其政策实施路径；反过来，作为央行政策的信息接收者，市场参与者对信息进行接收、解读与反馈，并基于适应性学习等因素修正对汇率沟通信息的理解，改变市场预期。由此可见，信号渠道是中央银行发布信息和市场参与者反馈信息的互动博弈过程，而非中央银行单方面传递政策信号的过程。市场参与者通过反馈信息，帮助央行了解公众对汇率沟通信息的解读情况，准确把握市场预期和市场交易行为，从而促使央行可以及时调整汇率政策，提高汇率沟通有效性。

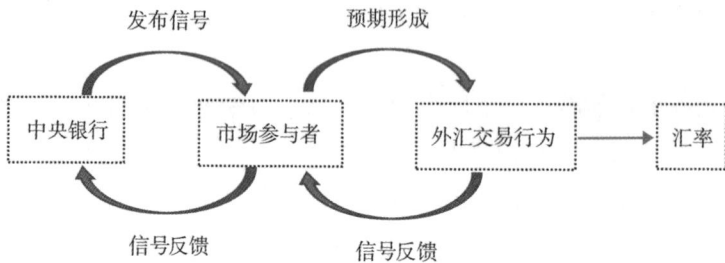

图 5-7　汇率沟通信号渠道传导机制

基于汇率的资产价格属性构建如下形式的资产定价模型：

$$s_t = (1 - \theta) \sum_{j=0}^{\infty} \theta^j E_t(f_{t+j} \mid \Omega_t) \tag{5.1}$$

其中，s_t 代表 t 时刻的即期汇率；θ 代表资产价格的预期贴现率；f_t 代表外汇市场资产价值；Ω_t 代表市场参与者能获得的所有信息集，包括宏观经济基本面信息、汇率沟通等政策信息。基于信息集 Ω_t，市场参与者推断央行的汇率沟通意图，对未来汇率走势进行预测，并据此调整其在外汇市场上的买卖行为，最终作用于即期汇率 s_t。

2. 协作渠道

基于外汇市场微观结构理论，协调渠道假定外汇市场存在不同的市场参与者，可以大体分为做市商和普通交易者。其中，做市商基于所获得的市场信息对未来汇率进行预期，并反映在每日的外汇买卖报价中，并通过外汇报价影响普通交易者的外汇买卖行为，即做市商报价可以引导其他普通交易者的外汇买卖行为。因此，央行可以通过汇率沟通影响做市商的汇率预期和外汇买卖报价，从而作用于外汇市场上的普通交易者，使其形成一致的外汇买卖行为，最终引导汇率按照央行的政策沟通意图发生变动。

协调渠道的发挥须满足两个条件。一是市场参与者的信息存在异质。主要体现在两个方面：首先，不同于信号渠道下市场参与者可以获得完全相同的信息，协调渠道下的做市商和普通交易者在信息获取方式和渠道上均存在明显差异，一般认为做市商更容易获得汇率沟通等内部政策消息，两者基于所拥有的异质信息形成不同的汇率预期，其次，即使在充分竞争的外汇市场，市场主体可以获得完全相同的信息集，但异质性主体对同一信息可能具有不同的理解和判断，从而对未来汇率做出不同的预测，进而导致不同的外汇市场交易行为。二是存在做市商制度。通过做市商报价引来普通交易者外汇买卖行为，央行汇率沟通可以通过协调渠道间接影响市场上诸多的普通交易者，使其按照央行合意的方向进行外汇交易行为调整，降低外汇市场异质性和波动性，促使汇率向合意的汇率水平变化，并维持外汇市场稳定。

Fratzscher（2008）基于如下的动态模型对协调渠道进行了分析：

$$\Delta S_{t+1} = (i_t - i_t^* + \rho) + (1 - \theta) \sum_{j=0}^{\infty} \theta^j \left[E_{t+1}^m (f_{t+1+j} \mid \Omega_{t+1}) - E_t^m (f_{t+1+j} \mid \Omega_t) \right]$$

$$(5.2)$$

其中，E_t^m 代表 t 时刻外汇市场做市商的预期；$(i_t - i_t^* + \rho)$ 代表市场参与者根据利率平价理论做出的汇率预期；ρ 代表风险溢价。等式右边第二部分表示做市商预期对汇率变动的影响。央行汇率沟通不仅通过传递公共信息引导汇率预期，还通过改变做市商预期实现汇率调整意图。基于汇率沟通，货币当局促使外汇市场的异质性信息协调统一，引导市场做市商对宏观经济基本面形成一致看法，最终使得市场参与者调整外汇投资交易策略，并使汇率向货币当局合意的方向变动。

第三节 汇率沟通对异质性主体预期的
影响机制[①]

汇率预期异质性是引发市场波动的原因之一，货币当局实施汇率沟通引导汇率预期时，应重视汇率沟通对异质交易者的作用机制和差异。理论上，如果基于市场微观结构理论的协调渠道能够发挥作用，汇率沟通可有效降低外汇市场主体异质性。对此，本节将参考谷宇和郭苏莹（2018）的分析方法，探讨汇率沟通对异质性主体（机构投资者和个体投资者）汇率预期的影响机制。

一、汇率沟通对机构投资者预期的影响机制

根据第四章汇率预期形成机制检验可知，外汇市场交易者存在异质性，即市场交易者可能会采用基本面分析、技术分析和套利分析对未来人民币汇率进行预期，综合三种类型的汇率预期模型[②]，可建立如下形式的混合预期回归模型：

$$\ln(E_t(S_{t+1})) - \ln(S_t) = \alpha + \beta[\ln(S_t^*) - \ln(S_t)] + \gamma[\ln(S_t) - \ln(S_{t-1})]$$
$$+ \varphi(i_t - i_t^*) + \varepsilon_t \tag{5.3}$$

汇率沟通和可以通过以下机制作用于汇率预期：首先，货币当局在 t 时刻通过汇率沟通 C_t 向市场传递经济基本面信息和汇率政策信息，机构投资者根据所获取的新信息调整对宏观经济基本面的认识，即基于汇率沟通信息修正基本面均衡汇率，将 $\ln(S_t^*)$ 调整为 $\ln(\bar{S}_t^*)$（$\ln(\bar{S}_t^*) = \ln(S_t^*) + \lambda C_t$）。其次，作为主观性较强的汇率管理手段，实际干预往往会对汇率预期和市场均衡汇率产生较大影响，与汇率沟通相互配合进行汇率管理可以更好地实现引

---

①谷宇，郭苏莹. 异质预期视角下汇率沟通对人民币汇率预期的影响机制及效应分析——基于彭博调查数据的经验研究 [J] . 经济科学，2018（6）：31-43.

②因适应性预期模型的被解释变量有所差异，技术分析者的汇率预期形成模型仅选择外推预期。

导汇率预期、稳定外汇市场波动的调控目标。而且货币当局的实际干预 I_t 多是基于缩小即期汇率和基本面均衡汇率偏差的准则进行制定和实施。因此，机构投资者接收到货币当局的汇率干预信号后，通常会推断即期汇率会迅速向均衡汇率水平回归，即均衡汇率与即期汇率的偏差 $[\ln(S_t^*) - \ln(S_t)]$ 会缩小。对此，机构投资者不得不重新测算汇率偏离基本面均衡水平的程度 $[\ln(S_t^*) + \lambda C_t + \kappa I_t - \ln(S_t)]$。此外，基于外汇市场噪声交易理论可知，机构投资者在获得货币当局汇率干预信号后，部分技术分析者可能会转变为基本面分析者，导致汇率预期形成机制中技术分析和基本面分析特征的强弱程度改变，即混合预期形成模型（5.3）中的各回归系数会发生变化。综上，在混合预期形成模型（5.3）中引入汇率沟通和实际干预，构建如下模型：

$$\ln(E_t(S_{t+1})) - \ln(S_t) = \alpha + \beta'[\ln(S_t^*) + \lambda C_t + \kappa I_t - \ln(S_t)]$$
$$+ \gamma'[\ln(S_t) - \ln(S_{t-1})] + \varphi'(i_t - i_t^*) + \varepsilon_t \qquad (5.4)$$

上式可变形为

$$\ln(E_t(S_{t+1})) - \ln(S_t) = \alpha + \beta'[\ln(S_t^*) - \ln(S_t)] + \lambda' C_t + \kappa' I_t$$
$$+ \gamma'[\ln(S_t) - \ln(S_{t-1})] + \varphi'(i_t - i_t^*) + \varepsilon_t \qquad (5.5)$$

其中，λ' 代表汇率沟通对汇率预期的作用系数，如果显著为负，说明促进本币升值的汇率沟通会引导形成升值预期，即汇率沟通有效，可以促使汇率预期按照货币当局合意的方向形成，反之则表示汇率沟通失败，没有产生合意的政策效应。类似地，如果实际干预系数 κ' 的符号方向可以使汇率预期按货币当局合意的方向发展，则认为实际干预有效，否则无效。此外，根据式（5.5）的混合汇率预期形成模型可知，汇率预期形成主要受过去的汇率变动、汇率偏离均衡水平程度、套利规则、汇率沟通和实际干预的影响。

二、汇率沟通对个体投资者预期的影响机制

与机构投资者相比较，个体投资者无法作为银行间外汇市场会员直接进行外汇交易，也无法完全获取或处理过于复杂的汇率沟通信息。受获取和解读宏观经济基本面信息和政策信息的能力限制，个体投资者无法准确把握基本面均衡汇率水平，使其汇率预期不再符合回归预期形成机制的特征。因此，传统的汇率沟通作用渠道并不完全适合个体投资者，即汇率沟通无法通过信

号渠道对个体投资者预期产生影响，更可能的影响机制是基于协调渠道影响机构投资者汇率预期和外汇买卖报价，从而间接作用于外汇市场上的个体投资者，使其形成一致的外汇买卖行为，最终引导汇率按照央行的政策沟通意图发生变动。此外，货币当局实施汇率沟通后，会对个体投资者的市场情绪产生至关重要的影响，从而影响其汇率预期形成。

根据第四章汇率预期形成机制检验结果，假定个体投资者基于适应性预期和预推预期对未来汇率进行预测，货币当局在 t 时刻实施了汇率沟通 C_t，构建如下的个体投资者汇率预期形成模型：

$$\ln(E_t(S_{t+1})) = \alpha + \beta\ln(E_{t-1}(S_t)) + \gamma[\ln(S_t) - \ln(S_{t-1})] + \delta C_t + \varepsilon_t \quad (5.6)$$

当 δ 估计值显著为正时，说明货币当局可通过汇率沟通直接作用于个体投资者，促使其按照央行合意的方向形成汇率预期；当 δ 估计值不显著时，则表明汇率沟通对个体投资者的汇率预期没有产生显著的影响。那么在理论上，汇率沟通很可能通过协调渠道间接影响市场上众多的个体投资者，即汇率沟通首先对机构投资者的汇率预期和交易行为产生直接影响，个体投资者根据机构投资者报价和交易行为调整自身的汇率预测，并进行外汇交易行为调整，促使汇率向央行合意的汇率水平变化，并促进市场主体异质性和汇率波动性的降低。

第六章　人民币汇率沟通的有效性检验

第一节　典型汇率沟通事件的有效性分析

随着汇率沟通实践的不断积累，汇率沟通有效性研究不断深入，但缺少对发展中国家汇率沟通的探讨，也鲜有文献涉及汇率沟通对汇率预期的作用效果分析。然而，央行实施汇率沟通的首先任务就是引导市场预期形成，因此辨别汇率沟通效果还应关注汇率预期。本部分将以降低汇率预期波动性为研究视角，通过复原香港交易所 HKEX 美元兑人民币期权的隐含风险中性概率，测算人民币汇率预期波动性，从而对 2018 年发生的典型汇率沟通事件进行有效性分析。

一、汇率沟通有效性的辨识标准

通常情况下，可以根据以下三个辨识标准确定汇率沟通是否具有有效性：

首先，汇率沟通的效果，可以通过分析沟通行为发生后，汇率波动的方向来判断。主要考察沟通后汇率是否向着货币当局合意的方向变化，直接标价法下，若货币当局进行强化（弱化）本币沟通后本币升值（贬值），即本币汇率下行（上行），汇率变化为负（正），则说明强化（弱化）本币的汇率沟通有效；若货币当局进行强势（弱化）本币沟通后本币贬值（升值），即本币汇率上行（下行），汇率变化为正（负），则说明强化（弱化）本币的汇率沟通无效。

其次，汇率沟通的效果，还可以通过分析沟通行为发生后，汇率波动程度来判断，主要考察汇率沟通后是否有效降低了汇率波动性，维持外汇市场稳定。当汇率波动异常时，货币当局可以通过汇率沟通向市场传递汇率调控意图，发布宏观经济信息和政策信息，缓解信息不对称引发的汇率预期异质性问题，引导市场参与者形成一致的、稳定的汇率预期。如果货币当局实施汇率沟通后，汇率波动性明显下降，则表明汇率沟通有效。

最后，央行实施汇率沟通的首先任务就是引导市场预期形成，因此辨别汇率沟通效果还应关注汇率预期。如果货币当局实施汇率沟通后，外汇市场能形成一致的、稳定的、合意的汇率预期，并反映为汇率预期波动的下降，则认为汇率沟通是有效的。相对地，如果汇率沟通后汇率预期同汇率演化背道而驰，那么汇率沟通也是无效的。

二、汇率沟通有效性的事件分析

（一）基于汇率水平变动的有效性分析

1. 汇率沟通对汇率水平变动的影响判定

通常，根据汇率波动方向的有效性判别标准，当央行实施强化（弱势）本币沟通后，若本币升值（贬值），则认为汇率沟通是有效的。但事实上，若当前本币汇率呈现贬值走势，进行强势本币沟通后很难立刻实现汇率由贬到升的逆转。因此，参考谢建国和贾珊山（2019）的做法，对基于汇率变动方向的沟通有效性做进一步的定义。因中性沟通即包含保持人民币汇率稳定的政策意图，也包括政策取向不清，表达模棱两可的沟通，因此，对方向性不明确的中性沟通的有效性不进行再定义和分析，仅对具有倾向性的弱势本币沟通和强势本币沟通的有效性进行分析。在直接标价法下，具体设定标准如表6-1。

表6－1　汇率沟通有效事件标准

沟通类型	有效标准	汇率变化	解释
强势本币沟通	反转	$\Delta s_{t-1}>0$，$\Delta s_t<0$	汇率沟通前人民币汇率呈现贬值走势，汇率沟通后，人民币汇率由贬值转为升值。
	平滑	$0<\Delta s_t<\Delta s_{t-1}$	汇率沟通前人民币汇率呈现贬值走势，汇率沟通后，人民币汇率虽未改变贬值走势，但贬值幅度下降。
	放大	$\Delta s_t<\Delta s_{t-1}<0$	汇率沟通前人民币汇率呈现升值走势，汇率沟通后，人民币升值幅度加大。
弱势本币沟通	反转	$\Delta s_{t-1}<0$，$\Delta s_t>0$	汇率沟通前人民币汇率呈现升值走势，汇率沟通后，人民币汇率由升值转为贬值。
	平滑	$\Delta s_{t-1}<\Delta s_t<0$	汇率沟通前人民币汇率呈现升值走势，汇率沟通后，人民币汇率虽未改变升值走势，但升值幅度下降。
	放大	$0<\Delta s_{t-1}<\Delta s_t$	汇率沟通前人民币汇率呈现贬值走势，汇率沟通后，人民币贬值幅度加大。

注：2018年1月—2020年1月期间，人民币汇率多处于贬值状态。

央行通过汇率沟通发布政策信息后，从市场参与者接收、解读信息并做出交易行为调整，再到市场对交易行为进行充分反应，通常会表现出一定程度的时滞性。因此，对汇率沟通后的汇率变化进行分析时，以汇率沟通后5天的平均汇率变动方向为参考，即沟通后5天内的平均汇率变动满足有效性标准，可认为此次汇率沟通是成功的。同时，当沟通事件前汇率升贬状态无法准确判断时，通过汇率沟通前5天的平均汇率变动来衡量，若前五日美元兑人民币汇率变化为正，则表示人民币汇率处于贬值状态，反之则表示人民币汇率处于升值状态。此外，若汇率沟通后汇率仅在当天内向央行合意的方向变动，之后又恢复到沟通前的状态，则认为此次沟通为"当天有效。"

2. 汇率沟通有效性的初步评估结果及分析

表6-2评估结果和表6-3的统计结果显示：

首先，从汇率沟通机构看，作为人民币汇率政策的制定者，央行的汇率沟通事件的成功率最高，在实施的 15 次倾向性汇率沟通事件中，有效沟通事件 11 个，成功率高达 73.3%；国家外汇管理局作为我国外汇市场的监督管理者，通常会向央行提供制订人民币汇率政策的建议和依据，配合央行实施相应的汇率干预行为，因此，来自外汇管理局的倾向性汇率沟通事件的成功率为 62.5%①，仅次于央行；而来自国务院、外交部等其他机构的汇率沟通事件相对较少，且有效沟通事件所占比重仅为 44.4%。

其次，从汇率沟通的具体执行人看，当包含当天有效的汇率沟通事件时，国务院总理李克强、汇管局局长及央行副行长潘功胜、央行参事盛松成的汇率沟通事件成功率高达 100%，央行行长易纲的汇率沟通事件成功率为 60%；但值得注意是，李克强、潘功胜和盛松成的汇率沟通事件中，均包含了"当天有效"的汇率沟通事件，若剔除当天有效的汇率沟通，央行参事盛松成和央行行长易纲的汇率沟通对人民币汇率变动的作用效果更有效，有效的汇率沟通事件占各自汇率沟通事件数的 80% 和 60%。再次，从汇率沟通有效性的三种标准看，反转事件是汇率沟通有效的最具说服力的一种。在样本期中进行的 24 次有效汇率沟通事件中，反转事件共 16 次，占比达 66.7%，其中，来自央行、外汇管理局和其他机构的反转事件分别为 8 件、5 件和 3 件，在各自汇率沟通事件中分别占比 53.3%、55.6% 和 33.3%。不考虑当天有效的汇率沟通时，央行行长易纲、央行参事盛松成汇率沟通的反转比例最高，可达 60%。

最后，从沟通类型看，强势本币沟通更容易引导市场汇率向央行合意的方向变动，成功率达 69.5%，而弱势本币沟通的成功率为 55.6%。

总体上看，在 2018 年 1 月—2019 年 12 月期间进行的 32 次倾向性汇率沟通事件中，有效沟通事件共 24 个，占倾向性沟通事件总数的 75%。相较于国家外汇管理局和其他机构，央行汇率沟通成功率更高；而在央行汇率沟通中，无论是从有效汇率沟通占比，还是反转事件占比，央行行长易纲、央行参事盛松成的汇率沟通对人民币汇率变动的作用更强；此外，强势汇率沟通的成功率更高。但值得注意的是，简单的事件分析并未考虑其他因素对人民币汇

---

①外汇管理局局长潘功胜同时担任中国人民银行副行长，如果将其进行的汇率沟通归入央行，则来自央行和外汇管理局的汇率沟通事件的成功率分别为 76.5% 和 50%。

率变动的影响效果，无法有效甄别汇率变动究竟是由汇率沟通导致还是由经济基本面、国外政策变动等其他因素引发，因此，基于统计的事件分析可能会夸大汇率沟通的作用效果，导致评估结果有误。此外，忽略汇率沟通对汇率波动、汇率预期的影响，仅从汇率水平变动考察汇率沟通有效性，研究存在片面性，需要做进一步的分析和实证检验。

表6-2　倾向性汇率沟通有效性的初步评估结果

沟通时间	沟通执行者	口头沟通类型	是否有效	标准
2018-01-06	央行 盛松成	弱势本币	有效	反转
2018-01-18	外汇管理局	弱势本币	无效	
2018-02-26	外汇管理局	弱势本币	有效	反转
2018-03-07	外汇管理局	弱势本币	有效	反转
2018-04-11	央行 易纲	强势本币	有效	反转
2018-06-14	外汇管理局 潘功胜	强势本币	当天有效	反转
2018-07-03	央行 易纲	强势本币	有效	反转
2018-07-19	外汇管理局 王春英	强势本币	无效	
2018-07-26	新华社	强势本币	无效	
2018-08-10	央行	强势本币	无效	
2018-08-11	周小川	强势本币	无效	
2018-08-17	外管局新闻发言人	强势本币	有效	反转
2018-08-21	央行 朱鹤新	强势本币	当天有效	反转
2018-09-19	国务院 李克强	强势本币	有效	放大
2018-09-27	央行 盛松成	强势本币	当天有效	平滑
2018-10-18	外交部	强势本币	无效	
2018-10-26	外汇管理局 潘功胜	强势本币	当天有效	反转
2018-10-30	央行 盛松成	强势本币	有效	反转
2018-11-06	国务院 李克强	强势本币	当天有效	反转
2018-11-14	央行 盛松成	强势本币	有效	反转
2018-12-30	全国政协 刘世锦	强势本币	有效	反转
2019-01-05	央行 盛松成	强势本币	有效	放大
2019-02-20	外交部	强势本币	有效	反转
2019-03-10	央行 易纲	强势本币	有效	反转
2019-03-29	周小川	弱势本币	无效	
2019-04-18	外汇管理局 王春英	弱势本币	有效	反转
2019-05-14	央行主管金融时报	弱势本币	无效	
2019-05-25	央行 郭树清	弱势本币	有效	反转
2019-07-18	外汇管理局 王春英	弱势本币	无效	
2019-08-05	央行 易纲	强势本币	无效	
2019-08-08	央行 阮健弘	强势本币	有效	平滑
2019-12-01	央行 易纲	强势本币	无效	

表6-3 倾向性汇率沟通事件统计结果

机构	沟通人	事件数	反转	平滑	放大	有效沟通事件数	有效沟通占比
央行	易纲	5	3	0	0	3	60%
	盛松成	5	3	1	1	5	100%
	其他	5	2	1	0	3	60%
	合计	15	8	2	1	11	73.3%
外汇管理局	潘功胜	2	2	0	0	2	100%
	其他	6	3	0	0	3	50%
	合计	8	5	0	0	5	62.5%
其他	国务院	2	1	0	1	2	100%
	外交部	2	1	0	0	1	50%
	其他	5	1	0	0	1	20%
	合计	9	3	0	1	4	44.4%
总和		32	16	4	4	24	75%

注：直接将当天有效沟通归为有效沟通进行了汇总。

（二）基于汇率预期波动的有效性分析

1. 汇率预期与风险中性概率分布

汇率预期是市场参与者对未来本外币比价关系的一种主观预测。准确测度汇率预期，是实证研究的重要起点。目前，用于测度人民币汇率预期的指标主要有以下几类：一是以人民币 NDF 作为代理变量；二是以人民币 NDF 与人民币汇率中间价的差额作为代理变量；三是用离岸人民币 12 月远期汇率与即期汇率之差表示；四是将实际远期汇率与基于抛补的利率平价计算出的理论远期汇率的偏差，即将远期汇率定价偏差理解为汇率预期；五是调查基础上的汇率预期（如 Consensus Economics Survey）度量。然而，由于风险溢价的存在，"远期汇率是未来即期汇率的有偏估计"已成为相关研究领域的一种基本共识。因为远期汇率无法准确反映汇率预期，自 1980 年代开始，相关研究开始转向通过调查数据构建汇率预期。但汇率预期调查可能同市场参与者实际的主观意念存在一定偏差，存在主观表达偏误。对此，本部分将参考 Siiderlind 和 Svensson（1997）的做法，从资产价格中提取市场预期信息，即以香港交易所 HKEX 美元兑人民币期权为基础，复原隐含风险中性概率分布，并基于此提取人民币汇率预期，随后计算汇率预期的二阶矩（波动），从而进行典型汇率沟通事件的有效性分析。

外汇交易产品价格中蕴含着市场信息。根据古典经济学理论，当外汇市场上某种相关交易产品的需求增加或供给减少时，该交易产品价格通常会呈现上涨趋势。若从公司金融理论的视角看，贴现率和未来现金流的改变等都会引发资产价格上涨或下跌。而随着行为金融理论的不断发展，微观个体行为和心理因素对资产价格的影响开始引起广泛关注。客观上，外汇资产价格既受市场供求、产出和利率等宏观因素的影响，也受公司未来现金流、资本结构和利润分配政策等微观因素的制约。当宏微观因素发生变化时，市场参与者的主观意念受到影响，会使其根据所获取的新信息形成对未来交易产品价格的新预期，并由此调整外汇投资行为，从而最终导致外汇市场交易产品价格发生改变。外汇交易产品价格的升降在某种意义上反映了市场参与者主观信念的改变。

从资产价格中提取信息具有重要意义。首先，资产价格可能隐含着比目前传递给市场参与者的宏观经济信息更准确的、更新的市场信息；其次，某资产价格的异常变动可能意味着金融市场监管存在缺陷或操纵；最后，资产价格变动会影响市场参与者对未来的预期。因此，从资产价格中分离出隐含的重要信息是众多学者和货币当局长期关注的重要议题。其中，从金融衍生产品期货或期权价格中提取的隐含风险中性概率分布，在某种程度上可用去测算市场参与者对未来价格的预期。Shiue（2001）、Bliss 和 Panigirtzoglou（2002）、Galati 等（2005）均利用某金融衍生产品价格成功提取了隐含风险中性概率。尽管具体的提取技术存在差异，但都是基于期权或期货的价格发现功能。Breeden 和 Litzenberger（1978）作为最早的研究文献，利用期权价格探索状态价格，并通过计算期权价格对执行价格的二阶导数，获得风险中性概率分布。随后，Jackwerth 和 Rubinstein（1996）使用该方法成功提取了 S&P 500 指数期货的隐含风险中性概率。该方法简单易行但基于横截面数据获得的隐含风险中性概率是离散的，为了获取连续的隐含风险中性概率，可以假设概率分布在一定时间内恒定，利用面板数据计算随机微分方程。Madan 和

Milne（1994）放松了概率分布在一段时间内恒定的假设，提出了 Hermite 多项式法。通过该方法，Galati 等（2005）成功提取到了每日的美元对日元远期汇率的风险中性概率。此外，Corrado 和 Su（1997）、Flamouris 和 Giamouridis（2002）通过 Edgeworth 级数展开法获得了参考对数正态分布的风险中性概率。

2. 基于汇率期权提取风险中性概率分布的方法[①]

根据随机贴现因子（stochastic discount factor，简称 SDF），汇率表达式为

$$S(t) = E_t D(t, \tau) S(\tau) e^{i*(t,\tau)(\tau-t)} \tag{6.1}$$

由上式可知，当外国利率水平为 $i*(t, \tau)$ 时，t 时刻投资 $S(t)$ 单位的本币，其价值按外国的财富过程积累，将会在时获得 $S(\tau) e^{i*(t,\tau)(\tau-t)}$ 单位的本币。

令 $\delta(t, T) = \dfrac{s(T) - s(t)}{T - t}$，表示本币在（T－t）内的贬值幅度；$s(t) = \ln(S(t))$。预期在（$T-\tau$）内未来汇率贬值幅度为

$$E_t \delta*(\tau, T) = E_t i(\tau, T) - E_t i*(\tau, T) - \varphi^s(t, \tau, T) \tag{6.2}$$

其中，$\varphi^s(t, \tau, T)$ 表示名义远期汇率风险溢价，可以表示为

$$\varphi^s(t, \tau, T) = \frac{1}{2}(T-t) \text{Var}_t - \delta(t, T) + \text{Cov}_t[d(t, T), \delta(t, T)]$$

$$\tag{6.3}$$

其中，右边第一项为 Jensen 不等式，第二项为随机贴现因子 $d(t, T)$ 与汇率贬值的标准协方差，理论上，本币贬值幅度是外币相对于本币的名义超额收益率，因此，第二项相当于随机贴现因子与名义超额收益的标准协方差。

假设随机贴现因子 $d(t, \tau)$ 和对数资产价格 $s(t)$ 服从正态分布，假定真实的二元概率密度函数如下：

$$pdf\left(\begin{bmatrix} d \\ s \end{bmatrix}\right) = \sum_{j=1}^{n} \alpha^j \phi\left(\begin{bmatrix} d \\ s \end{bmatrix}; \begin{bmatrix} \bar{d}^j \\ \bar{s}^j \end{bmatrix}, \begin{bmatrix} \sigma_{dd}^j & \sigma_{ds}^j \\ \sigma_{ds}^j & \sigma_{ss}^j \end{bmatrix}\right), \text{且} \sum_{j=1}^{n} \alpha^j = 1, \alpha^j \geq 0 \tag{6.4}$$

假设 $\bar{d}^j = \bar{d}$，$\sigma_{dd}^j = \sigma_{dd}$，则看涨期权买入价格如下：

$$C(X) = e^{-i(t,\tau)(\tau-t)} \sum_{j=1}^{n} a^j \left[\exp\left(\bar{s}^j + \frac{1}{2}\sigma_{ss}^j + \sigma_{ds}^j\right) \Phi\left(\frac{\bar{s}^j + \sigma_{ss}^j + \sigma_{ds}^j - \ln X}{\sqrt{\sigma_{ss}^j}}\right)\right.$$

---

① Soderlind P., Svensson L. New techniques to extract market expectations from financial instruments [J]. Journal of Monetary Economics, 1997, 40 (2): 383-429.

$$-X\Phi\left(\frac{\bar{s}^j + \sigma_{ds}^j + \ln x}{\sqrt{\sigma_{ss}^j}}\right)\right] \tag{6.5}$$

其中 Φ（　）表示标准正态分布函数。为了简便分析，远期汇率可以表示为

$$F\ (t,\ \tau)\ = e^{-f(t,\tau,T)(T-\tau)} = \sum_{j=1}^{n} a^j \exp\left(\bar{s}^j + \frac{1}{2}\sigma_{ss}^j + \sigma_{ds}^j\right) \tag{6.6}$$

期权价格中隐含的风险中性概率分布与真实分布之间的差异和即期汇率风险溢价密切相关，美式期权提前行使的可能性使定价问题变得更加困难。Chaudhury 和 Wei（1994）推导出了美式远期或期货看涨期权和看跌期权的有效界限（假设连续交易），具体表达式如下：

$$\underline{F}^A\ (X)\ = max[\tilde{E}_t S\ (\tau)\ -X,\ C\ (X)] \tag{6.7}$$

$$\overline{F}^A\ (X)\ = e^{i(t,\tau)(\tau-t)} C\ (X) \tag{6.8}$$

$$\underline{P}^A\ (X)\ = max[X - \tilde{E}_t S\ (\tau),\ P\ (X)] \tag{6.9}$$

$$\overline{P}^A\ (X)\ = e^{i(t,\tau)(\tau-t)} P\ (X) \tag{6.10}$$

其中，$C\ (X)$ 和 $P\ (X)$ 分别代表欧式看涨期权和看跌期权价格，满足以下关系式

$$P\ (X)\ = C\ (X)\ + e^{-i(t,\tau)(\tau-t)}[X - \tilde{E}_t S\ (\tau)] \tag{6.11}$$

其中，$\tilde{E}_t S\ (\tau)$ 可以使用式（6.6）的远期汇率作为代理变量，$C\ (X)$ 通过式（6.5）获得。通过式（6.7）至式（6.10）可见，随着执行价格的增加，较低的看涨边界从上方向欧式看涨期权趋同。相对地，随着执行价格的增加，看跌期权的下限从欧式看跌期权开始逐渐向$[X - \tilde{E}_t S\ (\tau)]$收敛。波动性增加意味着即使在较高的执行价格下，看涨期权和看跌期权下限仍将接近欧洲期权。而两个期权上限均是欧式期权价格乘以 $e^{i(t,\tau)(\tau-t)}$。

Melick 和 Thomas（1996）将实际期权价格视为上下限的加权平均值，并估计了两个权重（ω^1，ω^2）以及风险中性概率分布中的参数，其中，ω^1 代表实值期权，ω^2 表示虚值期权。

$$C^A\ (X)\ = \omega^C \underline{C}^A\ (X)\ +\ (1 - \omega^C)\ \overline{C}^A\ (X) \tag{6.12}$$

$$P^A\ (X)\ = \omega^p \underline{P}^A\ (X)\ +\ (1 - \omega^p)\ \overline{P}^A\ (X) \tag{6.13}$$

其中，如果 X < F，则 $\begin{bmatrix} \omega^c \\ \omega^p \end{bmatrix} = \begin{bmatrix} \omega^1 \\ \omega^2 \end{bmatrix}$；如果 $X > F$，则 $\begin{bmatrix} \omega^c \\ \omega_p \end{bmatrix} = \begin{bmatrix} \omega^2 \\ \omega^1 \end{bmatrix}$。

在估计隐含分布时，需要注意几个实际问题，特别是对于三个正态分布的混合分布。首先，某些密度函数估计结果会呈现"尖峰"特征，这一结果通常与期权价格奇异值有关系。第二，损失函数在某些维度上非常平缓，甚至是非单调的。

3. 汇率沟通对汇率预期的影响分析

（1）典型汇率沟通事件一：汇率双向波动将常态化

随着 2014 年美元对人民币汇率开始上行，延续了数十年之久的人民币单边升值趋势被打破，人民币汇率开始呈现双向波动特征，这是人民币汇率市场化改革不断深化的必然结果。自 1994 年的汇改以来，人民币汇率市场化改革已历经 25 年，人民币对美元持续升值，到 2014 年升值近 30%。然而，人民币汇率形成机制改革并非是为了无休止的单边升值，而是提高人民币汇率形成的市场化特征，汇率双边波动便是人民币汇率市场化改革进一步深化的表征。

2014 年 3 月 15 日我国央行新闻发言人就扩大人民币汇率浮动幅度答记者问时表示："随着汇率市场化形成机制改革的推进，未来人民币将与国际主要货币一样，有充分弹性的双向波动会成为常态"。可见，央行开始向市场传递"汇率双边波动会趋向常态化"政策取向，同时，为了进一步深化人民币汇率形成机制的市场化特征，契合央行推动双边波动常态化的意愿。2015 年 8 月 11 日，我国央行对人民币兑美元汇率中间价形成机制进行再度改革，强调中间价报价要参考前一日收盘价和一篮子货币；2015 年 12 月 11 日，中国外汇交易中心发布人民币汇率指数，初步形成了"收盘价 + 一篮子货币"的人民币兑美元汇率中间价形成机制。2016 年 6 月，成立外汇市场自律机制，规范人民币汇率中间价报价行为，维护外汇市场规范运行。2017 年 2 月，为了避免人民币汇率中间价重复反映美元汇率变化，调整一篮子货币参考时段。2017 年 5 月 26 日将逆周期因子引入到中间价定价机制，对冲市场顺周期波动。受国内良好的经济基本面、欧洲央行加息预期以及美元相对偏弱等因素的影响，2018 年初人民币开始再次呈现升值趋势。对此，外汇管理局从 2018 年 1 月开始连续向市场传递"人民币汇率双边波动将成为常态"的政策信号。比如，2018 年 1 月 18 日，国家外汇管理局新闻发言人王春英在国务院新闻办公室举行的新闻发布会上表示，"世界经济复苏和主要经济体货币政策正常化还是有一定不确定性，未来人民币汇率双向波动将成为常态。"随后，2018 年 2 月 26 日王春英就跨境资金流动情况答记者问时再次表示，"国内外环境将使得人民币汇率双向波动成为常态，并且总体能够在合理均衡水平上保持基本稳定。"

　　针对外汇管理局 2018 年 1 月 18 日的汇率沟通，我们以香港交易所 HKEX 美元兑人民币期权为基础，复原了 2018 年 1 月到 6 月的隐含风险中性概率分布，并提取该阶段的人民币汇率预期二阶矩。通过图 6-1 不难发现，外汇管理局的此次口头汇率沟通在短期内并未降低汇率预期的波动性，反而加大了汇率预期波动，可见，从汇率预期波动下降的汇率沟通有效性辨识标准看，此次汇率沟通是无效的。但值得注意的是，此阶段人民币汇率处于升值阶段，自 2014 年后逐渐弱化的人民币升值预期呈现再次增强的变化趋势，外汇管理局此轮汇率沟通向市场传递了弱化人民币的政策信号，市场参与者通过获取的基本面信息和政策信息形成了对未来汇率的新预期，很可能导致人民币升值预期再次弱化，人民币汇率升值预期由强化转向弱化的过程中，可能导致汇率预期波动性加大。

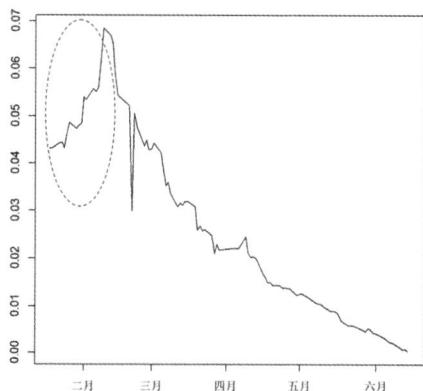

图 6-1　香港离岸市场 2018 年 1 月—6 月人民币对美元汇率预期二阶矩

　　（2）典型汇率沟通事件二：保持人民币汇率在合理均衡水平上的基本稳定

　　2018 年 5 月末，中美贸易谈判破裂，美联储开始实行紧缩的货币政策，持续提高联邦基准利率，中美货币政策急剧分化，国际资本对美元兑人民币汇率预期发生改变，人民币汇率开始再次呈现贬值走势，在 6 月 1 日到 8 月 15 日期间，美元兑人民币汇率从 6.4169 持续上行至 6.9049，人民币贬值幅度高达 7.6%。然而，事实上，2018 年中国在全球贸易中依然拥有较强的出口竞争力，资本跨境流出压力下降，人民币汇率走势与国内良好的宏观经济基本面并不一致，人民币汇率贬值可能主要由中美货币政策分化和中美贸易战恶化引发。

为了稳定人民币汇率，央行不得不重启逆周期因子，并频繁通过汇率沟通向市场传递央行稳定人民币汇率的决心和立场。在 7 月到 8 月这两个月里，央行前任行长周小川、现任行长易纲、副行长潘功胜、朱鹤新以及外管局新闻发言人王春英等都曾就"保持人民币汇率稳定"或"不会将人民币汇率作为工具应对贸易争端"进行过公开表态。比如，2018 年 7 月 3 日中国央行行长易纲在接受媒体采访时表示："当前中国经济基本面良好，金融风险总体可控，将继续实行稳健中性的货币政策，深化汇率市场化改革，发挥好宏观审慎政策的调节作用，保持人民币汇率在合理均衡水平上的基本稳定。"为了分析央行行长易纲此次汇率沟通对汇率预期的影响，检验其汇率沟通的有效性，同样以香港交易所 HKEX 美元兑人民币期权为基础，复原了 2018 年 7 月到 9 月的隐含风险中性概率分布，并提取该阶段的人民币汇率预期二阶矩。

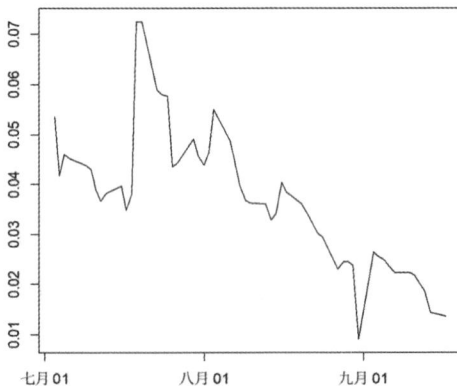

图 6-2　香港离岸市场 2018 年 7 月—9 月人民币对美元汇率预期二阶矩

通过图 6-2 不难发现，汇率预期波动在七月中上旬呈现明显的下降趋势，表明此次汇率沟通是有效的，能显著降低汇率预期的波动性。这可能主要源于以下三个原因：一是此次汇率沟通的实施者为央行最高决策人，具有较高的信誉，提高了汇率沟通向市场传递信息的可信度；二是市场参与者通过对接收到的宏观经济基本面信息的正确解读，认识到了本次人民币汇率贬值与国内宏观经济基本面不一致。三是自 2014 年以来央行推行的"汇率双边波动常态化"的政策取向，强化了市场参与者对汇率双边波动的认识，致使部分投资者在短期内可能会持观望态度。

（3）典型汇率沟通事件三：人民币汇率弹性进一步增强

人民币对美元汇率中间价波动幅度限制从最初的 0.3% 逐步放宽到目前的 2%，人民币汇率弹性不断增强，这是我国央行不断深化人民币汇率市场化改革的重要举措，对促进人民币汇率发挥"自动稳定器"功能具有重要意义。当然，人民币弹性的增加不仅仅体现在汇率波动幅度限制方面，更体现在近年人民币对美元汇率中间价的波动实践上。在 2015 年到 2017 年期间，人民币兑美元汇率中间价年内最大波幅分别为 5.9%、7.1% 和 6.5%，而 2018 年人民币汇率双边波动特征更加显著，年内低位对高位的最大跌幅达 9.9%，年均波动率达 4.6%。可见，人民币汇率波动弹性进一步提高。

目前，人民币汇率双向波动日趋常态化，国内宏观经济基本面良好，但全球贸易政治形势不确定性有所增加，世界经济下行压力不断积累。在当前国内外经济形势下，央行推行提升人民币汇率弹性的政策取向可以实现以下目的：一是在人民币汇率呈现贬值走势时，分化单边的人民币贬值预期，避免出现持续性恐慌的市场情绪；二是加强人民币汇率弹性促使汇率实现灵活调整，从而在一定程度上有助于减缓或抑制国际资本大量外流，促进跨境资本流动保持稳定；三是提升汇率弹性，缩小与发达经济体外汇市场的差距，对加强国际货币政策协作具有一定的促进作用；四是随着金融市场对外开放度的不断提高，国际资本流动加速，在"三元悖论"困境下，让人民币汇率双边波动趋于常态，并不断提升汇率弹性，有利于增强货币政策的独立性和有效性。

可见，人民币汇率弹性的提升，既是对"汇率双向波动日趋常态化"的契合，也是金融市场稳定跨境资本流动的政策要求，更是人民币汇率市场化改革进一步深化的重要体现。为了充分发挥市场自身的调节作用，促进人民币汇率"自动稳定器"功能的有效实现，我国央行和外汇管理局多次就人民币汇率弹性持续增强进行信息沟通，向市场传递相关信息，提高市场参与者对汇率波动弹性的认识和理解，引导市场形成央行合意的汇率预期，促进国际跨境资本规范且稳定的运行。2018 年 8 月 17 日，国家外汇管理局新闻发言人就 2018 年七月跨境资金流动情况答记者问时表示："我国跨境资金流动保持了总体稳定、基本平衡的发展态势，人民币汇率弹性进一步增强。"同年 9 月 7 日，国家外汇管理局相关负责人在央行公布 8 月份外汇储备规模数据后表示，基于我国良好的经济发展状况，稳定运行的外汇市场以及持续加强的汇率弹性，我国外汇储备保持稳定。

为了分析国家外汇管理局就汇率弹性的口头沟通是否对汇率预期产生了影响，再次以香港交易所 HKEX 美元兑人民币期权为基础，复原 2018 年 8 月—9 月的隐含风险中性概率分布，并分别提取了 8 月 17 日和 9 月 7 日口头沟通后的人民币汇率预期二阶矩。如图 6-3 和和图 6-4 所示，两次汇率沟通后汇率预期的波动性均在当月呈现下降趋势，表明汇率沟通是有效的。也就是说，在人民币汇率因中美贸易战和中美货币政策分化面临贬值压力时，通过向市场传递人民币汇率弹性不断提升的市场信息，可以有效缓解人民币贬值压力，从而减弱市场参与者的恐慌情绪，降低汇率预期的波动性。

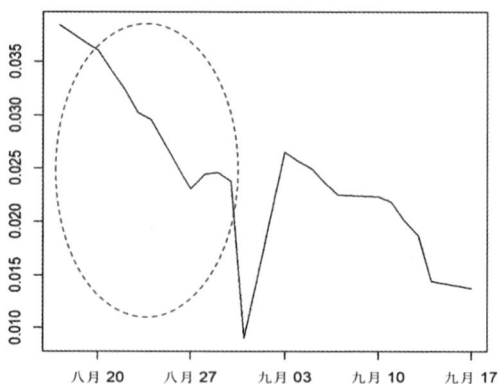

图 6-3　香港离岸市场 2018 年 8 月—9 月人民币对美元汇率预期二阶矩

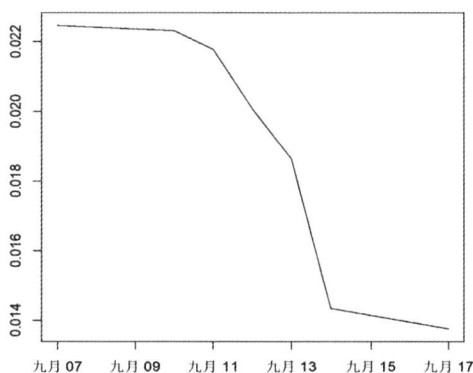

图6-4　香港离岸市场2018年9月人民币对美元汇率预期二阶矩

（4）典型汇率沟通事件四：降准不会对人民币汇率形成贬值压力

自2018年10月15日起，存款准备金定向下调1%，共释放资金约12000亿元，其中约4500亿元用于置换中期借贷便利，增强银行体系资金的稳定性，优化流动性结构，通过降低企业融资成本提升金融对实体经济的服务能力。此外，剩余的约7500亿元将主要用于扶持民营、小微企业发展，提升这些企业的科技创新能力和竞争力，切实推动各类实体产业稳步健康发展。

为了避免定向降准政策对连续数月的人民币贬值走势产生较大影响，导致人民币汇率贬值预期强化，央行在10月7日对本次降准进行了政策解读，相关负责人表示，本次定向调控并不是为了增加银行体系的流动性，而是通过置换中期借贷便利和对冲10月份税期优化流动性结构，引导银行信贷规模合理增长，助力实体经济发展，为其高速度和高质量发展提供良好的金融环境。因此，央行并未改变稳定中性的货币政策取向，银根并没有放松，货币供应量和信贷规模增长率适中，基本同国内经济增长相匹配，不会形成汇率贬值压力，反而会增加宏观经济对汇率的支撑能力，促使人民币汇率在合理均衡水平上保持基本稳定。

同样以香港交易所HKEX美元兑人民币期权为基础，复原2018年10月的隐含风险中性概率分布，并提取了此次信息沟通后的人民币汇率预期二阶矩。由图6-5可知，汇率预期的波动性在汇率沟通后呈现下降趋势，可见，此次汇率沟通是有效的。表明我国央行通过信息沟通提高了货币政策的透明度，促使市场参与者正确把握货币当局的调控意图，明晰此次降准的真正目的，对信息沟通传递的流动性问题进行了合理的解读，从而有效降低了降准政策对人民币汇率的影响，避免了人民币汇率贬值压力的强化。

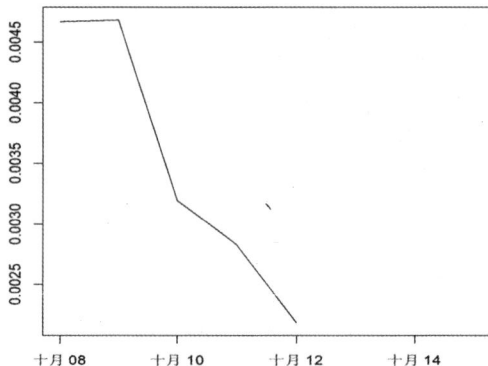

图6-5　香港离岸市场2018年10月人民币对美元汇率预期二阶矩

第二节　人民币汇率沟通有效性的实证检验

考虑到事件分析忽略了其他因素对人民币汇率预期的可能影响，无法有效区别汇率沟通和经济基本面、国外利率政策变动等因素对人民币汇率的影响。因此，本节将运用EARCH模型实证检验2018年以来汇率沟通对人民币汇率预期的影响效果，并基于脉冲响应函数分析汇率沟通影响汇率预期的动态反应。

一、实证模型的构建[①]

为了综合考察汇率沟通对人民币汇率预期水平和波动性的影响效果，本节采用加入汇率沟通的混合汇率预期形成模型进行回归分析，具体形式为

①本节样本区间为2018年1月1日—2020年1月31日，如果基于货币主义模型或其他理论模型，实证检验汇率沟通对人民币汇率水平或波动性的影响，控制变量多为月度数据，样本区间过短无法保证实证结果的稳健性，故本节仅从汇率预期形成机制的视角，实证检验汇率沟通对汇率预期水平和波动性的作用效果。

$$\ln(E_t(S_{t+1})) - \ln(S_t) = \alpha + \beta[\ln(S_t^*) - \ln(S_t)] + \gamma[\ln(S_t) - \ln(S_{t-1})]$$

$$+ \varphi(i_t - i_t^*) + \delta IO_t \varepsilon_t \tag{6.14}$$

其中，$\ln(S_{t+1})$ 和 $\ln(S_t)$ 分别为 $(t+1)$ 时刻和 t 时刻的人民币对美元即期汇率；$\ln(E_t(S_{t+1}))$ 表示预测机构的预期汇率；S_t^* 基本面均衡汇率；IO_t 表示口头汇率沟通虚拟变量；ε_t 代表随机误差项。若在 t 时刻发生了口头汇率沟通事件，则取值为 1；若没有发生口头汇率沟通事件，则取值为 0。

假定市场参与者是基于混合汇率预期形成模型对人民币未来汇率进行预测，为检验汇率沟通对人民币汇率预期波动的影响，建立如下的 EGARCH 模型：

$$\ln(h_t^2) = \alpha_0 + \sum_{i=1}^p \alpha_i \ln(h_{t-1}^2) + \sum_{i=1}^q \beta_i \left(\frac{|\varepsilon_{t-1}|}{h_{t-1}}\right) + \lambda_1 \left(\frac{\varepsilon_{t-1}}{h_{t-1}}\right) + \gamma IO_t \tag{6.15}$$

其中，β_i 代表了 ARCH 效应；λ_1 代表了杠杆效应；α_i 用来反映汇率预期波动的持久性；γ 代表口头沟通对汇率预期波动的影响。

二、基于 EARCH 模型的实证检验

根据第四章的研究结果可知，不难发现 12 月期远期汇率的混合预期回归方程拟合结果有时会不显著，而 3 月、6 月和 9 月的远期汇率在进行样本调整时，2018 年会出现大量缺失数据，为此，本节将采用 1 月期远期汇率作为预期汇率的代理变量进行回归检验。此外，基本面均衡汇率采用即期汇率 90 天的移动平均值作为代理变量。回归结果如表 6-4 所示。

表 6-4　EGARCH (1, 1) 模型估计结果

变量	均值方程	变量	方差方程
$\ln(S^{*"}t) - \ln(S_t)$	-0.007 1*** (-4.918 1)	α_0	-4.388 7*** (-6.628 1)
$\ln(S_t) - \ln(S_{t-1})$	-0.078 7*** (-10.920 5)	$\ln(h_{t-1}^2)$	1.139 9*** (11.826 2)
$i_t - i_t^*$	0.005 3*** (28.897 5)	$\left(\dfrac{|\varepsilon_{t-1}|}{h_{t-1}}\right)$	-0.354 0*** (-5.406 6)

变量	均值方程	变量	方差方程
IO_t	0.000 1** (2.275 0)	$\left(\dfrac{\varepsilon_{t-1}}{h_{t-1}}\right)$	0.732 7*** (15.401 3)
		IO_t	-1.298 2*** (-8.623 8)
Adjusted R – squared	0.258 2		
D – W 统计量	1.684 8		
Log likelihood	1 811.307		
残差 ARCH – LM： F 统计量	2.496 0		

注：括号内的数值为 Z 统计量。***代表 1% 水平下显著，**代表 5% 水平下显著。

基于 AIC 准则确定最优的 EGARCH 模型，同时，残差 ARCH 效应检验结果显示，F 统计量在 1% 的显著性水平下接受原假设，即不存在残余 ARCH 效应，说明 EGARCH(1,1) 模型的设定合理。根据表 6-4 中均值方程的回归结果可知，口头汇率沟通变量的回归系数在 5% 的水平上显著为正，说明口头汇率沟通对人民币汇率预期水平变动具有显著影响，总体上，平均每次汇率沟通可以引起人民币汇率预期贬值 0.0001%。由于样本期间人民币汇率处于贬值的时间较多，同时，汇率弹性不断加强，在汇率波动逐渐趋于常态化的情况下，汇率沟通很可能导致市场参与者强化人民币贬值预期。从条件方差方程的回归结果看，汇率沟通的回归系数在 1% 的水平下显著为负，说明汇率沟通能有效降低人民币汇率预期的波动性，平均来讲，每次汇率沟通可以促使汇率预期波动幅度降低 1.2982%。可见，从汇率预期波动性的判断标准看，我国央行等机构对人民币汇率所实施的口头沟通是有效的，能显著影响汇率预期，降低汇率预期的波动性。而且 λ_1 的估计值显著为正，说明汇率沟通存在杠杆效应，即强势人民币汇率沟通和弱势人民币汇率沟通对汇率预期的影响具有不对称性。

其次，均值方差中 $\ln(S_t^*) - \ln(S_t)$ 的回归系数显著为负，说明即期汇率不会回归到基本面汇率，意味着这一时期的汇率预期不稳定，与宏观经济基本面不符,市场参与者无法通过回归预期形成机制对人民币汇率进行正确预期。该结果与当时的人民币汇率波动原因基本相符,2018 年以来,中国经济保持稳步发展,经济增长速度始终居于世界前列,对外贸易基本平衡,依然拥有强劲的出口竞争力,宏观经济基本面良好。然而,2018 年初中美贸易战的爆发导致人民币汇率升值预期弱化,在 2018 年 5 月低中美贸易谈判破裂后,人民币汇率开始呈现贬值走势,并随着美联储加息政策的实施而强化。可见,2018 年人民币汇率贬值走势与国内良好的宏观经济基本面不符,主要受中美货币政策分化和中美贸易战影响。

同时,均值方差中 $\ln(S_t) - \ln(S_{t-1})$ 的回归系数在 1% 的水平下显著,说明人民币汇率预期符合外推预期形成机制,即市场交易者对未来人民币汇率进行预测时主要考虑了过去的汇率变动趋势。系数值为负说明人民币汇率预期呈现负向外推预期特征,即市场参与者预期人民币汇率变动趋势可能会发生逆转,这同第四章混合汇率预期形成机制检验的结果基本相同,也符合人民币汇率双边波动日趋常态化的特征。此外,$i_t - i_t^*$ 的回归系数显著为正,说明短期内无抛补利率平价理论成立,这也与第四章的套利预期模型检验结果相一致。

三、基于脉冲响应函数的动态效应分析

通过 EGARCH 模型实证检验了口头汇率沟通在当期对人民币汇率预期波动的作用效果,为了进一步分析汇率沟通对汇率预期的动态作用效果,下面将进行脉冲响应分析,重点考察人民币汇率预期受到来自汇率沟通的一个标准差冲击后的反应。

由图 6-6 的脉冲响应函数不难发现,对于人民币汇率沟通冲击,汇率预期产生了负向反应,说明我国央行等机构进行强势人民币汇率沟通,会促使市场参与者强化人民币汇率贬值预期,这与 EGARCH 模型的回归结果相符。同时,受到汇率沟通冲击后,汇率预期并未在当期产生反应,而是在第 1 期后才开始显现,并在第 2 期后不久达到最大,随后,人民币汇率预期对汇率沟通冲击的反应开始呈现减弱的趋势,未到第四期便收缩为零。可见,人民币汇率预期对汇率沟通冲击的反应存在明显的时滞,而且汇率沟通对汇率预期的影响时间不具有持久性,主要体现在短期影响,持续时间大约为 2 天。

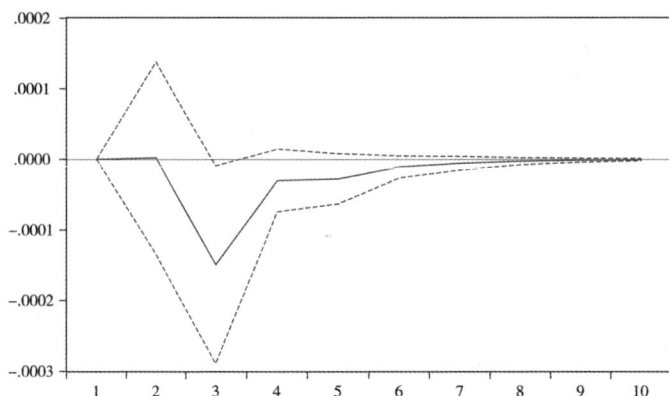

图 6-6 汇率预期变动对汇率沟通的脉冲响应函数

通过对汇率沟通有效性的典型事件分析和实证检验,可以发现,汇率沟通在短期内对汇率水平变动、汇率预期变动以及汇率预期波动具有显著影响。从汇率水平变动的判断标准看,在 2018 年 1 月—2019 年 12 月期间,进行的 32 次倾向性汇率沟通事件中,有效沟通事件占倾向性沟通事件总数的 75%。从汇率预期变动看,平均每次汇率沟通会导致人民币汇率预期贬值 0.0001%,但存在反应时滞且影响持续时间较短。最后,汇率沟通可以显著降低汇率预期的波动性,且存在显著的不对称效应。总体上,汇率沟通在短期内是有效的。

第七章　人民币汇率预期管理特点 与对策建议

第一节　新时代人民币汇率预期管理的特点

近年来,中国经济正逐渐步入新时代,持续推进供给侧结构性改革,经济稳中有升,积极推动"中国制造2025"和"一带一路"发展倡议,逐步提升中国在全球经济中的地位和影响力。同时,强化货币政策、宏观审慎政策和金融监管协调,稳步扩大资本市场开放程度,推进人民币国际化进程,巩固人民币汇率强势之本。然而,随着新冠肺炎疫情的持续蔓延,全球不确定性进一步加剧,人民币开始呈现双边震荡贬值的趋势。在汇率市场化改革对外汇市场直接干预和中间价管理产生了监督和约束的情况下,汇率预期管理已成为新时期货币当局稳定人民币汇率的重要手段,并呈现出区别于过去的新特点。

一、汇率预期波动和形成机制呈现阶段性差异,汇率预期管理 重在非理性预期管理

首先,根据第四章汇率预期特征的实证检验结果可知,人民币汇率预期具有显著的ARCH效应,即呈现波动集聚性特征。2015年"8·11汇改"前,市场对人民币持有强烈的升值预期,作为预期汇率代理变量的远期汇率具有波动持久性特征,而且人民币贬值预期冲击对汇率预期波动的影响更大。2015年"8·11汇改"后,人民币汇率形成机制改革不断深化,汇率形成更加市场化和透明性,面对新息冲击,汇率预期波动的持续性有所下降。同时,人民币升贬值预期冲击对汇率预期波动的不对称效应消失。

其次,基于人民币汇率预期特征和形成机制检验结果可知,无论是以远期汇率作为汇率预期的替代变量,还是采用预测机构的汇率预期数据,都不满足理性预期假设的条件,非理性预期模型更符合实际的人民币汇率预期形成。在2015年"8·11汇改"前,人民币汇率预期符合回归预期形成机制,即市场交易者可以通过对实际汇率与基本面汇率的偏离调整形成汇率预期。而在2015年"8·11汇改"后,人民币汇率预期符合外推预期形成机制,且呈现负向外推预期特征,即市场主体预期人民币汇率变动趋势将发生逆转。值得注意的是,适应性预期模型的回归结果显示,短期汇率预期在2015年"8·11汇改"前后均具有适应性预期特点,汇率预期是一种学习反馈的过程,即市场交易者会根据过去的预期误差调整形成人民币汇率预期。

汇率预期管理并非只是简单的信息传递,它是货币当局发布信息与市场主体反馈信息的动态博弈过程。市场参与者对信息的接收、解读和反馈是汇率预期管理能否成功的关键影响因素,也是非理性预期形成的重要原因。为了避免人民币汇率非理性预期引发的负面效应,央行积极提高汇率预期管理和汇率沟通能力,引导市场形成理性预期。通过信息沟通向市场传递宏观经济基本面信息,引导市场基本面分析者正确预测基本面均衡汇率,使其通过回归预期模型形成对未来汇率的合理预测。同时,通过召开新闻发布会或在官网上进行政策解读等信息沟通方式对统计报告、汇率政策等进行阐释,并提供最近的经济金融信息,消除市场参与者对汇率调控决策的疑惑和误解,提高汇率政策的可预测性,帮助市场技术分析者明晰过去的汇率变动趋势以及汇率预期偏误,使其通过外推预期和适应性预期模型形成对未来汇率的合理预测。

二、汇率沟通成为预期管理的主要手段,前瞻性指引得到关注

在人民币汇率逐步市场化、外汇市场有序开放的背景下,汇率管理重心逐渐由常态式外汇干预转向预期管理。作为汇率预期管理的重要手段,汇率沟通借助口头公开表态等多种渠道向市场传递汇率政策意图和政策取向,引导市场主体形成央行合意的汇率预期,从而实现干预汇率、稳定外汇市场的政策目标。汇率沟通加强了货币当局与市场主体之间的信息交流,本意在于缓解信息不对称,使公众真正了解相关政策的出台背景及目的、引导市场形成理性判断和预期,以达到期望的政策目标。在中国经济转型升级的过程中,人民币兑美元汇

率在 2014 年末开始呈现下行趋势,加上美联储加息和美元持续升值,人民币升值预期快速减弱,甚至在非理性预期的作用下逆转为贬值预期。为了稳定人民币汇率,防止因汇率剧烈波动增加金融市场不确定性,从而引发系统性金融危机。央行在进行外汇市场实际干预的同时,央行行长或其他相关高级官员曾多次通过公开发表声明,向市场传递维持人民币汇率稳定的信念,引导公众对汇率政策及其调整路径的解读,提高信息透明度和政策意图传达效率,降低外汇市场的不确定性,提高汇率沟通政策对汇率水平、波动和预期的作用效果。同时,借助货币政策执行报告、区域金融运行报告等书面沟通向市场传递货币当局的政策立场和观点。

在 2014 年 2 月到 2017 年 3 月期间,共发生 70 个官方层面的公开表态,其中,在人民币升值预期强劲的 2015 年和 2016 年便发生了 55 个公开表态事件①。而且,公开表态以国务院和中央公开表态为主,显示了中央政府对汇率预期管理的重视,以及通过加强汇率沟通提高信息透明度、引导市场预期提高汇率政策有效性的强烈意愿。在 2018 年 1 月到 2020 年 1 月期间发生了约 47 次口头沟通事件。其中,受中美贸易战影响,2018 年基本延续了 2015—2016 年高频率的汇率沟通特征,共进行了 28 次口头沟通;随着中美贸易战的缓和,2019 年人民币汇率沟通有所减少,共进行了 17 次。同时,自人民币汇率双边波动日趋常态化后,曾在 2015—2016 年频繁进行口头沟通的国务院总理李克强已很少就汇率进行公开表态,仅在 2018 年就汇率改革和汇率稳定进行过两次公开表态。可见,2018 年人民币汇率双边波动常态化后的汇率干预明显减弱,中央政府已基本不再就汇率问题进行过多干预,主要由货币当局进行汇率沟通,说明 2018 年后的人民币汇率变动问题可控,并未超过央行的权责范围。

2008 年金融危机后,全球经济不确定性增加,资本市场和实体经济都遭到巨大冲击,为应对金融环境恶化、突破零利率约束引发的传统货币政策瓶颈,许多西方发达经济体开始纷纷采用前瞻性指引应对零利率下限,减少金融市场波动并复苏经济,取得了较大成功。作为预期管理和央行沟通的前沿手段,前瞻性指引是中央银行在经济不确定性增加、流动性不足和政策利率接近零下限的

①谢建国,贾珊山.公开市场表态稳定了人民币汇率吗?:基于 2014—2017 年人民币汇率干预事件的研究[J].世界经济研究,2019,299(01):20 - 32 + 137.

特殊时期,通过发布宏观经济指标预测、未来政策调整路径或做出可信度较高的承诺等方式引导市场预期,提高政策实施效果的预期管理手段。相较于常规性汇率沟通,前瞻性指引作为恶劣经济形势下的宏观调控政策,能够在一定程度上有效破解传统货币政策传导渠道失效问题,是特殊经济背景下预期管理的重要手段。目前,全球经济进入深度调整期,国际市场不确定性加大,世界经济增长速度放缓。同时,我国已进入互联网技术快速发展、信息公开化程度不断提高的新时代,公众的信息敏感度不断提高,前瞻性指引可以在一定程度上分担央行难以进行直接干预的压力,更好地配合"双支柱"调控模式下的汇率引导。

三、以维持离岸、在岸人民币汇差稳定为目标,境内外汇率预期管理互动加强

自 2010 年人民币离岸市场建立以来,人民币计价交易品种不断增加,吸引了众多投资者的关注,市场交易额持续增加。虽然在岸人民币与离岸人民币市场在交易主体、政策监管和价格形成等方面存在诸多差异,但市场之间的互动关系却不断增强。由图 6-1 可见,自 2015 年"8·11 汇改"以来,CNY 和 CNH 汇价经历了趋势相同而幅度不同的波动过程。在 2015 年末到 2017 年末期间,受美联储加息、英国脱欧等因素的影响,离岸人民币市场波动率提高,人民币汇率震荡下行,在岸离岸汇价差异出现大幅增加,甚至在 2016 年 1 月 6 日突破 1 600点。理论上,只要汇差收益大于交易成本,大幅汇差必然会引发大量的套利交易,即套利者在离岸市场低价买入人民币,在在岸市场高价换回美元,最终流出境外,从而增加人民币贬值压力。为此,中国央行采取多种政策措施,积极干预市场稳定离岸在岸汇差,最终两地汇价大幅缩小,甚至出现倒挂,短期内有效缓解了人民币汇率贬值预期。类似地,在 2018 年 1 月和 8 月央行退出和再引入逆周期因子进行人民币汇率中间价调整后,两地汇差均出现收窄趋势,汇价差异得到有效稳定。

此外,在岸与离岸人民币汇率预期联动关系的实证检验结果显示,1 月期和12 月期的在岸、离岸人民币汇率预期之间存在长期的稳定均衡关系和显著的双向 granger 因果关系;离岸对在岸汇率预期冲击反应迅速且随期数增加而缓慢上升,长期反应强于短期反应,而在岸对离岸汇率预期冲击反应存在时滞,长期

反应弱于短期反应。可见,自 2014 年"3. 17 汇改"和 2015 年"8·11 汇改"以来,随着人民币汇率形成机制日趋市场化和透明化,在岸、离岸人民币汇率预期之间的互动关系日趋密切,尤其是在岸汇率预期对离岸汇率预期的影响效果和作用时间明显增强。

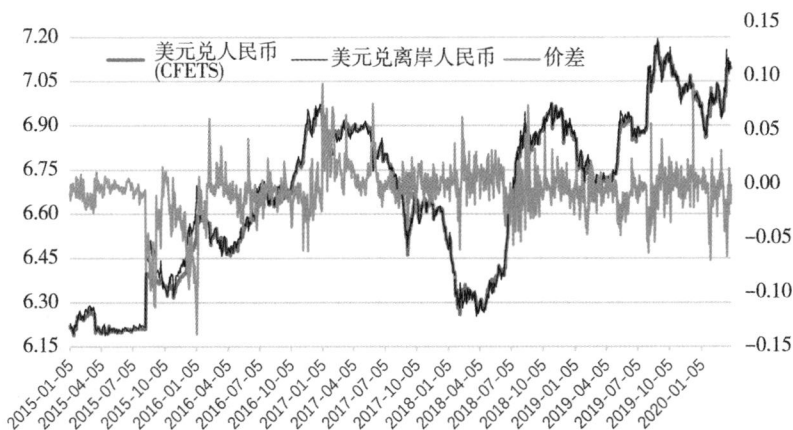

图 7-1　2015 年以来在岸和离岸美元兑人民币汇率及其差异

从两地人民币汇率的波动趋势、央行汇率干预的政策效果可见,在岸、离岸人民币汇率之间存在显著的互动关系,维持两地汇率差异稳定成为货币当局进行外汇市场干预的重要目标。从干预的具体方式看,通过外汇储备进行外汇买卖稳定离岸人民币汇率的干预成本较高,且无法长期进行。此外,央行在离岸市场卖出外汇可能会引发国内利率上升,与国内货币政策调控产生冲突。因此,通过预期管理维持在岸和离岸人民币汇率稳定至关重要。基于在岸与离岸人民币汇率预期之间显著的联动效应,央行通过加强两地的汇率预期管理互动,疏通离岸在岸市场预期引导渠道,从而达到事半功倍的预期管理效果。

四、人民币汇率沟通的主要干预方向为促进人民币稳定升值

在 2018 年 1 月到 2020 年 1 月期间发生的 47 次口头沟通事件中,强势人民币的汇率沟通有 23 次,稳定人民币的汇率沟通有 15 次,两者占汇率沟通事件的比重达 80.9% ;而弱势人民币的汇率沟通仅有 9 次,占汇率沟通事件的 19.1%。可见,我国自 2018 年以来的汇率沟通主要以促进人民币升值的强势

沟通和稳定人民币币值的中性沟通为主。同时,稳定人民币的汇率沟通具有持续性强的特点,而强势人民币汇率沟通则呈现出高频率、低强度的特点。事实上,自 2005 年人民币汇率制度改革后,我国汇率沟通就主要以人民币稳定升值为干预方向。谷宇等(2016)对 2005 年 7 月到 2014 年 12 月期间的汇率沟通进行整理、赋值后发现,我国在此期间共进行了 142 次汇率沟通,其中,促进人民币升值的汇率沟通有 61 次,中性汇率沟通有 63 次,而旨在促进人民币贬值的汇率沟通仅有 18 次。

从国际汇率沟通实践看,我国货币当局的沟通方向与美国早期的美元沟通方向具有一定的相似性。在 1990—2003 年,美国当局实施的强势美元口头干预次数呈现明显的增加趋势,由 1990—1994 年的 18 次,增加到 1995—1998 年的 31 次,再增加到 1990—2003 年的 76 次(Fratzscher,2006)。然而,经过近 10 年的强势美元政策,美国经济增长速度开始显著下滑,小布什政府、特朗普政府等上台后开始实施弱势美元政策,促进出口,拉动国内经济增长和就业。此外,1995—2011 年日本当局共进行了 214 次口头干预,其中,170 次为弱势日元干预,44 次为强势日元干预(Sakata and Takeda,2013),汇率干预方向以抑制日元持续升值为主。可见,我国人民币汇率沟通与日元汇率沟通方向存在显著差异。近年来,以美国、日本和欧盟为代表的主要经济体央行均有意实施宽松货币政策,引导本币贬值,这可能主要源于西方各国经济基本面不景气,国际收支持续恶化等问题。

相对地,我国国际收支总体状况良好,外汇储备充足,经济稳中有进,经济增速在主要经济体中位居前列,展现出了巨大的韧性、潜力和回旋余地。尽管受国际经济形势和贸易摩擦影响,近期人民币兑美元出现了贬值,但中国人民银行行长易纲表示这个汇率波动是市场驱动和决定的,并指出"无论是从中国经济的基本面看,还是从市场供求平衡看,当前的人民币汇率都处于合适水平。虽然近期受到外部不确定性因素影响,人民币汇率有所波动,但我国对人民币继续作为强势货币充满信心。中国人民银行完全有经验、有能力维护外汇市场平稳运行,保持人民币汇率在合理均衡水平上基本稳定。"

五、人民币口头汇率沟通短期内有效,存在反应时滞

汇率沟通的有效性,可以通过分析沟通行为发生后汇率变动、汇率预期水

平变动和汇率预期波动性是否向着央行合意的方向变化来判断。首先,从汇率水平变动的判断标准看,在 2018 年 1 月—2019 年 12 月期间,倾向性汇率沟通事件的成功率达 75% ,汇率沟通对人民币汇率水平的变动起到了有效的引导作用。其中,相较于国家外汇管理局和其他机构,央行汇率沟通对人民币汇率水平变动具有更显著的作用效果;而在央行汇率沟通中,无论是从有效汇率沟通事件占比,还是反转事件占比,央行行长易纲、央行参事盛松成的汇率沟通能力更强。其次,从汇率预期变动看,汇率沟通能显著影响人民币汇率预期,平均来看,每次汇率沟通会导致人民币汇率预期贬值 0.000 1% ,但存在反应时滞且持续时间较短,通常作用时间仅持续 2 天。最后,通过基于风险中性概率的沟通事件分析和 EGARCH 模型检验,可以发现汇率沟通在短期是有效的,能显著降低汇率预期的波动性,且存在显著的不对称效应。

但值得注意的是,受 2018 年中美贸易战和中美货币政策分化等国际政治经济影响,2018 年下半年人民币汇率呈现出明显的贬值趋势,与国内良好的宏观经济基本面不符,导致市场参与者无法通过调整汇率与基本面均衡汇率的偏差进行人民币汇率预期,而是基于过去的汇率变动趋势进行汇率预期。而且,市场参与者预期人民币汇率变动趋势可能会发生逆转,即人民币汇率预期呈现出负向外推预期特征。因此,在未来的汇率沟通实践中,央行应结合人民币汇率变动原因,掌握汇率预期形成机制,并据此实施及时的信息沟通,向市场传导基本面信息和汇率政策信息,提高政策的透明度,减少外汇市场波动。

六、初步建立"宏观审慎和微观监管"框架下的汇率预期管理机制

深化推进金融业改革开放是党和国家做出的重大战略决策,为了防范跨境资本流动风险,保障外汇市场改革开放稳步进行,国家于 2018 年初提出构建"宏观审慎与微观监管"两位一体的外汇市场管理体系。宏观审慎重点关注内外均衡与逆周期调整,强调整个金融市场的安全与稳定;而微观监管重点关注外汇市场秩序维护和行为监管,强调市场参与个体的安全与稳定,两者紧密相连、相辅相成。宏观审慎是形成微观强监管并不断强化的前提,而微观监管也为宏观审慎管理的有效实施提供了有序的市场环境,

在"两位一体"框架下,预期管理在宏观和微观层面发挥的作用将更加强劲。在宏观审慎层面,通过汇率预期管理,提高逆周期调节政策的透明度和可

行度,有效传达政策意图,保障宏观审慎政策的有效实施,从而,对冲市场顺周期波动,防范和化解跨境资本流动,维护经济金融安全稳定。在微观监管层面,通过口头沟通等预期管理,引导外汇市场主体正确解读政策,形成理性预期,进行规范的市场交易,减少跨境套利及违法违规交易,保障外汇市场有序运作。在"两位一体"框架下完善汇率预期管理,将有助于"宏观审慎和微观监管"管理体系的构建和政策有效性的提高,缓解外汇市场不确定性的影响,引导市场主体形成理性预期。

第二节　提高人民币汇率预期管理有效性的对策建议

近年来,为了强化货币政策、宏观审慎政策和金融监管协调,稳步推进人民币汇率形成机制的市场化改革,加速人民币国际化进程,巩固人民币汇率强势之本,在"宏观审慎和微观监管"框架下,我国货币当局积极提高自身的汇率预期引导能力和管理能力,汇率预期管理已成为货币当局实施汇率管理的重要政策手段,以汇率沟通为主要方式的预期管理在引导预期和稳定市场等方面起到了积极作用。但与具有较长口头汇率干预历史的发达国家相比,我国汇率预期管理有效性仍有待进一步提高,基于研究结果和国内外经济形势,本书将从汇率预期管理的及时性、准确性、前瞻性、灵活性、针对性、主动性、客观性和多样性等方面提出相应的政策建议。

一、促进经济稳步发展,继续深化人民币汇率市场化改革

根据日本汇率预期管理实践可知,因为日本政府在国际社会上缺乏话语权,并在对外贸易政策和汇率政策等方面面临着来自美国的各种压力,导致其多次实施被动性的汇率干预政策。因此,我国要以此为戒,继续稳步促进经济发展,提升自身的经济实力和科技水平,减少中美贸易战对国内经济的冲击,同时提高自己在国际社会上的话语权,保持汇率政策的独立性,既有助于赢得国际社会的了解、认同和支持,又能维护国家利益并提升国际影响力,弱化国际舆论和国际政治压力带来的汇率波动,提高汇率预期管理有效性。

同时,中国金融40人论坛高级研究员管涛曾表示,汇率预期应基于经济基

本面。良好的宏观经济基本面是支撑人民币汇率基本稳定的关键因素,也是影响长期稳定的汇率预期形成的重要因素,同时也制约着汇率预期管理的有效实施。比如在英国经济发展前景日趋暗淡的情况下,英镑汇率持续震荡下行,英镑的国际货币地位不断下滑,并逐步被日元所超越。尽管在危机时刻,尤其是2013年至2016年英国脱欧公投期间,国家首相、央行行长等高级别官员都曾进行了数次口头干预,试图引导市场预期,稳定英镑汇率波动,然而英国经济增长前景黯淡、国际信誉受损和主权信用评级下降,导致汇率预期管理效果并不显著。因此,我国应继续保持经济稳步发展,重视科技创新和核心竞争力的培养,不断提升国家经济实力,为维护外汇市场平稳运行以及人民币汇率基本稳定提供经济基础,并在人民币汇率会向经济基本面回归的前提下,有效实施汇率预期管理。

2015年"8·11汇改"后,人民币汇率中间价形成机制得到了进一步完善,随后,"收盘价+参考一篮子货币"人民币中间价定价机制的推出以及逆周期因子的引入,在一定程度上压缩了央行对中间价的操控空间,限制了传统的汇率管理工具的实施效果,为货币当局实施汇率预期管理提供了契机。汇率预期管理和人民币形成机制改革互补协同,汇率形成机制透明度、规则化和市场化的不断提升,为汇率预期管理的有效实施提供了市场基础,同时,货币当局通过汇率预期管理引导汇率预期形成,提高汇率形成机制改革效率。因此,货币当局应继续完善人民币汇率形成机制,提高汇率形成的市场化和透明度,保障汇率预期管理的有效实施。但应采取稳妥谨慎的态度深化汇率市场化改革,循序渐进地开放金融市场,健全金融创新的风险防范和管理机制。

二、加强汇率预期管理的客观性,提高央行透明度和公信力

汇率预期管理主要通过信号渠道影响市场预期,当政府,尤其是汇率政策制定者发布汇率相关信息后,公众对信息的接收、解读将受到货币当局透明度和公信力的影响。研究显示,信誉越高的管理当局,实施汇率预期管理的政策效果越好,而信誉较差的管理当局,实施汇率干预政策的成本较大。中国人民银行是我国人民币汇率管理政策的制定者和执行者,其信誉的高低直接影响公众对其发布信息的接收和解读,从而影响人民币汇率预期和市场交易行为,最终作用于人民币汇率变化,是汇率沟通有效实施的前提条件。如果央行"言行

不一致",很可能会导致公众预期的混乱,降低汇率预期管理效果,并引发公众对央行可信度的质疑。

为了提高央行的透明度和公信力,央行需要把握好汇率预期管理的客观性,从而保障汇率沟通的有效实施。首先,在实施汇率沟通前,央行应对国内外经济形势有清晰且准确的认识,充分理解宏观经济基本面,制定与其相适应的政策调控目标,能客观反映当前的经济形势和政策走向。其次,在实施汇率沟通的过程中,要客观及时地向市场参与者传递宏观经济基本面信息和汇率政策信息,使公众能够获取充足且真实的信息,提高市场参与者解读相关信息的准确性,帮助市场正确识别央行的政策意图,提高政策的透明度。同时,加强与公众的互动,通过调查问卷等方式接收市场参与者的反馈信息,了解市场参与者能否正确解读央行传递的政策信息,并对交易行为进行合理调整。最后,在汇率沟通实施后,央行应"言行一致",保持政策决策和具体实施行为的一致性,按照汇率沟通所传递的政策意图实施具体操作,提高央行的公信力。同时,实事求是地定期发布工作报告和总结,提高央行的透明度,向市场传递更多的宏观经济基本面信息和政策信息,扩大市场参与者的信息集,从而促使其对未来汇率形成更准确的预测。

此外,为了提高央行透明度和公信力,还需建立并不断完善问责激励机制,加强对央行工作人员的权力制衡,并促使他们客观、谨慎地履行自己应尽的职责,减少因工作懈怠或疏忽等原因导致的工作效率低下以及工作失误,即便出现失误也能及时调整工作偏差,保证央行汇率沟通等工作的客观性和准确性,提高央行信誉。

三、重视汇率沟通的具体操作,循序渐进地实行人民币汇率前瞻性指引

中国人民银行负责制定汇率沟通政策,口头沟通主要由央行行长、副会长等官员执行,在特殊时期,其他政府官员如国家主席、总理等高级别官员也会就汇率管理进行公开表态。基于国际实践和研究显示,高级别官员的口头干预能提高市场交易主体对预期引导的可信度和敏感度,有利于提高政策有效性。因此,我国实施汇率沟通时尽量由高级别的央行行长、副行长执行,减少其他低级别、不相关政府官员的口头沟通行为,提高汇率沟通有效性。同时,汇率沟通执

行者应尽量进行态度明确的预期引导,提高政策透明度和可信度。公开表态越明确、越坚决,越容易成功引导市场预期,弱化汇率波动,提高口头沟通的有效性(Sakata and Takeda,2013)。因此,我国高级别官员进行口头沟通时,可使用明确、强烈而鲜明的表达方式,避免"观察""不予置评"等模棱两可的词语,提高政策的可信度、透明度和冲击力,从而实现汇率沟通引导市场预期、稳定外汇市场的政策调控目的。

当前,汇率沟通是人民币汇率预期管理的主要手段,前瞻性指引并未在宏观经济政策调控中得到有效使用。然而,根据国际实践和多数实证检验结果证明前瞻性指引在一定程度上可有效引导市场预期、提高政策可预测性、减少金融市场波动和拉动经济增长。目前,我国尚未出现零利率下限问题,中国人民银行行长易纲在国庆70周年首场新闻发布会上表示,中国货币政策"施展拳脚"的空间依然较大。然而,随着全球经济进入深度调整期,国际市场不确定性加大,经济增长速度放缓。因此,我国货币当局应持续关注前瞻性指引和预期管理,适时择机调整预期管理政策,结合我国国情,稳健地、循序渐进地实施前瞻性指引。从前瞻性指引的国际实践看,多数发达国家都是渐进式地从开放式指引向基于时间和状态的指引过渡,从模糊、隐晦的弱承诺转为清晰、明确的强承诺。因此,我国应谨慎启用,并循序渐进实行前瞻性指引。

四、针对汇率预期异质性特征,须采取有针对性的预期管理政策

国内外大量研究结果表明外汇市场存在信息异质性和主体异质性。其中,信息异质性主要体现在信息不对称。主体异质性体现在市场交易主体信念差异,即市场参与者存在市场信念、学习能力、风险偏好、期望效应和交易目的等诸多差异。外汇市场异质性的存在导致汇率预期形成机制产生差异,比如基本面分析者主要根据回归预期模型形成汇率预期,技术分析者主要基于外推预期模型和适应性预期模型形成汇率预期。

为了提高汇率预期管理有效性,针对汇率预期异质性特征,央行应实施具有针对性的预期管理政策。

第一,针对信息异质性,应采取多种渠道、多种媒介加强与公众的信息沟通,尽可能地保证不同群体最终都能获取央行所传递的经济和政策信息,并能形成基本一致的汇率预期。通过传统的汇率沟通方式向经济金融专业人士进

行信息传递,而对于金融素养偏低的普通公众,可以借助自媒体平台进行信息沟通,并通过金融知识教育提高他们的信息解读能力,促使其能正确理解央行的政策意图,向着央行合意的方向形成汇率预期。

第二,针对回归预期形成机制,央行在进行汇率预期管理时应重点就宏观经济基本面进行信息沟通,引导市场参与者对基本面信息做出准确的解读。由于基本面均衡汇率的制约因素有很多,既受国际经济金融发展形势、相关政策变更等外部冲击的影响,也受国内经济发展水平、经济结构调整等内部冲击的影响。因此,央行需要注意基本面信息的沟通内容、强度和频率,提高汇率沟通有效性,促使基本面分析者基于回归预期做出合意的汇率预期。

第三,针对技术分析者的汇率预期形成,央行应采取循序渐进的沟通方式,加强与市场参与者的互动,及时根据来自市场的反馈信息对预期管理做出调整。由于技术分析者更加关注过去的汇率变动趋势以及预测误差,基于外推预期模型的技术分析者会根据汇率的历史变动特征形成预期,而基于适应性预期模型的技术分析者则会通过修正汇率预期偏误进行汇率预测,因此,央行要清晰地认识到适应性预期是一种反馈型的汇率预期形成机制,要充分重视市场参与者的反馈信息,在进行充分调整后再向市场传递新的政策信息,避免汇率沟通不充分所导致的汇率超调或外汇市场震荡。

第四,频繁的套利行为引发的汇率波动会增加外汇市场的不确定性,增大市场负面情绪甚至引起恐慌。因此,针对套利交易者,央行应通过汇率沟通引导市场参与者对常态化的汇率双边波动有更清晰的认识,使其对人民币汇率市场化改革的稳步推进充满信心,减少跨境套利交易和违法违规交易。

五、关注市场舆情,加强汇率沟通的主动性和及时性

伴随着互联网技术和信息管理技术的快速发展,金融市场信息化得到深入发展,低成本、高效率的网络交易逐渐取代了高成本、低效率的传统交易模式,各国金融市场紧密相连。在金融信息化时代,市场收集、处理、发布和反馈信息的能力不断增强,从而有效提高了市场参与者获取信息、解读信息及决策实施的效率,同时,导致外汇市场舆情因网络舆情而被放大,为外汇市场投机者试图改变市场舆论、干扰央行汇率沟通方向提供了条件。

外汇市场投机者为了实现自身利益最大化,使汇率向着自身有利的方向变

化,可能会通过网络舆情影响其他外汇交易者的市场情绪,导致货币当局的汇率管理工作陷入被动。因此,货币当局通过汇率沟通进行预期管理时,应主动实施外汇市场舆情检测和分析,及时了解市场参与者的情绪变化,并适时调整汇率管理政策,引导市场形成稳定且理性的汇率预期。在发布新的汇率决策前,可通过汇率沟通提前向市场传递某些相关信息,通过良好的信息沟通传达央行的政策意图,消除市场参与者对央行调控政策的疑问或错误解读,促进市场参与者按照央行汇率沟通方向形成汇率预期,从而削弱汇率政策突变而可能引发的市场过度波动。比如,在外汇市场体系相对完善的发达国家,汇率管理当局通常会在政策出台前发布简短声明,提高政策的可预测性,稳定市场情绪,避免网络舆情扩大引发市场过度反应。

除了在发布新的汇率决策前进行市场舆情预防外,政策正式实施后同样需要进行信息沟通。由于外汇市场信息异质性和主体异质性的存在,不同的市场主体对信息的获取、解读等存在差异,很可能导致市场预期形成不一致,无法向货币当局合意的方向发展。因此,货币当局实施汇率政策并通过口头沟通或书面沟通向市场传递信息后,要对市场舆情进行实时监测和分析,如果市场参与者对货币当局的政策意图存在疑问或错误解读,应及时主动地进行信息再沟通,促进市场参与者正确解读汇率政策,消除政策误解和疑问,避免汇率逆向变动引发市场过度波动。比如,我国央行在出台新政策后,通常会在央行官网上发布相关政策解读报告,或者召开新闻发布进行政策答疑,同时,以央行行长为代表的高级官员也会通过论坛、演讲或访谈等形式向市场传递政策信息,提高相关政策的透明度和有效性。

六、借助多种媒介和渠道引导预期,提高汇率沟通有效性

从传统方式看,货币当局通常采用政策执行报告、官方网站政策解读等方式进行书面汇率沟通,通过新闻发布会、访谈、演讲或研讨会等方式进行口头汇率沟通。作为具有较强公信力的官方声明或公开表态,传统方式下的汇率沟通所释放的相关政策信号多为专业性较强的汇率决策。同时,通过传统方式接收央行政策信号的公众多为经济金融分析能力较高的专业人员,一般能够理解央行的政策意图并做出正确解读。

然而,随着自媒体时代的到来,微博和微信等社交平台开始成为公众获取

信息的重要渠道。同传统的汇率沟通方式相比较,微博和微信等自媒体平台具有易操作、受众多、信息传播快和影响范围广等特点,可有效提高政策信息的传递速度和传播范围,促进汇率沟通作用的发挥。但值得注意的是,自媒体平台的参与主体并非都是拥有经济金融分析能力的专业人士,多数参与者的金融知识有限,无法充分理解过于复杂的金融问题,难以正确解读央行的政策意图,容易受市场其他参与者的情绪影响,形成从众心理和羊群效应,甚至还会被市场投机者误导,形成非理性预期,导致汇率无法向央行合意的方向变动。因此,货币当局通过自媒体等新型媒介进行汇率沟通时,应避免使用过于专业、复杂的经济金融词汇发布经济基本面信息和汇率政策信息,尽量发布简单易懂的经济金融信息,提高政策透明度的同时,保证普通的市场参与者能够正确理解央行的政策意图,使其形成理性且合意的汇率预期。

此外,自媒体平台具有互动性强的特点,可以实现货币当局与公众的实时沟通,提高政策信息传递和反馈效率。货币当局可以通过调查问卷,获取公众对汇率沟通的反馈信息,了解公众对汇率政策调控信息的理解程度。还可以通过公众评论、留言等渠道实时了解市场舆情,对公众疑问或错误解读进行及时回复和解释,避免负面网络舆情降低货币当局汇率沟通的有效性。同时,由于国内经济生活水平的改善,家庭的金融市场参与度不断提高。然而,多数公众的经济金融分析能力有限,因此,货币当局可以借助自媒体平台向公众提供经济金融相关文章、讲座或免费课堂等内容,加强对公众,尤其是外汇市场参与者的金融知识教育,提高公众的经济金融分析能力和政策信息解读能力,从而有效提高货币当局的汇率沟通效果。

总之,在互联网技术快速发展的自媒体时代,货币当局应在沟通信息受众分类的基础上,充分利用多种渠道和媒介进行有针对性的汇率沟通,提高汇率政策的透明度和可预测性。既通过传统方式进行信息的正式公布,保证相关政策的公信力,向市场专业人士传递政策沟通意图,通过自媒体平台加强与公众的信息互动,提高信息传递速度和信息反馈效率,促使公众能更准确地理解货币当局的政策信息,从而促使市场参与者按照货币当局合意的方向形成汇率预期,有效实现汇率沟通目标。

七、重视预期管理与多样性汇率管理政策的配合,继续完善"宏观审慎和微观监管"框架下的汇率预期管理机制

在汇率预期管理的实际操作中,可以配合使用多种可能影响市场预期的手段进行汇率干预。一是通过口头汇率沟通引导市场预期。这是汇率预期管理的主要手段,主要由当局者、央行行长和财政部部长等高级别的相关官员通过声明、讲话和访谈进行公开市场表态。二是通过官方网站、微博和微信等自媒体官方平台进行书面沟通,对沟通信息进行解读或答疑,提高政策透明度。三是在外汇市场上实施直接干预。即使是简单地在外汇市场上传递直接干预的信号,而不实际进行干预,也可能发挥威慑作用。四是通过前瞻性指引,向市场传递货币当局对未来汇率政策的调控路径和立场,提高政策的可预测性。五是加强与他国的联合汇率管理能力,形成汇率调控合力。目前,我国经济增速在主要经济体中位居前列,基于良好的经济基础和发展态势,在"一带一路"等发展倡议下,应继续提升人民币在国际货币体系中的地位,加强与其他国家央行的联系和协作。即使不能像美国一样联合西方发达经济体的央行进行联合干预和声明,但可以建立区域性货币互换网络,加强多边汇率政策沟通,在互利互助的情况下实施联合行动,提高人民币汇率预期管理有效性。六是国内宏观经济政策的协调行动。为了提高汇率预期管理的有效性,应适时配合实施相应的货币政策和财政政策,向市场传递坚定的政策信号和政府决心,避免因政策目标矛盾而弱化调控效果。当经济运行过程中面临不确定性冲击导致市场异常波动时,从汇率政策、货币政策等多视角进行预期管理加强市场引导,向市场传递统一的政策理念和意图,促使市场参与主体形成合理的预期,尽量减少信息不对称引发的金融市场波动。

深化推进金融业改革开放是党和国家做出的重大战略决策,为了防范跨境资本流动风险,保障外汇市场改革开放稳步进行,国家于2018年初提出构建"宏观审慎与微观监管"两位一体的外汇市场管理体系。在宏观审慎层面,加强短期资本流动风险评估,保障跨境资本安全流动。同时,实时监测评估微观主体的跨境资本流动,尤其是对高风险的业务部门和机构客户,需要加强风险监测和实时评估。在"宏观审慎和微观监管"的调控框架下,货币当局应从预期指标体系到预期操作方式,再到预期监测、预警机制和效果评价体系等,逐步完善

人民币汇率预期管理机制,有效地制定并实施有针对性的汇率预期管理政策,完美实现汇率管理由直接干预到预期管理的彻底转变。货币当局通过汇率预期管理向市场传递政策意图,保障宏观审慎政策的有效实施,同时,引导外汇市场主体正确解读政策,使其规范市场交易行为,减少跨境套利及违法违规交易,保障外汇市场的有序运作。继续完善"两位一体"框架下的汇率预期管理,将有助于"宏观审慎和微观监管"管理体系的构建和政策有效性的提高,缓解外汇市场不确定性的影响,引导市场主体形成理性预期。

八、加强在岸、离岸人民币汇率预期管理和跨市场管理,维持金融市场稳定

近年来,在岸和离岸人民币汇率预期之间的互动关系日益密切,尤其是在岸汇率预期对离岸汇率预期的影响效率和作用时间明显增强。因此,可以通过加强在岸汇率预期管理实现对离岸人民币汇率预期的有效管理,即通过境内汇率预期管理,有效引导市场形成合理的在岸人民币汇率预期,从而间接影响离岸人民币汇率预期,促进汇率利差保持稳定。其次,货币当局应该采取措施疏通外汇市场信息传递渠道,尤其是离岸市场向在岸市场的信息传递途径和传递效率,减少信息不对称问题,消除在岸人民币汇率预期对离岸人民币汇率预期冲击反应的时滞问题,并加强汇率沟通,避免信息混淆导致市场形成错误的信息解读,从而影响合理汇率预期的有效形成。同时,应建立离岸人民币汇率预期监测体系以及在岸、离岸联动监测预警体系,加强宏观审慎管理。香港离岸人民币外汇市场已成为人民币外汇市场的重要组成部分,对在岸人民币汇率波动和预期起到了至关重要的影响,同时,两岸汇差波动也会引发市场套利行为,从而影响跨境资本流动。因此,通过构建汇率预期监测的先行指标可以实现对离岸人民币汇率预期的监测、预警和引导,同时可以对两岸人民币汇率联动机制进行实时监测,从而提高相关应对政策的实施效率,减少跨境套利交易,避免过度套利引发的市场震荡。

此外,外汇市场作为金融市场的重要组成部分,与债权市场、股票市场等其他金融市场相互影响、紧密相连。外汇市场参与者的外汇投资行为不仅对外汇交易产品价格产生影响,还会影响其他金融市场的资产价格。在资本账户不完全开放的情况下,货币当局应关注境内外投资者的市场情绪变化,主动通过汇

率沟通等手段加强跨市场管理,引导境内外市场参与者形成合理的汇率预期,削弱外汇交易行为调整对债券市场、股票市场等其他金融市场的负面影响。此外,为了加速推进人民币国际化进程,需要人民币汇率具有稳中趋升的变化趋势,从而吸引国际投资者继续持有人民币资产甚至增加投资。货币当局通过汇率预期管理,可以引导市场形成稳定的人民币升值预期,保证境内外市场参与者始终对人民币资产拥有足够的信心,促进境外持有人民币资产不断增加,进而加深人民币国际化进程。同时,倒逼外汇市场提高对外开放度,以及人民币汇率形成机制的进一步完善。在人民币国际化进程中,通过汇率预期管理加强跨市场管理,促进外汇市场和其他金融市场稳步发展。

参考文献

[1]白晓燕,郭昱.汇改前后人民币汇率预期的波动特征研究[J].国际金融研究,2014(6):31-39.

[2]蔡浩仪,姜大伟.升值压力、汇率预期与中美贸易余额[J].亚太经济,2011(2):45-49.

[3]曹红辉,王琛.人民币汇率预期:基于ARCH族模型的实证分析[J].国际金融研究,2008(4):54-61.

[4]陈蓉,郑振龙.结构突变、推定预期与风险溢酬:美元/人民币远期汇率定价偏差的信息含量[J].世界经济,2009,32(6):64-76.

[5]丁志杰.如何应对近期人民币阶段性贬值[J].中国经贸,2012(9):82-82.

[6]丁志杰,郭凯,闫瑞明.非均衡条件下人民币汇率预期性质研究,《金融研究》2009(12):91-98.

[7]国家外汇管理局江苏省分局外汇综合处课题组,仲彬.外汇市场预期管理研究[J].金融纵横,2019,488(3):31-39.

[8]郭凯,张笑梅.人民币汇率预期与股票价格波动[J].国际金融研究,2014(8):88-96.

[9]谷宇,郭苏莹.异质预期视角下汇率沟通对人民币汇率预期的影响机制及效应分析——基于彭博调查数据的经验研究[J].经济科学,2018(6):31-43.

[10]谷宇,王轶群,翟羽娜.中国央行汇率沟通的有效性及作用渠道研究[J].经济科学,2016,211(1):66-75.

[11]黄宪,付英俊.汇率沟通、实际干预对人民币汇率与汇率预期的影响,《经济管理》2017(2):181-194.

[12]黄志刚,陈晓杰.人民币汇率波动弹性空间评估[J].经济研究,2010,45

(5):41-54.

[13]蒋先玲,魏天磊.人民币汇率市场化的逆周期操作与审慎管理[J].江西
社会科学,2019(7):33-41.

[14]司登奎,江春,李小林.基于汇率预期与央行外汇干预的汇率动态决定:
理论分析与经验研究[J].统计研究,2016(9):13-21.

[15]江春,李小林,司登奎,赵艳平.人民币汇率预期影响股价的微观机理及
经验证据[J].世界经济研究,2015(12).

[16]蒋先玲,刘微,叶丙南.汇率预期对境外人民币需求的影响[J].国际金
融研究,2012(10):68-75.

[17]李晓峰,陈华.交易者预期异质性、央行干预效力与人民币汇率变动——
汇改后人民币汇率的形成机理研究[J].金融研究,2010(8):49-67.

[18]李标,周先平,帖姗姗.人民币汇率与境内外利差间的动态相关性研
究——基于发达和新兴市场数据的比较分析[J].宏观经济研究,2015
(10):81-93.

[19]李天栋,许少强,朱奇.FDI的流向、汇率预期的自我强化与冲销式干预的
有效性[J].世界经济,2005(7):17-24.

[20]李晓峰,黎琦嘉,钱利珍.人民币汇率预期特征研究——基于调查数据的
实证分析[J].国际金融研究,2011(12):49-60.

[21]李艳丽,余瑶姣.人民币汇率预期形成机制研究——基于不同预期模型的
比较分析[J].山西财经大学学报,2015(9):58-69.

[22]李云峰,李仲飞.汇率沟通、实际干预与人民币汇率变动——基于结构向
量自回归模型的实证分析[J].国际金融研究,2011(4):30-37.

[23]罗孝玲,史硕.人民币国际化,人民币汇率与汇率预期的互动效果——基
于Markov区制转换VAR的实证研究[J].商业研究,2016,62(6):67-73.

[24]任燕燕,邢晓晴.不同市场状态下中央银行汇率干预有效性分析[J].财
政研究,2018(5):107-119.

[25]任兆璋,宁忠忠.人民币汇率预期的ARCH效应分析[J].华南理工大学
学报(自然科学版),2004(12):85-90.

[26]任兆璋,宁忠忠.人民币汇率预期的随机波动模型研究[J].暨南学报:哲
学社会科学版,2007(3):21-28.

[27]沙文兵,刘红忠. 人民币国际化、汇率变动与汇率预期[J]. 国际金融研究,2014(8):10-18.

[28]孙华妤,马跃. 化解热钱流入形成的升值压力:市场自动调节机制和政策措施[J]. 世界经济,2005,28(4),:13-21.

[29]盛斌,吴建涛. 随机性、市场干预与外汇市场有效性——对人民币汇率的动态分析[J]. 世界经济研究,2010(3):34-39+90.

[30]田涛. 人民币汇率制度变迁对我国短期资本流动的影响——基于汇率预期与汇率波动的视角[J]. 管理评论,2016,28(6):65-75.

[31]王国刚,林楠. 中国外汇市场70年:发展历程与主要经验[J]. 经济学动态,2019(10):3-10.

[32]王轶群. 人民币汇率预期异质性及形成机制研究[D]. 大连理工大学,2018.

[33]伍戈,裴诚. 境内外人民币汇率价格关系的定量研究[J]. 金融研究,2012(9):62-73.

[34]万志宏.货币政策前瞻指引:理论、政策与前景[J]. 世界经济,2015,38(9):166-192.

[35]王曦,才国伟. 人民币合意升值幅度的一种算法[J]. 经济研究,2007(5):27-41.

[36]魏忠全,孙树强. 央行沟通与汇率预期[N]. 金融时报,2017.

[37]王自锋,白玥明,何翰. 央行汇率沟通与实际干预调节人民币汇率变动的实效与条件改进[J]. 世界经济研究,2015(3):17-27+129.

[38]谢建国,贾珊山. 公开市场表态稳定了人民币汇率吗?:基于2014~2017年人民币汇率干预事件的研究[J]. 世界经济研究,2019(1):18-30+135.

[39]徐建炜,徐奇渊,黄薇. 央行的官方干预能够影响实际汇率吗?[J]. 管理世界,2011(2):5-15.

[40]肖卫国,刘杰,袁威. 人民币汇率预期对股票价格的非线性影响[J]. 财政研究,2014(1):47-50.

[41]叶欣,陈伟忠,孙丽华. 人民币无本金交割远期汇率异常波动机制识别[J]. 同济大学学报(自然科学版),2012,40(12):1894-1898.

[42]余永定,肖立晟. 完成"811汇改":人民币汇率形成机制改革方向分析

［J］．国际经济评论，2017（1）：23-41．

［43］张华强，苗启虎．美元汇率预期管理实践及对我国的启示［J］．西部金融，2017（11）：22-27．

［44］张媛媛，潘永明．中央银行干预频率对外汇市场的影响研究——以日本为例［J］．南方金融，2018，501（5）：71-77．

［45］张志敏，周工．跨境贸易人民币结算对人民币汇率预期的影响——基于结算货币选择视角的经验分析［J］．宏观经济研究，2016（3）：106-118．

［46］赵伟，杨会臣．钉住汇率制度的可持续性：一个基于汇率预期的分析框架［J］．世界经济，2005（7）：25-31．

［47］钟正生，亢悦．美元干预：历史与未来［DB/OL］，财新智库莫尼塔研究，2019

［48］朱鲁秀．人民币汇率预期驱动香港地区离岸人民币金融中心假说成立吗？［J］．世界经济研究，2014（11）：16-22．

［49］朱孟楠，丁冰茜，闫帅．人民币汇率预期、短期国际资本流动与房价［J］．世界经济研究，2017（7）：19-31＋55＋137．

［50］朱孟楠，张雪鹿．境内外人民币汇率差异的原因研究［J］．国际金融研究，2015（5）：87-96．

［51］赵志君．人民币汇率改革历程及其基本经验［J］．改革，2018（7）：43-52．

［52］张笑梅，郭凯．汇率形成机制改革与人民币汇率预期管理［J］．新金融，2019（8）：24-29．

［53］张笑梅，郭凯．异质市场人民币汇率预期的互动关系［J］．金融论坛，2017，22（2）：70-80．

［54］Andrade P．，Gaetano G．，Mengus E．，Mojon B. Forward Guidance and Heterogeneous Beliefs［J］．American Economic Journal：Macroeconomics，American Economic Association，2019，11（3）：1-29．

［55］Andersson M．，Hofmann B. Gauging the Effectiveness of Quantitative Forward Guidance：Evidence from Three Inflation Targeters［J］．ECB Working Paper Series，2009，No. 1098．

［56］Bacchetta P．，Wincoop E V. A Scapegoat Model of Exchange Rate Fluctuations［J］．American Economic Review，2004，94（2）：114-118．

[57] Bauer M D. , Rudebusch G D. The Signaling Channel for Federal Reserve Bond Purchases[J]. Federal Reserve Bank of San Francisco Working Paper No. 2011-21, 2012.

[58] Eichengreen B. Sterling's Past, Dollar's Future: Historical Perspectives on Reserve Currency Competition[J]. NBER Working Paper No. 11336, 2005.

[59] Bénassy-Quéré, A. , Larribeau S. , MacDonald R. Models of Exchange Rate Expectations: How Much Heterogeneity? [J]. Journal of International Financial Markets Institutions and Money, 2003, 13(2):113-136.

[60] Beng G W. , Siong W K. Exchange Rate Expectations and Risk Premium in the Singapore/US Dollar Exchange Rate: Evidence from Survey Data[J]. Applied Financial Economics, 1993, 3(4):365-373.

[61] Beine M. , Janssen G. , Lecourt C. Should Central Bankers Talk to the Foreign Exchange Markets? [J]. Journal of International Money and Finance, 2009, 28(5):776-803.

[62] Blake D. , Beenstock M. , Brasse V. The Performance of UK Exchange Rate Forecasters[J]. Economic Journal, 1986 (96): 986-999.

[63] Bliss R R. , Panigirtzoglou N. Testing the Stability of Implied Probability Density Functions[J]. Journal of Banking and Finance, 2011, 26(2):381-422.

[64] Breeden D. , Litzenberger R. Price of State Contingent Claims Implicit in Options Prices[J]. The Journal of Business, 1978, 51(4):621 - 651.

[65] Bundick B. , Smith A. The Dynamic Effects of Forward Guidance Shocks[J]. Federal Reserve Bank of Kansas City Working Paper No. 16-02, 2016.

[66] Bulir A. , Cihak M. , Jansen D. Does the Clarity of Monetary Policy Reports Reduce Volatility in Financial Markets? [J]. Czech Journal of Economics and Finance, 2018(4):1-16.

[67] Carney M. Monetary Policy after the Fall [M]. University of Alberta, 2013.

[68] Cagan P. The Monetary Dynamics of Hyperinflation. In: Friedman, M. , Ed. , Studies in the Quantity Theory of Money, University of Chicago Press, Chicago, 1956.

[69] Cagan P. The Monetary Dynamics of Hyper Inflation [M]. In: M. Freedman,

Ed. , Studies in Quantity Theory of Money, University of Chicago Press, Chicago, 1956, 25-117.

[70] Campbell J. R. , Evans C. L. , Fisher J. D. M. , Justiniano A. Macroeconomic Effects of Federal Reserve Forward Guidance with Comments and Discussion [J]. Brookings Papers on Economic Activity, 2012(1):1-80.

[71] Cavaglia S. , Verschoor W F C. , Wolff C C P. Further evidence on exchange rate expectations[J]. Journal of International Money and Finance, 1993, 12 (1):78-98.

[72] Cavaglia S, Verschoor W F C, Wolff C C P. Asian Exchange Rate Expectations[J]. Journal of the Japanese and International Economies, 1993, 7(1): 57-77.

[73] Chaudhury M. , Wei J. Upper Bounds for American Futures Options: A Note [J]. Journal of Futures Markets, 1994, 14(1):111-116.

[74] Chinn M. , Frankel J. Patterns in Exchange Rate Forecasts for Twenty-five Currencies[J]. NBER Working Papers, 1994, 26(4):759-770. .

[75] Chionis D. , MacDonald R. Some Tests of Market Microstructure Hypotheses in the Foreign Exchange Market[J]. Journal of Multinational Financial Management, 1997, 7(3): 203-229.

[76] Cohen B. The Future of Sterling As an International Currency [J]. St. Martin's Press, New York, 1971, 132-134.

[77] Corrado C J. , Su T. Implied Volatility Skews and Stock Index Skewness and Kurtosis Implied by S&P 500 Index Option Prices[J]. The Journal of Derivatives, 1997, 4(4):8-19.

[78] Dewachter H. , Erdemlioglu D. , Gnabo J Y. , et al. The Intra-day Impact of Communication on Euro-Dollar Volatility and Jumps[J]. Journal of International Money and Finance, 2014, 43(1):131-154.

[79] De Grauwe P. , Grimaldi M. Exchange Rate Puzzles: A Tale of Switching Attractors[J]. European Economic Review, 2006, 50(1):1-33.

[80] Dick C D. , Menkhoff L. Exchange Rate Expectations of Chartists and Fundamentalists[J]. Journal of Economic Dynamics and Control, 2013, 37(7):

1362-1383.

[81]Dominguez K M. Are foreign exchange forecasts rational?: New evidence from survey data[J]. Economics Letters, 1986, 21(3):277-281.

[82]Dominguez K., Frankel J. A. Does Foreign Exchange Intervention Work? [J]. Peterson Institute Press All Books, 1993, 33(2):131-144.

[83]Domowitz I., Hakkio C S. Conditional Variance and the Risk Premium in the Foreign Exchange Market[J]. Journal of International Economics, 1985, 19 (1-2):47-66.

[84]Dreger C., Stadtmann G. What Drives Heterogeneity in Foreign Exchange Rate Expectations: Deep Insights from a New Survey[J]. International Journal of Finance & Economics, 2010, 13(4):360-367.

[85]Egert B., Kocenda E. The Impact of Macro News and Central Bank Communication on Emerging European Forex Mark[J]. Economic Systems, 2014, 38 (1):73-88.

[86]Eggertsson G., Woodford M. The Zero Bound on Interest Rates and Optimal Monetary Policy[J]. Brookings Papers on Economic Activity, 2003, 34(1): 139-235.

[87]Elliott G., Ito T. Heterogeneous Expectations and Tests of Efficiency in the Yen/Dollar Forward Exchange Rate Market[J]. Journal of Monetary Economics, 1999, 43(2):435-456.

[88]Elliott G., Rothenberg T. J., Stock J. H. Efficient Tests for an Autoregressive Unit Root[J]. Econometrica, 1996, 64(4):813 - 836.

[89]Engel C. The Forward Discount Anomaly and the Risk Premium: A Survey of Recent Evidence[J]. Joumal of Empirical Finance, 1996(3):123-192.

[90]Engle R F., Bollerslev T. Modelling the persistence of conditional variances [J]. Econometric Reviews, 1986, 5(1):1-50.

[91]Evans M D D., Lyons R K. Order Flow and Exchange Rate Dynamics[J]. Journal of Political Economy, 2002, 110(2):170-180.

[92]Fatum R., Hutchison M. ECB Foreign Exchange Intervention and the EURO: Institutional Framework, News, and Intervention[J]. Open Economies Re-

view, 2002, 13(4):413-425.

[93]Ferrero G. , Miccoli M. , Santoro S. Informational Effects of Monetary Policy [J]. Economic working papers No. 982, Bank of Italy, Economic Research and International Relations Area,2014.

[94]Filardo A. , Hofmann B. Forward Guidance at the Zero Lower Bound[J]. BIS Quarterly Review, 2014, (3):337-353.

[95]Flamouris D. , Giamouridis D. Estimating Implied PDFs From American Options on Futures: A New Semiparametric Approach[J]. Journal of Futures Markets, 2002, 22(1):1-30.

[96]Frankel J A. , Chinn M D. Exchange Rate Expectations and the Risk Premium: Tests for A Cross Section of 17 Currencies[J]. Review of International Economics1993, 1(2):136-44.

[97]Frankel J. A. , Froot K. Using Survey Data to Test Standard Propositions Regarding Exchange Rate Expectations[J]. American Economics Review, 1987 (77): 133-153.

[98]Frankel J. A. , Froot K. Exchange Rate Forecasting Techniques, Survey Data, and the Implications for the Foreign Exchange Market[J]. NBER Working Paper No. 3470, 1990.

[99]Fratzscher M. Strategies of Exchange Rate Policy in G3 Economies[J]. Economics Letters, 2005, 89(1):68-74.

[100]Fratzscher M. On the Long-term Effectiveness of Exchange Rate Communication and Interventions [J]. Journal of International Money and Finance, 2006, 25(1):146-167.

[101]Fratzscher M. Oral Interventions Versus Actual Interventions in FX Markets: An Event-Study Approach [J]. Economic Journal, 2008, 118 (530): 1079-1106.

[102]Frenkel M. , Rülke J C. , Stadtmann G. Two currencies, One model? Evidence from the Wall Street Journal Forecast Poll[J]. Journal of International Financial Markets Institutions and Money, 2009, 19(4):588-596.

[103]Friedman B M. Optimal Expectations and the Extreme Information Assump-

tions of "Rational Expectations" Macromodels[J]. Journal of Monetary Economics, 1979, 5(1):23-41.

[104]Friedman B M. Survey Evidence in the "Rationality" of Interest Rate Expectations[J]. Journal of Monetary Economics, 1980, 6(4):453-465.

[105]Froot K A. New Hope for the Expectations Hypothesis of the Term Structure of Interest Rates[J]. The Journal of Finance, 1989, 44(2):283-305

[106]Froot K A., Frankel J A. Forward Discount Bias: Is It an Exchange Risk Premium? [J]. Quarterly Journal of Economics, 1989, (1):139-161.

[107]Froot K A., Thaler R H. Anomalies: Foreign Exchange[J]. Journal of Economic Perspectives, 1990, 4(3):179-192.

[108]Funke M.,Gronwald M. The Undisclosed Renminbi Basket: Are the Markets Telling Us Something About Where the Renminbi-US Dollar Exchange Rate is Going[J]. The World Economy, 2008, 31(12): 1581 ~ 1598.

[109]Galati G., Melick W., Micu M. Foreign Exchange Market Intervention and Expectations: The Yen/Dollar Exchange Rate[J]. Journal of International Money and Finance, 2005, 24(6):982-1011.

[110]Glosten L R., Jagannathan R., Runkle D E. On the Relationship Between Garch and Symmetric Stable Process: Finding the Source of Fat Tails in Data [J]. The Journal of Finance, 1993(48):1779-1802.

[111]Goyal A., Arora S. The Indian Exchange Rate and Central Bank action: An EGARCH Analysis[J]. Journal of Asian Economics, 2012, 23(1):60-72.

[112]Institute ECU. International Currency Competition and the Future Role of the Single European Currency[J]. Kluwer Law International, 1995.

[113]Ito T. Foreign Exchange Rate Expectations: Micro Survey Data[J]. American Economic Review, 1990, 80(3): 434-449.

[114]Jackwerth J C., Rubinstein M. Recovering Probability Distributions from Option Prices[J]. Review of Financial Studies, 1996, 51:1611-1631.

[115]Jain M., Sutherland C. How Do Central Bank Projections and Forward Guidance Influence Private-Sector Forecasts? [J]. Staff Working Papers No. 18-2, Bank of Canada, 2018.

[116]Jansen D J, Haan J D. Talking Heads: the Effects of ECB Statements on the Euro – dollar Exchange Rate[J]. Journal of International Money and Finance, 2005, 24(2):343-361.

[117]Katagiri, M. Forward Guidance as a Monetary Policy Rule[J]. Bank of Japan Working Paper No. 16-E-6, 2016.

[118]Kurz M. On the Structure and Diversity of Rational Beliefs[J]. Economic Theory, 1994,4(6):877-900.

[119]Kurz M. , Motolese M. Endogenous Uncertainty and Market Volatility[J]. Economic Theory, 2001, 17(3):497-544.

[120]Lim K. Arbitrage and Price Behavior of the Nikkei Stock Index Futures[J]. Journal of Futures Markets, 1992(12), pp. 151-161.

[121]Lustenberger T. , Rossi E. Does Central Bank Transparency and Communication Affect Financial and Macroeconomic Forecasts? [J]. International Journal of Central Banking, 2020,16(2): 153-201.

[122]Macdonald R. Exchange Rate Survey Data: a Disaggregated g - 7 Perspective [J]. The Manchester School, 1992 (60): 47-62.

[123]MacDonald R. , MacMillan P. On the Expectations View of the Term Structure, Term Premia and Survey-based Expectations[J]. The Economic Journal, 1994, 104(426):1070-1086.

[124]Macdonald R. , Marsh I. Currency Forecasters are Heterogeneous: Confirmation and Consequences [J]. Journal of International Money and Finance, 1996, 15(5):665-685.

[125]Macdonald R. , Marsh I. Combining Exchange Rate Forecasts: What is the Optimal Consensus Measure? [J]. Journal of Forecasting, 1994 (13): 313-332.

[126]MacDonald R. , Torrance T S. Expectations Formation and Risk in Four Foreign Exchange Markets [J]. Oxford Economic Papers, 1990, 42 (3): 544-561.

[127]MacDonald R. , Torrance T S. Exchange Risk Premia, Expectations Formation and "News" in the Mexican Peso/U. S. Dollar forward Exchange Rate

Market [J]. International Review of Financial Analysis, 2001, 10 (2):
157-174.

[128] Madan D. , Milne F. Contingent Claims Valued and Hedged by Pricing and Investing in a Basis [J]. Mathematical Finance, 1994, 4 (3):223 - 245.

[129] Maddala G S. A Perspective on the Use of Limited-dependent and Qualitative Variables Models in Accounting Research[J]. Account. Review, 1991(66): 788-807.

[130] Madsen E S. Inefficiency of Foreign Exchange Markets and Expectations: Survey Evidence [J]. Applied Economics, 1996, 28(4):397-403.

[131] Manzan S. , Westerhoff F H. Heterogeneous Expectations, Exchange Rate Dynamics and Predictability[J]. Journal of Economic Behavior and Organization, 2007, 64(1): 111-128.

[132] Meese R. Currency Fluctuations in the Post-Breton Woods Era[J]. Journal of Economic Perspectives, 1990, 4(1):117-134.

[133] Meese R. A. , Rogoff K. Empirical exchange rate models of the Seventies: do they fit out of sample? [J]. Journal of International Economics, 1983(14): 3-24.

[134] Melick W R. , Thomas C P. Using Options Prices to Infer PDF's for Asset Prices: An Application to Oil Prices during the Gulf Crisis[J]. International Finance Discussion Papers No. 541, Board of Governors of the Federal Reserve System,1996.

[135] Melosi L. Signaling Effects of Monetary Policy[J]. The Review of Economic Studies, 2017, 84(2):853-884.

[136] Moessner R. Reactions of Real Yields and Inflation Expectations to Forward Guidance in the United States [J]. Applied Economics, 2015, 47 (26): 2671-2682.

[137] Morris S. , Shin H. S. Social Value of Public Information [J]. American Economic Review, 2002, 92(5):1521-1534.

[138] Mussa M. Sticky Prices and Disequilibrium Adjustment in a Rational Model of the Inflationary Process [J]. American Economic Review, 1981, 71 (5):

1020-1027.

[139] Muth J F. Optimal Properties of Exponentially Weighted Forecasts [J]. Journal of the American Statistical Association, 1960, 55(290):299-306.

[140] Nelson D B., Cao C Q. Inequality Constraints in the Univariate GARCH Model[J]. Journal of Business and Economic Stats, 1992, 10(2):229-235.

[141] Peiers B . Informed Traders, Intervention, and Price Leadership: A Deeper View of the Microstructure of the Foreign Exchange Market[J]. Journal of Finance, 1997, 52(4):1589-1614.

[142] Pesaran, H. The Limits to Rational Expectations, Oxford: Basil Blackwell Rate Forecasters[J]. The Economic Journal, 1987, 96(384), 986-999.

[143] Raskin, M. The Effects of the Federal Reserve's Data-based Forward Guidance[J]. Federal Reserve Board Finance and Economics Discussion Series No. 2013-37, 2013.

[144] Reifschneider D., Williams J. C. Three Lessons for Monetary Policy in a Low Inflation Era[J]. Journal of Money, Credit and Banking, 2000, 32(4):936-966.

[145] Sakata S., Takeda F. Effects of Oral Intervention on Fluctuations in Exchange Rates: Evidence from Japan 1995-2011 [J]. Journal of Reviews on Global Economics, 2013(2): 60-78.

[146] Shiue P M. Recovering Implied Risk Neutral Density Functions: Evidence from FTSE2100 Index Options [J]. Journal of Financial Studies, 2001, 9(2):1-37.

[147] Shleifer A., Summers L H., Long J B D., et al. Noise Trader Risk in Financial Markets[J]. Journal of Political Economy, 1990, 98(4):703-738.

[148] Siiderlind P., Svensson L. New Techniques to Extract Market Expectations from Financial Instruments[J]. Journal of Monetary Economics, 1997, 40(2):383-429.

[149] Sinha A. FOMC Forward Guidance and Investor Beliefs[J]. American Economic Review, 2015, 105(5):656-661.

[150] Sobiechowski D. Rational Expectations in the Foreign Exchange Market?

Some Survey Evidence[J]. Applied Economics, 1996, 28:1601 - 11.

[151] Soderlind P. , Svensson L. New techniques to extract market expectations from financial instruments [J]. Journal of Monetary Economics, 1997, 40 (2):383-429.

[152] Strickland C. , Xu X. Behavior of the FTSE 100 Basis[J]. Review of Futures Markets,1993,12(2):461-502.

[153] Swanson E. Measuring the Effects of Federal Reserve Forward Guidance and Asset Purchases on Financial Markets [J]. NBER Working PaperNo. 23311, 2017.

[154] Takagi S. Exchange Rate Expectations: A Survey of Survey Studies[J]. IMF Staff Papers, 1991, 38(1): 156-183.

[155] Tang J. Uncertainty and the Signaling Channel of Monetary Policy[J]. Federal Reserve Bank of Boston Working Paper No. 15-8, 2013.

[156] Taylor M P. , Allen H. The Use of Technical Analysis In the Foreign Exchange Market[J]. Journal of International Money and Finance, 1992, 11 (3):304-314.

[157] Tavlas G. S. , Ozeki Y. The Internationalization of Currencies: An Appraisal of the Japanese Yen[J]. IMF Working Paper, 1992.

[158] Tivegna, M. News and Dollar Exchange Rate Dynamics[J]. Rivista Italiana Degli Economisti, 2002, 7(1):3-48.

[159] Verschoor W F C. , Wolff C C P. Exchange Risk Premia, Expectations Formation and "News" in the Mexican Peso/U. S. Dollar Forward Exchange Rate Market[J]. International Review of Financial Analysis, 2001, 10 (2): 157-174.

[160] Winkelmann, L. Forward Guidance and the Predictability of Monetary Policy: a Wavelet-based Jump Detection Approach[J]. Journal of the Royal Statistical Society, Series C (Applied statistics) , 2016, 65(2):299-315.

[161] Wolff C C P. Forward Foreign Exchange Rates, Expected Spot Rates, and Premia: A Signal - Extraction Approach[J]. The Journal of Finance, 1987, 42(2):395-406.

[162] Wolff C C P. Forward Foreign Exchange Rates and Expected Future Spot Rates[J]. Applied Financial Economics, 2000, 10(4):371-377.

[163] Woodford M. Optimal Monetary Policy Inertia[J]. Manchester School, University of Manchester, 1999, 67(0):1-35.

[164] Woodford M. Central Bank Communication and Policy Effectiveness[J]. National Bureau of Economic Research No. w11898, 2005.

[165] Woodford M. Methods of Policy Accommodation at the Interest-rate Lower Bound[J]. The Changing Policy Landscape, 2012, 185-288.

[166] Woodford M. Forward Guidance by Inflation-Targeting Central Banks[J]. CEPR Discussion Papers 9722, 2013.

[167] Woodford M. Quantitative Easing and Financial Stability [J]. Journal Economía Chilena, 2016, 19(2):151-233.

[168] Yadav P K., Pope P F. Stock Index Futures Pricing: International Evidence [J]. Journal of Futures Markets, 1990, 10(6):573-603.

[169] Yadav P K., Pope P F. Stock Index Futures Mispricing: Profit Opportunities or Risk Premia? [J]. Journal of Banking and Finance, 1994, 18(5): 921-953.